城市轨道交通职业教育系列教材——城市轨道交通车辆
CHENGSHI GUIDAO JIAOTONG ZHIYE JIAOYU XILIE JIAOCAI
CHENGSHI GUIDAO JIAOTONG CHELIANG

# 城市轨道交通车辆电机（第3版）

主　编　○　秦娟兰
副主编　○　应云飞　吴庆国
主　审　○　李忠国

西南交通大学出版社
·成都·

### 图书在版编目（CIP）数据

城市轨道交通车辆电机/秦娟兰主编. —3 版. —成都：西南交通大学出版社，2016.8（2022.12 重印）
城市轨道交通职业教育系列教材. 城市轨道交通车辆
ISBN 978-7-5643-4913-4

Ⅰ. ①城… Ⅱ. ①秦… Ⅲ. ①城市铁路 – 铁路车辆 – 电机 – 职业教育 – 教材 Ⅳ. ①U239.5

中国版本图书馆 CIP 数据核字（2016）第 194403 号

---

城市轨道交通职业教育系列教材——城市轨道交通车辆

**城市轨道交通车辆电机**

（第 3 版）

主编 秦娟兰

| | |
|---|---|
| 责 任 编 辑 | 穆 丰 |
| 封 面 设 计 | 何东琳设计工作室 |
| 出 版 发 行 | 西南交通大学出版社<br>（四川省成都市二环路北一段 111 号<br>西南交通大学创新大厦 21 楼） |
| 发 行 部 电 话 | 028-87600564　028-87600533 |
| 邮 政 编 码 | 610031 |
| 网　　　　址 | http://www.xnjdcbs.com |
| 印　　　　刷 | 四川森林印务有限责任公司 |
| 成 品 尺 寸 | 185 mm × 260 mm |
| 印　　　　张 | 15 |
| 字　　　　数 | 373 千 |
| 版　　　　次 | 2016 年 8 月第 3 版 |
| 印　　　　次 | 2022 年 12 月第 12 次 |
| 书　　　　号 | ISBN 978-7-5643-4913-4 |
| 定　　　　价 | 39.80 元 |

课件咨询电话：028-87600533
图书如有印装质量问题　本社负责退换
版权所有　盗版必究　举报电话：028-87600562

# 出 版 说 明

城市轨道交通凭借快捷、准时、舒适、运量大、能耗低、污染小、占地少等优点，日益成为城市现代化建设进程中重要的公益性基础设施项目。城市轨道交通涉及面广、综合性很强，其发展状况已被当成一个城市综合实力和现代化程度的重要评判指标。由此，城市轨道交通建设正在我国兴起一个新的浪潮，社会对城市轨道交通专业人才的需求巨大，给城市轨道交通类专业的职业教育发展带来了良好契机。

西南交通大学出版社与国内诸多交通院校一直保持友好往来，并整合他们在轨道交通领域的尖端科技优势和人才集成优势，致力于为国家轨道交通教育事业做出贡献，形成了以"轨道交通"为核心的出版特色，在教育界、学界都拥有良好的口碑和较高的品牌知名度。

本套丛书从满足快速增长的城市轨道交通专业实用型人才培养需求出发，从校企结合教学直接面向岗位需求这一特点出发，精心组织国内相关专业优秀教育工作者或优秀教育工作高校，分"运营管理""工程技术""车辆""控制""供电技术"五大类，系统地为读者呈现城市轨道交通教育课程全景。在编写时，力求体现如下特点：

◎ 适用性

理论知识够用即可，在讲述专业知识的基础上，突出实际操作技能的训练，注重岗位关键能力的培养。

◎ 专业性

图书的顶层设计从国家高职高专专业目录规范出发，内容编排紧密结合岗位应用实际，体现专业性和主流设备前沿特征，体现教学实际需求。同时，在编写或修改时，尽可能地让一线用人单位参与进来，根据生产现场实际提出建议。

◎ 生动性

在架构设计和版式设计上，力求简洁生动，图文并茂；努力体现二维码技术等移动互联网时代元素在图书中的应用，尽可能把生产实际和研究成果，用立体生动的形式予以表达，便于读者理解掌握。

这套书可作为高等职业院校、中等职业学校城市轨道交通相关专业的教学用书，也可作为城市轨道交通企业新职工的培训教材。有关教材的课件资料等，可以联系我社使用。

**联系电话**：028-87600533

**邮箱**：swjtucbsfx@163.com

西南交通大学出版社

# 前　言

城市轨道交通诞生于19世纪中叶的英国伦敦，经历了150多年的发展历史。它技术成熟、安全可靠、形式多样、用途广泛，以其大载客量、快捷、准时、环保而成为解决日益严重的城市交通堵塞的最有效手段。

改革开放以来，随着经济的发展，我国内地城市化进程加快，城市交通问题成为制约城市发展的重要因素。为此，国家确立了优先发展城市公共交通的城市发展战略。建立以大容量快速轨道交通为骨干、以公共交通为主体的综合交通体系，解决城市交通拥挤问题，从而实现可持续发展的治本之策。

未来10年，我国内地将新建城市轨道交通线路60多条，新建线路里程近1 700 km，北京、上海、广州更是以每年新增线路30～50 km的速度在发展。

城市轨道交通迎来了最好的发展时机，抓住这一历史机遇，内地许多城市纷纷开始轨道交通的规划和建设。

城市轨道交通的发展，急需大量德才兼备的各类人才。为了满足对人才特别是高、中级技能型人才培养的迫切需要，武汉铁路司机学校（武汉轨道交通学校）组织编写了适合高、中级职业学校城市轨道交通类专业的系列教学用书。

这套教材，紧扣职业教育的特点，在讲述基本专业知识的基础上，突出了实际操作技能的培养。内容简洁明了，文字通俗易懂。为配合教学的需要，每章配有适量的练习题。

需要说明的是，由于城市轨道交通线路一般是永久性的结构，建成后几乎无调整的可能性，故各城市在线路开建前都会反复比较和修改方案。书中有关城市轨道交通的规划与建设资料和数据，可能与实际有出入，仅供参考。

本书由秦娟兰主编，应云飞、吴庆国为副主编，李忠国为主审。第三章至第七章由秦娟兰负责，第一章、第二章由应云飞负责，第八章由吴庆国负责，秦娟兰负责全书统稿。本书在编写中，得到上海申通公司培训部、广州地铁运营部等单位及武汉铁路技师学院教授李忠国、谢欢、邓星等同仁的帮助，在此表示由衷感谢。同时，在编写过程中参阅了大量专业书籍和报刊、杂志上的专题文章。书末列出了参考文献目录，在此我们对其作者表示衷心的感谢。

由于编者水平和时间有限，不足之处在所难免，欢迎读者批评指正。

异步电机小实验

编 者
2016 年 6 月

# 目 录

绪 论 ··································································································· 1

## 第一章 直流电机的基础知识 ············································································ 6
第一节 电机理论基础知识 ············································································ 6
第二节 直流电机基本工作原理 ······································································ 11
第三节 直流电机的基本结构 ········································································ 14
第四节 直流电机的感应电势和电磁转矩 ························································ 21
第五节 直流电机的电枢反应 ········································································ 29
第六节 各种励磁方式直流电动机的运行特性 ·················································· 36

## 第二章 直流牵引电动机 ················································································ 47
第一节 牵引电动机的一般概念 ···································································· 47
第二节 电动车组的牵引特性 ········································································ 50
第三节 直流串励牵引电动机在动车中的运用 ·················································· 58
第四节 直流牵引电动机的维护 ···································································· 69

## 第三章 三相交流电机基础知识 ········································································ 73
第一节 三相交流异步电动机的基本结构 ························································ 73
第二节 旋转磁场 ······················································································· 77
第三节 三相交流异步电动机工作原理 ···························································· 83
第四节 三相异步电动机的运行特性分析 ························································ 87
第五节 三相异步旋转电动机的转矩特性与机械特性 ········································· 99
第六节 三相异步电动机的启动与运行 ··························································· 105
第七节 单相异步电动机 ············································································· 113

## 第四章 三相鼠笼式异步牵引电动机 ································································ 118
第一节 三相异步牵引电动机概述 ································································· 118
第二节 三相鼠笼式异步牵引电动机的基本结构 ·············································· 119
第三节 三相异步牵引电动机的变频运行方式及其特性 ···································· 123
第四节 电动车组三相异步牵引电动机的特性调节 ··········································· 131
第五节 异步牵引电动机在地铁动车中的运用 ················································· 135
第六节 异步牵引电机交流传动系统的控制原理 ·············································· 140
第七节 交流牵引电动机维护及牵引系统辅助电机 ··········································· 151

## 第五章　永磁同步电机 ... 162
### 第一节　永磁同步电机的工作原理 ... 162
### 第二节　永磁同步电机的基本结构及运行特性 ... 165
### 第三节　永磁同步牵引电动机在轨道交通中的运用 ... 169

## 第六章　直线感应电机基础知识 ... 175
### 第一节　直线感应电机的基本结构及分类 ... 175
### 第二节　直线感应电机工作原理 ... 180
### 第三节　直线感应电机的边端效应 ... 184
### 第四节　直线感应电动机的等效电路和基本特性 ... 187

## 第七章　直线感应电机轮轨交通系统 ... 191
### 第一节　直线感应电机轮轨交通系统的历史与发展 ... 191
### 第二节　直线感应电机轮轨交通系统的特点 ... 193
### 第三节　直线感应电机轨道交通运载系统 ... 195
### 第四节　轨道交通直线感应电机吊挂技术 ... 202
### 第五节　直线感应电动机在轨道交通中的应用现状 ... 206
### 第六节　直线同步电动机 LSM 轨道系统 ... 212

## 第八章　变压器的基本结构与原理 ... 220
### 第一节　变压器的基本结构及工作原理 ... 220
### 第二节　地铁动车车辆上的几种变压器 ... 226

## 参考文献 ... 231

# 绪　论

城市轨道交通车辆作为一种便捷的交通工具，最根本的任务是承载旅客完成由甲地往乙地的运输任务。车辆运行的速度、动力系统提供牵引力或电制动力（牵引主回路电气系统）及其控制管理系统 TCMS（Train Control and Management System）是城市轨道交通车辆完成运输任务的关键。城市轨道交通车辆的运行速度受多方面因素约束，如列车运行图、区间及车站信号、线路状况、列车上各功能设备的状态、乘客舒适度、行车安全性等；动力系统提供牵引力或电制动力是列车车辆启动、加速、减速、停车的根本保证。TCMS 根据这些约束条件进行综合处理并形成最终的结果，而城市轨道交通车辆牵引主回路电气系统中的牵引电机就像人的心脏和神经系统对于人体的作用一样，直接影响着车辆运行的可靠性、舒适性、安全性和经济性等。

牵引电机是实现列车牵引及电制动的动力装置，在启动、牵引及制动等各种工况下，通过电传动控制系统改变牵引电动机的转矩和转速以达到调节车辆牵引力和速度的目的。牵引电机将电能变为机械能，产生牵引力驱动列车；又可将机械能转变为电能，实现电制动。所以，牵引电机是城轨列车电气设备中最主要的构成部分，其性能和可靠性直接关系到城轨列车的运行。

此外，城市轨道交通车辆上的各个设备通过机械、电气、电磁、网络等联系，形成一个统一的整体，通过列车员的操纵实现列车运行的控制。电气控制系统功能：实现列车自动驾驶系统 ATO、列车自动控制系统 ATC、列车自动保护系统 ATP、列车自动监控系统 ATS、列车通信控制 TCC 等全自动控制。电气控制系统组成：主牵引传动系统、辅助电源系统、牵引/制动控制系统、车门控制系统等。

## 一、城市轨道交通车辆牵引主回路电气系统

如图 0.1 所示，TCMS 接收司机的指令信息，经过转换与运算以后发给主回路电器系统执行能量转换过程，控制列车运行；TCMS 还检测列车运行的实际状态信息，对该状态信息进行处理和判断，一方面显示给司机、乘务人员和维护人员了解列车的运行情况，另一方面对出现的异常情况进行报警和应急处理。可以说牵引主回路是列车运行的躯干，TCMS 系统是列车运行的灵魂。

城市轨道交通车辆牵引主回路电气系统由电力牵引供电系统供电，提供 DC1 500 V/

DC750 V 两种供电电压。电能从直流牵引变电所经馈电线、接触网（架空式 DC1 500 V 或接触轨式 DC750 V 或接触轨式 DC1 500 V）输送给电动列车，再从电动列车经钢轨、回流线流回直流牵引变电所。

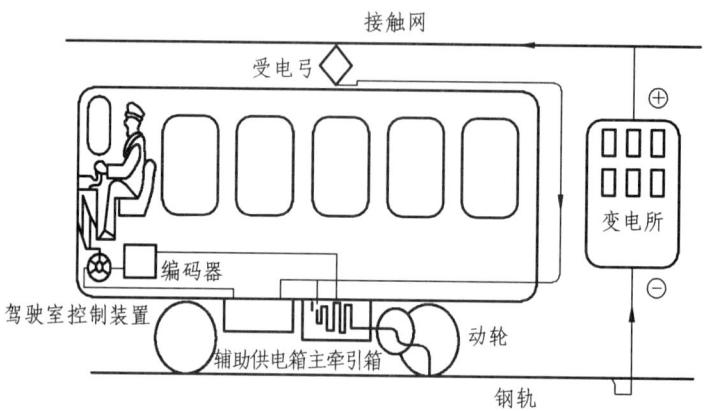

图 0.1 电力牵引供电系统及车辆控制原理图

车辆从接触网获得电能，由牵引电动机将电能转变为机械能而驱动车辆运行。

采用电传动技术的城轨电动列车，为了实现能量的传输与变换，电气系统不可缺少的硬件设备有三个部分：① 高压设备，包括受电弓（第三轨受流器）、高速断路器、防止大气过电压的装置（如避雷器、放电间隙）和电流检测装置。这部分设备的基本功能是保证通过触网（轨）动态接触，使电动车组从牵引变电所获得可靠供电。② 变流设备，主要包括直-交逆变器，以及相关的附加设备，如通风机、压缩机、泵等。它们的任务是实现电能形式的变换，以满足变频变压的要求。③ 转向架中的机电能量变换装置，也就是牵引电动机。一般地，在转向架中还装有力的传递机构，如齿轮减速器、万向节空心轴传递装置等，如图 0.2 所示。直线感应电机牵引系统、永磁同步牵引系统采用直驱，无需齿轮减速器。

图 0.2 牵引传动机构

## 二、城轨动车组电力传动方式

从国内外城轨列车运用情况看，电动车组电力牵引传动毫无例外地一律采用电传动方式。所谓电传动方式就是将外部输入的能源（如电力动力车）或本身产生的能源（如轨道内燃动力车）通过一整套电能变换和传递装置，将电能转换为机械能，驱动动轮轮对以牵引列车。这种电能变换和传递装置称为电传动装置。

用于干线铁路电动车组车辆与城轨动车车辆的电机，通常称之为牵引电机。它包括驱使电动车组或动车行驶的牵引电动机及供给牵引设备通风其他辅助用电设备。

牵引电动机有许多类型，诸如直流牵引电机机，脉流牵引电动机，单向整流子牵引电动机，交流异步旋转牵引电动机，交流同步旋转牵引电动机，直线异步电动机及直线同步电机。早期的城市轨道交通电动车辆中应用较广泛的是直流牵引电机机，因为其具有优良的牵引和制动性能，调节端电压和励磁，就可以方便地进行调速。但是，直流牵引电机的换向器结构尚存在一系列缺点：电机换向困难和电位条件恶化、结构复杂、工作可靠性较差、制造成本高和维修麻烦。特别是在高电压大功率时，换向变得困难，电位条件恶化，使电机的工作可靠性降低。随着大功率晶闸管，特别是近年来全控型电力电子器件的迅速发展，可调压调频的逆变装置已经成功解决了交流电动机的调速问题。交流电动机没有换向器，作为牵引电动机就消除了由此引起的一连串问题，而且具有结构简单、维修方便、体积小、重量轻、转速高、功率大、能自动防滑等一系列优点，所以是一种较理想的牵引电动机，在城市轨道交通领域中正在迅速取代直流牵引电机机。

近年来，作为最有实用价值的非黏着驱动方式，直线牵引电动机在城市轨道交通车辆中的应用也越来越受到各国的重视。直线牵引电机无旋转部件，呈扁平形，可降低车辆的高度，从而缩小地铁隧道直径，降低工程成本。直线牵引电机运行不受黏着限制，可得到较高的加速度，噪音较小，这都是适合城市轨道交通车辆应用的突出优点。

牵引电动机是城轨电动列车电气系统的重要部件之一，它安装在转向架上，通过传动装置与轮对相连，电动车在牵引状态时，牵引电动机将电能转换为机械能，通过轮对与钢轨产生牵引力，并通过轮对驱动电动列车运行。当电动列车在电制动状态下运行时，牵引电动机转换成发电机状态，将机械能转换成电能，通过轮对与钢轨产生制动力。

城市轨道交通电动车辆其供电电源是直流电网，按电传动装置所采用的牵引电动机的类型的不同，电力传动形式分为三类：以直流牵引电机为动力的直-直型电传动方式，交流旋转牵引电机为动力的直-交型电传动方式，直线牵引电动机为动力的直-交型电传动方式。

### 1. 直流牵引电机为动力的直-直型电传动方式

图 0.3 所示为直流牵引电机为动力的电气系统电传动装置示意图。车辆主传动系统工作过程为：接触网或接触轨的直流电经动车上的受流器引入车内，经过高速断路器、网侧高压电路、直流牵引电机调速电路，再经接地回流装置回电源负极。随着电动机接入电源即旋转，电能转化为机械能，牵引电机产生的牵引转矩经齿轮传动装置传递到轮对实现牵引运行。

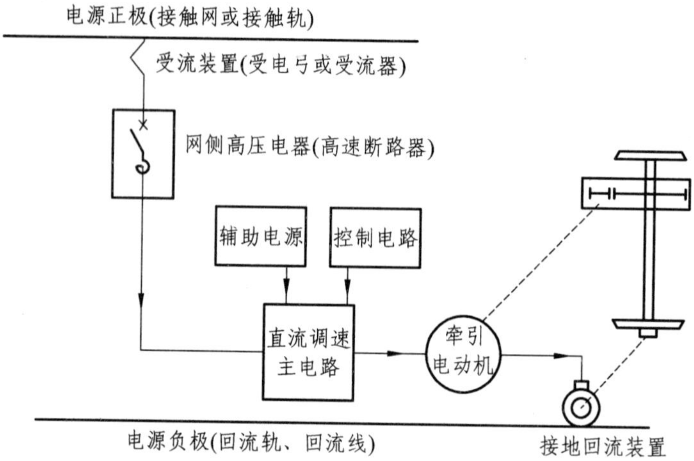

图 0.3　直流牵引电机为动力的电传动装置

### 2. 交流旋转牵引电机为动力的直–交型电传动方式

交流旋转牵引电机为动力的直-交型电动车组，由直流电网供电，用逆变器调压调频完成三相交流电的变换，供给三相异步电动机，如图 0.4 所示。

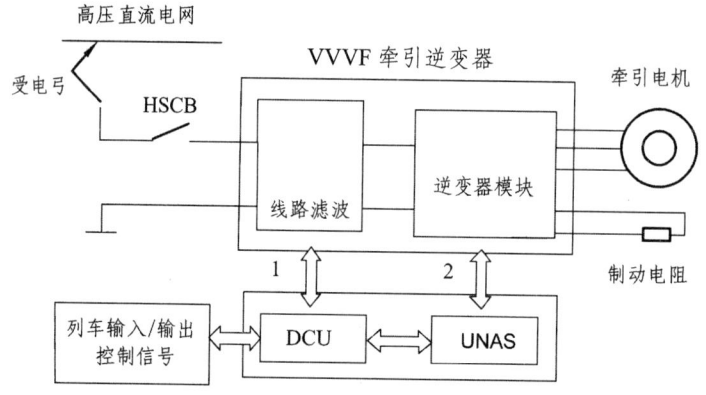

图 0.4　交流旋转牵引电机为动力的直-交型电传动装置

整个牵引系统主要由 VVVF 牵引逆变器、牵引电机、制动电阻等组成，VVVF 牵引逆变器采用 PWM 脉宽调制模式，将高压直流电逆变成频率、电压可调的三相交流电，平行供给车辆四台交流鼠笼式异步牵引电机，对电机进行调速，实现列车的牵引、制动功能。其变流元件采用大功率晶闸管，输出可调频、调压的三相电源供牵引电动机使用。

对于交流鼠笼式感应电动机，只有通过调频才能调节感应电动机的速度；通过调压才能使感应电动机具有恒力矩或恒功率的牵引特性；同时，鼠笼式电机具有结构简单、质量轻、防滑性能好等优点。随着大功率电力电子器件和微机技术的出现和应用，使感应电动机牵引性能得到充分的利用。此外，采用这种直-交电传动方式，可使车辆具有良好的制动性能。制动时，电动机处于发电机状态，将车辆机械能变为电能，经逆变器整流成直流电反馈回接触网，可供其他车辆牵引或作他用。当无其他装置吸收时，可全功率转变为电阻制动，低速或紧急制动时还有空气投入，车辆制动十分可靠。

### 3. 直线牵引电动机为动力的直-交型电传动方式

直线牵引电动机的电传动方式为直-交系统,由直流电网供电,采用电压型逆变控制。直线感应电机运载系统是应用于城市轨道交通的典型非黏着驱动方式的系统,其机理如图 0.5 所示。固定在转向架的一次线圈通过交流电流,产生移动磁场(行波磁场),通过相互作用,使固定在整体道床上的二次感应板(展开的转子)产生磁场,通过磁力(吸引、排斥)实现车辆的运行和制动。由于不受黏着系数的限制,有较强爬坡能力,最大坡度可达 80‰;采用了车轮与铁轨非黏着驱动技术,轮轨磨耗少;同时,利用轻型材料可以达到轮轨系统所达不到的启动加速度、制动减速度。

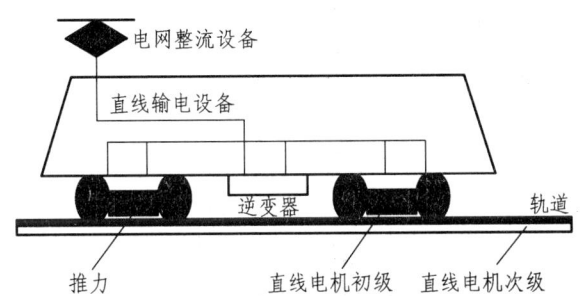

图 0.5  直线牵引电动机为动力的直-交型电传动装置

广州地铁 4、5、6 号线及北京机场线地铁动车采用的是逆变器变频调压的直线感应电机牵引系统。

## 三、牵引系统辅助电机

为了保证城轨电动车组正常运行,电动车组中装有许多辅助机械,这些辅助机械多采用一般的直流电动机、交流异步电动机、永磁同步电机(直流无刷电机)来驱动。在地铁动车中有由辅助电源(SIV)提供的电压为 AC380 V/50 Hz(或 AC400 V/50 Hz)三相交流异步电动机驱动空调、空压机等的正常工作;有由辅助电源(SIV)提供的电压为 DC110 V 的车辆客室门(电动门)驱动电机及受电弓驱动电机。

## 四、教学课程性质及任务

本课程是轨道交通车辆驾驶专业和车辆检修专业的一门重要的专业课。它的主要任务是使学生掌握直流电机与交流电机的基本结构、基本工作原理以及简单的特性分析;在此基础上对城轨车辆上所用的直流牵引电机、交流牵引电机及牵引系统辅助电机等进行较细致的分析,并且能突出轨道专业的特点使之能被更好地接受及掌握。

本课程在讲授内容上针对学习者的知识结构,删除了一些相对比较复杂的计算、公式推导和某些较深的理论分析,力求用通俗的语言来分析问题。

# 第一章 直流电机的基础知识

直流电机是电能和机械能相互转换的旋转电机之一。将机械能转换为直流电能的电机称为直流发电机，将直流电能转换为机械能的电机称为直流电动机。

由于直流电动机具有良好的启动性能，能在宽广的范围内平滑而经济地调节速度，所以它被广泛地用于铁路电力电动车组、城轨交通无轨电车、地铁轻轨电动车组中。在地铁门控系统、刮雨器控制系统中，小容量的直流电动机的应用也很广泛。直流发电机则作为各种直流电源，如直流电动机的电源，同步发电机的励磁电源（称为励磁机）等。虽然可控硅整流元件组成的直流电源设备正逐步取代直流发电机，但直流发电机由于其性能优越，在许多场合中仍占很重要的地位，利用可控硅整流器，配合直流电动机组成的调速系统也得到了广泛的应用。

## 第一节 电机理论基础知识

### 一、电机的基本功能与分类

电机是能量转换和信号转换的电磁装置。控制电机用来实现信号的转换，动力电机用来实现能量的转换。动力驱动电机广泛应用于地铁动车车辆中，本书主要介绍动力驱动电机。

电机是以磁场为媒介进行机械能和电能相互转换的电磁装置。其中除变压器外，均为机械能、电能的转换。把机械能转换为电能称为发电机，其逆运行为电动机。变压器的功能是将某个电压的交流电转换成同频率但不同电压的交流电，它是静止不动的，故应称为器，不是机。只因为它的工作原理与分析方法与旋转电机密切相关，故将它列入电机范畴。

动力电机的种类繁多，一般用于城轨交通车辆的电机主要有旋转电机与直线感应电机两类。旋转电机按工作电源分类可分为直流电机和交流电机，直流电动机按结构及工作原理可划分无刷直流电动机和有刷直流电动机。有刷直流电动机可划分为永磁直流电动机和电磁直流电动机。电磁直流电动机划分为串励直流电动机、并励直流电动机、他励直流电动机和复励直流电动机。永磁直流电动机划分稀土永磁直流电动机、铁氧体永磁直流电动机和铝镍钴永磁直流电动机。

交流电机还可分为同步电机和异步电机。同步电机可划分为永磁同步电动机、磁阻同步电动机和磁滞同步电动机。异步电机可划分为感应电动机和交流换向器电动机。感应电动机可划分为三相异步电动机、单相异步电动机和罩极异步电动机等；交流换向器电动机可划分为单相串励电动机、交直流两用电动机和推斥电动机；按转子的结构可分为笼型感应电动机和绕线转子感应电动机；按用途可分为驱动用牵引电机和车辆辅助电路控制用牵引电机。

直线感应电机也有同步与异步之分。第一章至第五章介绍的电机都是指旋转电机，特此说明。

## 二、旋转电机的基本作用原理

电机是通过电磁感应原理来实现能量转换的，因此，电和磁是构成电机的两大要素。电在电机中主要是以路的形式出现，即由导体、线圈、绕组构成电机的电路。可以是直流电路，也可以是单相、两相或三相交流电路。动力电机是旋转机械，其固定不动的部分称为定子，带有旋转的转动部分称为转子，二者之间必须有空气隙才能正常工作。因此，定子上的电路属于普通的静止电路，转子上的电路是和转子一起旋转，属于旋转电路。外界的静止电路如何与转子旋转电路连通是电机电路的一个特殊问题，它可通过滑动接触来解决，其基本结构原理如图1.1所示。其中图1.1（a）所示为滑环与电刷结构，由石墨-碳导电材料制成的固定电刷与静止的外电路相连接。图1.1（b）中转子上的导体与由导电材料制成的环状集电环随转轴$b_1$在半周中与换向片A（导体1）连通，在另外半周内改为与换向片B（导体2）连通。此类结构除了解决旋转和静止电路的连通外，还起着改换连接关系的作用，称为换向。上述结构中，前者常见于交流电机，后者主要用在直流电机中。

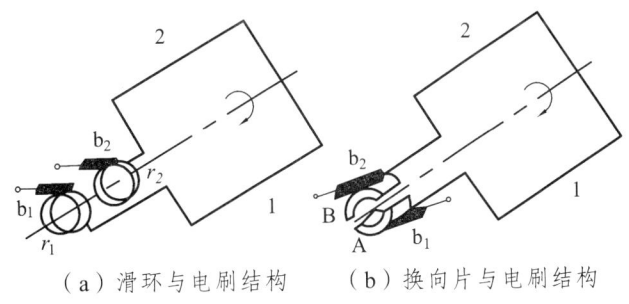

（a）滑环与电刷结构　　（b）换向片与电刷结构

图1.1　滑动接触示意图

## 三、分析电机原理常用物理量及常用的基本定律

### （一）常用物理量

**1. 磁感应强度 $B$**

描述磁场强弱和磁场方向的物理量。磁力线是闭合曲线，其方向与产生磁场的电流的方向满足右手螺旋关系，如图1.2所示。

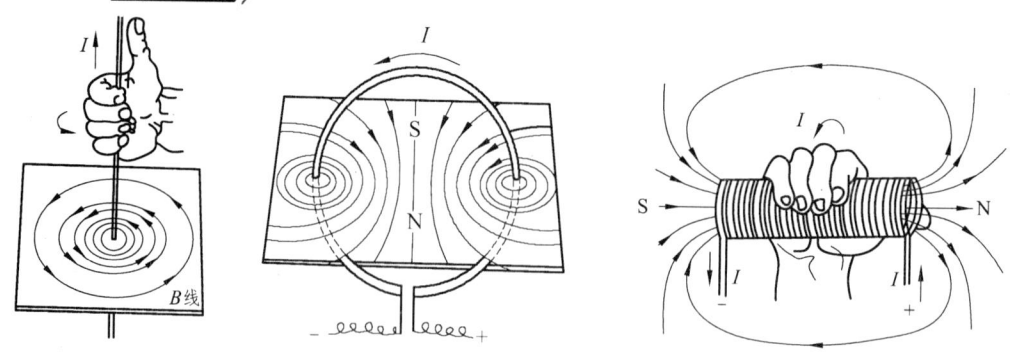

图 1.2　磁感应强度满足右手螺旋关系

**2. 磁通 $\Phi$**

表征磁介质或真空中磁场分布的物理量，穿过某一截面的磁感应强度 $B$ 的通量。电机的每极磁通，即穿过每个磁极横截面的全部磁通，是设计、计算电机的重要基础数据。

**3. 磁场强度 $H$**

是描述磁场强弱和方向的辅助物理量。在电机中常常使用该物理量，它与磁感应强度的关系为

$$B = \mu H \tag{1.1}$$

$\mu$ 为磁导率，$\mu_0 = 4\pi \times 10^{-7}$ H/m（真空），非磁性物质的 $\mu$ 为常数；铁磁材料的 $\mu$ 比真空的大数十至数千倍。

**4. 磁势 $F$**

线圈匝数与励磁电流之积。

$$F = NI \tag{1.2}$$

**5. 磁链 $\psi$**

线圈所交链的磁通。

$$\psi = N\Phi \tag{1.3}$$

## （二）常用的基本电磁定律

### 1. 全电流定律

如图 1.3 所示，任意一个闭合回线上的总磁压等于被这个闭合回线所包围的面内穿过的全部电流的代数和，这个规律称为全电流定律，可表示为

$$\oint_l H \mathrm{d}l = \sum i \tag{1.4}$$

其中电流的正方向与闭合回路的正方向满足右手定则。

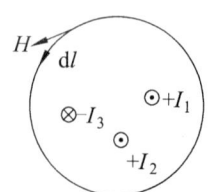

图 1.3　全电流定律

### 2. 电磁感应定律

在本书回顾的所有定律中电磁感应定律将是最重要的一个。简单地说，电磁感应定律就

是指变化的电场附近会产生变化的磁场，而变化的磁场附近会产生变化的电场。

电机中的导体都是绕制成各种各样的线圈，线圈中通过电流将建立磁场并产生磁通$\Phi$，磁通穿过线圈和线圈匝链形成所谓磁链$\psi$。设线圈有$N$匝，流过电流后产生匝链线圈的磁通为$\Phi$，则磁链为$\psi=N\Phi$。大量的实验证实存在着如下的规律：当穿过闭合导体回路的磁通（不论由于什么原因）发生变化时，在导体回路中就会出现电流，这种现象称为电磁感应现象，如图1.4所示，电动势产生电流，电流产生磁通。

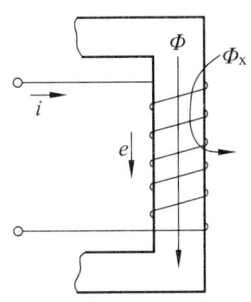

图1.4　电磁感应定律

闭合回路磁通变化的原因有下面两种：

（1）$\psi$随时间变化而闭合回路的任一部分对媒质没有相对运动，即磁通本身就是由交流电流所产生，这样产生的感应电动势叫做感生电动势。变压器就是利用这一原理制成的，所以也称这一感应电动势为变压器电动势（线圈与磁场相对静止）。其大小与线圈的匝数和磁通变化率成正比，方向由楞次定律决定。

$$e = -\frac{d\psi}{dt} = -N\frac{d\Phi}{dt} \tag{1.5}$$

$$\psi = \Phi\sin\omega t \tag{1.6}$$

式中　$\omega$——角频率，$\omega = 2\pi f_1 = \dfrac{2\pi p n_1}{60}$。

一个单匝整距线圈中感应的电动势为

$$e = -\frac{d\Phi}{dt} = -\omega\Phi_m\cos\omega t = \omega\Phi_m\sin(\omega t - 90°) \tag{1.7}$$

电动势的有效值为

$$E = \frac{\omega}{\sqrt{2}}\Phi_m = \sqrt{2}\pi f_1\Phi_m \approx 4.44 f_1\Phi_m \tag{1.8}$$

电动势和磁通相位关系如图1.5所示。

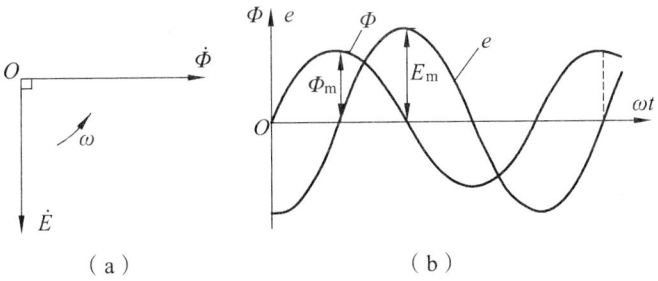

图1.5　电动势和磁通相位关系

（2）磁通本身不随时间变化，但由于线圈与磁场间有相对运动而引起线圈中磁链的变化，这样产生的电势称为运动电势或速度电势（切割电动势）。有

$$e = Blv$$

这正是发电机的工作原理，故又称之为发电机电动势。动生电动势的方向可以用右手定则来确定，如图1.6所示。

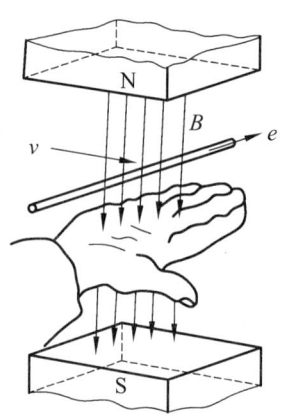

图 1.6 感应电动势的方向（右手定则）

在理解电磁感应现象时，感应电动势是比感应电流更为本质的物理量。感应电动势的大小只与穿过回路磁通随时间的变化率有关，而与构成回路的材料的特性无关。因此，电磁感应定律可以推广到任意媒质内的假想回路中。

### 3. 电磁力定律

载流导体在磁场中要受到力的作用称为电磁力定律，如果导体与磁场相互垂直，则导体受到的电磁力大小为

$$f = Bli \tag{1.9}$$

电磁力方向用左手定则判定，如图 1.7 所示。在旋转电机中，作用在转子载流导体上的电磁力将使转子受到一个力矩，称之为电磁转矩（等于力乘转子半径）。电磁转矩是电机实现机电能量转换的重要物理量。

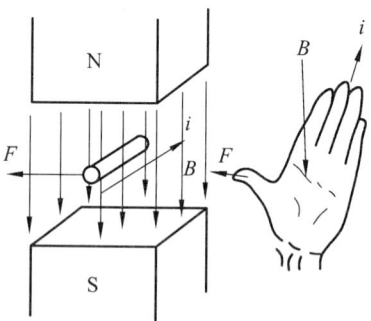

图 1.7 电磁力的方向-左手定则

1. 试说明电磁感应定律和电磁力定律。
2. 电机的基本功能是什么？

## 第二节 直流电机基本工作原理

任何电机的工作原理都是建立在电磁力和电磁感应这个基础上的,直流电机也是如此。为了讨论直流电机的工作原理,可把复杂的直流电机结构进行简化处理。

### 一、直流发电机工作原理(将机械能转换为电能)

图 1.8 表示一台最简单的两极直流发电机模型。在它的固定部分(定子)装设了一对静止的主磁极 N 和 S(主磁极可以采用永久磁铁,也可以采用电磁铁);在旋转部分(转子)装设电枢铁芯;定子与转子之间有一气隙,称为空气隙。在电枢铁芯上放置了用绝缘导体 ab 与 cd 构成的电枢线圈,称为电枢绕组。电枢绕组的首端和末端分别连到圆弧形的铜片上,此铜片称为换向片。换向片之间互相绝缘,由换向片构成的整体称为换向器。换向器固定在转轴上,换向片与转轴之间也互相绝缘。换向器作用就是使旋转中的电枢线圈中电流换向,从而保证每个磁极下线圈边中的电流始终是一个方向,使电磁转矩的方向不变,电机按一定方向连续旋转。

为了把电枢和外电路接通,特别装置了一对在空间固定不动的电刷 A 和 B,静止的电刷(A 和 B)与换向器滑动接触,将电枢线圈 a-b-c-d 产生的交流电输出,即当电枢旋转时,电枢绕组通过换向片和电刷与外电路接通。因此,从工作原理的角度来看,直流电机主要包括主磁极、电枢、换向器和电刷四大部分。

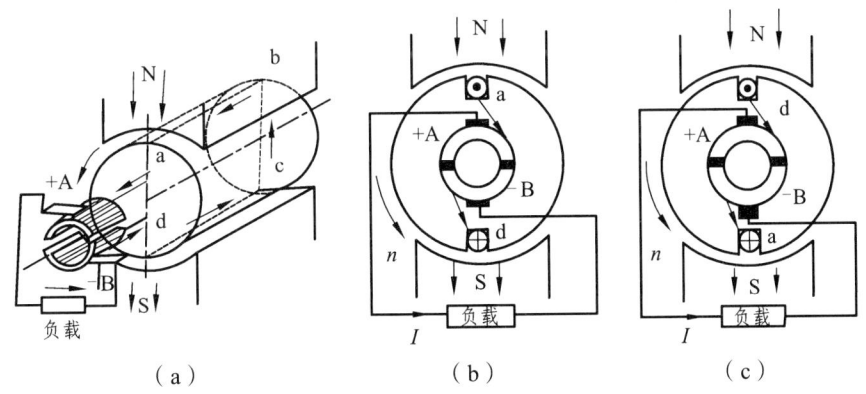

图 1.8 直流发电机基本工作原理

为了实现机械能转换为电能,电枢由原动机驱动而在磁场中以一定的恒定转速 $n$ 逆时针方向旋转。为了便于说明,先做如下规定:

(1)在 N 极下的导体称为 N 导体,在 S 极下的导体称为 S 导体。
(2)导体中的电势或电流的方向进入纸面时用符号⊗表示,由纸面出来时用符号⊙表示。

随着电枢逆时针方向旋转,电枢绕组的导体 ab 和 cd 切割磁通感应出电动势 $e$,感应出电动势的方向由右手定则确定。从图 1.8(b)到图 1.8(c)中,显然每一导体中的电动势是交变的，即在 N 极下是一个方向，当它转到 S 极下时是另一个方向。由此可见，线圈中的电势方向由于电枢旋转而随时间做正负变化。如果电机气隙磁密 B 在空间的分布是如图 1.9 所示的波形，那么线圈中电势随时间变化的波形如图 1.9 所示。

但是，由于电刷 A 总是同与 N 极下的 N 导体相连的换向片接触，而电刷 B 总是同与 S 极下的 S 导体相连的换向片接触，因此，在电刷 A、B 间就出现一个极性不变的电动势或电压。可见，直流发电机电枢线圈中的感应电动势方向是交变的，而通过换向器和电刷的作用，在电刷 A、B 间两端输出的电动势是直流电动势，这种作用称为整流。这就是说，线圈中的交流电势已变为如图 1.10 所示的刷间直流电势了。

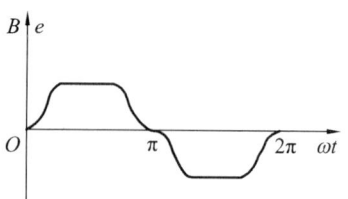

图 1.9　气隙磁密空间的分布和线圈内电势波形　　　图 1.10　刷间电势波形

对于图 1.8 所示的直流电机简单模型图，由于电枢上只嵌放了一个线圈，所以感应电势数值小，波动大。为了减小电势的脉动，实际电机中，电枢上放置了许多线圈组成电枢绕组，这些线圈均匀分布在电枢表面，并按一定规律连接起来。图 1.11 表示一台两极直流电机，电枢上嵌在空间互差 90°的两个线圈产生的电势波形，由图可见，其脉动程度大大减小了。实践证明，若每极下的线圈边数大于 8，电势脉动的幅值将小于 1%，基本是一直流电势，如图 1.12 所示。

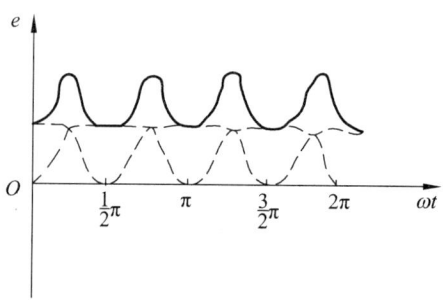

图 1.11　两个线圈换向后的电势波形

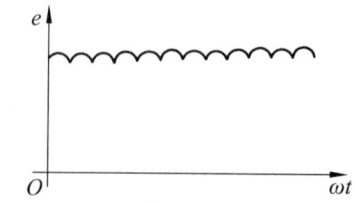

图 1.12　多个线圈电刷两端的电势波形

当电刷之间接有负载时，在电动势的作用下就在电路中产生与电动势的方向相同的电流。同时，载流导体在磁场中必然产生一个电磁力（方向由左手定则确定），电磁力对转轴形成电磁转矩，因电磁转矩与电枢旋转的方向相反，起制动作用，故称之为制动转矩。直流电动机要维持发电机状态，原动机输入的机械转矩必须克服电磁转矩，方可实现由机械能转换为直流电能。

由上述原理分析可知，直流发电机工作的条件是：电机内部需有（直流励磁或永久磁铁）磁场存在；原动机拖动转子以 $n$（r/min）旋转；机械转矩必须大于电磁转矩。

## 二、直流电动机的工作原理（将电能转换为机械能）

直流电动机的结构，在工作原理上和直流发电机一样。但作为电动机，它是将电能转换为机械能，故轴上应接机械负载，并用一直流电源将直流电送入电枢绕组，如图1.13所示。

直流电源接在电刷 A、B 之间而使电流通入电枢线圈。在图 1.13（a）中，导体 ab 为 N 导体，输入电流的方向为 $\otimes$；导体 cd 为 S 导体，输入电流的方向为 $\odot$。由于载流导体在磁场中受到电磁力的作用，根据左手定则，不论导体 cd 还是导体 ab，所受电磁力的方向均为逆时针方向，因而产生逆时针方向的电磁转矩，使电枢按逆时针方向旋转。在图 1.13（b）中，ab 变为 S 导体，cd 变为 N 导体，但在导体改变电流方向的同时它所处的磁场方向也改变了，故所受的电磁力及产生的电磁转矩方向并不会改变，即仍为逆时针方向，从而使电枢继续按逆时针方向旋转。

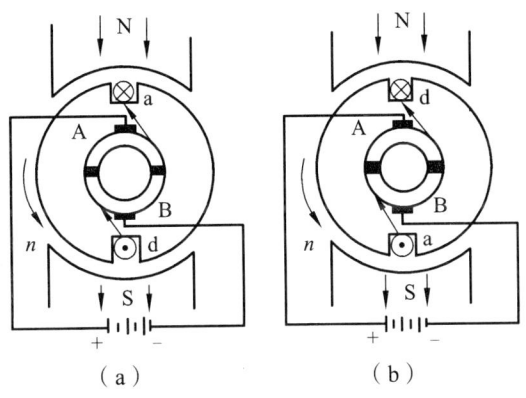

图 1.13  直流电动机的工作原理

由上分析，直流电动机两端的直流电借助于电刷和换向器的作用，变为电枢线圈中交流电，这种作用称为逆变。电刷和换向器保证了同一个极下线圈边中的电流始终是一个方向，继而保证了该极下线圈边所受的电磁力方向恒定，使电动机能连续地旋转。

同时可以看到电枢旋转时，电枢导体在磁场中切割磁感应线产生运动电动势，由右手定则判断电枢导体运动电动势的方向与输入电流的方向相反，为反电动势。

由以上原理分析可知，直流电动机工作的条件是：电机内部有磁场存在；将电枢绕组（通过换向器和电刷端）接通直流电源，电枢导体便有电流流通；外部输入电动势必须大于电枢内部运动感应电动势。

改变电源正负极或改变磁场方向时，电枢线圈所受的电磁力都将反向，电枢反向旋转。

# 练习题

### 一、填空题

1. 将机械能转换为直流电能的电机称为_____；将直流电能转换为机械能的电机称为_____。
2. 当直流发电机电刷两端获得直流电动势后，若接上负载，载流导体在磁场中产生的电磁转矩与电枢旋转的方向_____，故称为制动转矩。
3. 在直流电动机中，电刷两端加的是_____，在_____和_____的作用下，线圈内部流过的是_____。
4. 在直流电动机中，旋转的线圈中感应产生电动势方向与线圈中电流方向_____，故称为反电动势。
5. 直流发电机电枢绕组元件中的电动势和电流是_____。
6. 直流电动机电枢绕组元件中的电动势和电流是_____。

### 二、选择题

1. 直流电机的工作原理实质上是（　　　）。
   A. 楞次定理　　　　B. 电磁感应原理　　　　C. 基尔霍夫定理
2. 当外接电源向直流电动机供电时，其转动方向由（　　　）决定。
   A. 左手定则　　　　B. 右手定则　　　　C. 右手螺旋定则

### 三、简答题

1. 判断下列情况下，直流电机电刷两端间的电动势是交流的还是直流的？
（1）磁极固定，电枢和电刷同时旋转。
（2）电枢固定，电刷和磁极同时旋转。
（3）电刷固定，磁极和电枢同时旋转。
2. 电机产生的电动势、电磁转矩对于直流发电机和直流电动机所起的作用有何不同？

## 第三节　直流电机的基本结构

直流电机，主要由静止的定子（Stator）和旋转的转子（Rotor）两大部分组成，如图1.14所示。

定子由主磁极、换向极、电刷装置、机座、端盖和轴承等部件组成，它的作用是产生磁场，提供磁路和作为电机的机械支撑。转子由电枢铁芯、电枢绕组、换向器和转轴等部件组成，用来产生感应电动势和电磁力矩。转子是实现能量转换的主要部件。此外固定电机用的底脚、吊装用的吊环、引出线端用的出线盒也为电机的一部分。

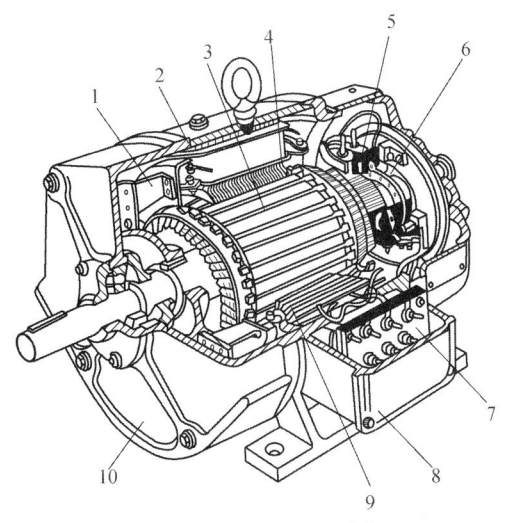

图 1.14 直流电机结构

1—风扇；2—机座；3—电枢；4—主磁极；5—刷架；6—换向器；7—接线板；
8—出线盒；9—换向极；10—端盖

## 一、转子部分

### 1. 电枢铁芯

电枢铁芯是电机磁路的一部分，也是承受电磁力作用的部件。电枢绕组安装在沟槽内，电枢的转矩由载流的电枢绕组与主磁场相互作用而产生的。为了减小铁芯中的涡流损耗，电枢铁芯通常采用彼此绝缘的薄硅钢片叠成。在硅钢片上预先留有轴孔和通风孔。电枢铁芯冲片如图 1.15（a）所示。由于电机在运转时发热，故对于容量较大的电机，为了散热和加强冷却，将电枢铁芯沿着轴向方向分成数段，每段 4~10 cm，段与段之间留出 8~10 mm，作为径向通风之用，称为径向通风道，如图 1.15（b）所示。

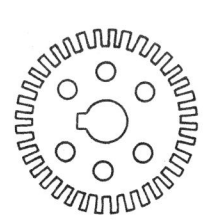

（a）电枢铁芯冲片

（b）电枢铁芯装配图

图 1.15 直流电机电枢铁芯

### 2. 电枢绕组

电枢绕组的作用是产生感应电势和通过电流产生电磁转矩，实现机电能量转换。它是直流电机的主要电路部分。电枢绕组通常都用圆形或矩形截面的导线绕制而成，再按一定规律嵌放在电枢槽内，上下层之间以及电枢绕组与铁芯之间都要妥善地进行绝缘处理。为了防止离心力将绕组甩出槽外，槽口处需用槽楔将绕组压紧，伸出槽外的绕组端接部分用无纬玻璃丝带绑紧。

电枢线圈按一定规律和换向器连接起来即构成电枢绕组。各绕组元件的引线焊到换向器上，电枢铁芯和电枢绕组以及换向器三者连成一个整体。电枢绕组由许多绕组元件组成，分单匝元件和多匝元件。在牵引电机中通常采用单匝式绕组元件。

### 3. 换向器

换向器的作用是机械整流，即在直流电动机中，将外加的直流电流逆变成绕组内的交流电流；在直流发电机中，它将绕组内的交流电势整流成电刷两端的直流电势。换向器的结构如图1.16所示。换向器由许多换向片组成，换向片间用云母片绝缘。换向片凸起的一端称为升高片，用以与电枢绕组端头相连，换向片下部成燕尾形，利用换向器套筒、V形压圈及螺旋压圈将换向片、云母片紧固成一个整体。在换向片与换向器套筒、压圈之间用V形云母环绝缘，最后将换向器压装在转轴上。

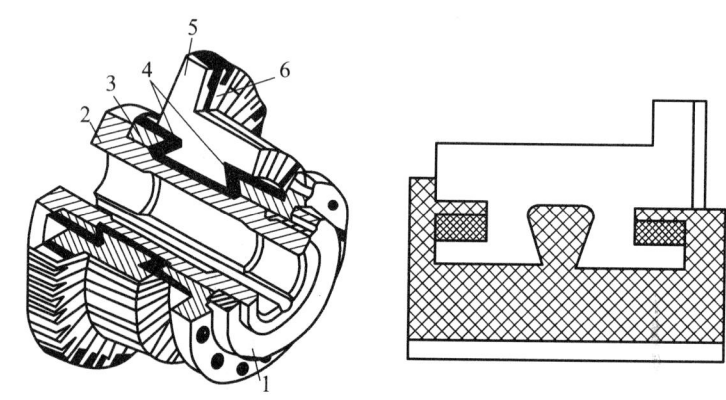

图 1.16 换向器

1—螺旋压圈；2—换向器套筒；3—V形压圈；4—V形云母环；5—换向片；6—云母片

## 二、定子部分

### 1. 主磁极

主磁极包括主极铁芯和励磁线圈。主磁极通常由钢板叠成，可降低电枢旋转时齿与槽相对磁场移动时引起的磁场脉振在极靴表面的涡流损耗。主磁极铁芯分为极芯和极靴，为了获得较好的换向条件，极靴与电枢表面之间的缝隙（第一气隙）是不均匀的，极芯上套有励磁绕组，各主磁极上的绕组一般都是串联的。直流电机的磁极如图1.17所示。极掌的作用是使空气隙中磁感应强度分布最为合适。改变励磁电流的方向，就可改变主磁极极性，也就改变了磁场方向。

### 2. 换向极

换向极的作用是产生换向磁场用来改善电机的换向。换向极由极芯和换向绕组组成，其结构如图1.18所示。极芯的截面呈矩形，用整块锻钢制成，有时也采用电工钢片叠成。换向极极靴的形状和尺寸由电机换向要求所决定，它的形状决定了换向极磁场的波形，对电机性能影响很大。在牵引电机中，为减小换向极的漏磁，通常在换向极极芯和机座之间增加一个气隙（第二气隙）。通过调整气隙，可达到调整电机换向性能的目的。

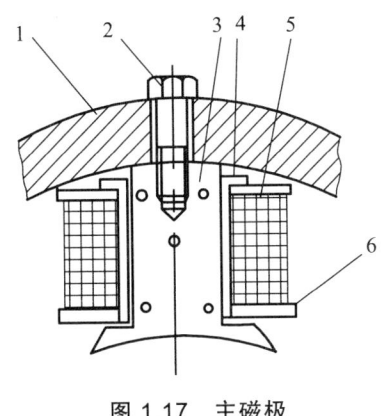
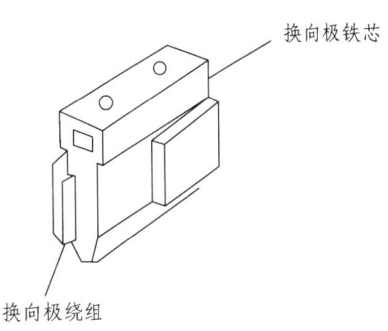

图1.17 主磁极
1—机座；2—主磁极螺钉；3—主磁极铁芯；4—框架；
5—主磁极绕组；6—绝缘垫衬

图1.18 换向极

### 3. 电刷装置

电刷装置安装在电机换向器端，作用是使转动的电枢绕组与外电路连接起来。电刷装置由电刷、刷握、刷握架和刷杆组成，其结构如图1.19所示。刷握装置要求在换向器轴向、径向和切向方向位置都能调节。刷架应具有较高的机械强度，并能承受振动和冲击。刷杆等绝缘零件应有较高的介电强度，不因受潮、受污而造成闪烁或飞弧故障。电刷数一般等于主磁极数，各同极性的电刷经软线汇在一起，再引到接线盒内的接线板上，作为电枢绕组的引出端。

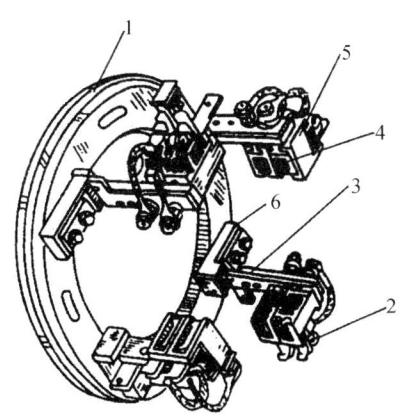

图1.19 电刷装置
1—刷杆座；2—弹簧；3—刷杆；4—电刷；5—刷握；6—绝缘杆

### 4. 机 座

机座是用来固定主磁极、换向磁极和端盖，起机械支撑作用，同时也是电机磁路的一部分。机座用铸钢或铸铁制成，机座上的接线盒有励磁绕组和电枢绕组的接线端，用来对外接线。

## 三、其他部分

### 1. 气　隙

在小容量电机中,气隙为 1~3 mm;在大容量电机中,可达 10~12 mm。值得注意的是,气隙的长度对电机的性能有很大的影响。

### 2. 转轴和轴承

转子必须有转轴,以便将电枢和机械设备或原动机联结起来,进行功率和转矩的传递。中小型电机一般采用滚动轴承,装于端盖中。在大容量电机中,因电枢很重,用端盖轴承已不够坚固,电机可采用支架式滚动轴承,用支架将轴承支撑在底板上。

### 3. 通风装置

对于开启式电机,它的各个部分露在外面,通风情况较好,可以依靠转子本身的转动来冷却电机。在中小型电机中,常采用防护式结构。当电枢旋转时,风扇将较冷的空气吸入电机,使空气经过冷却换向器、励磁绕组、电枢铁芯和电枢绕组,然后再经风扇从出风口排出机外。在端盖的进出风口上都装有风罩,以防止外物进入电机。在灰尘比较多或带有腐蚀性气体的地方,电机做成封闭式,以防止灰尘或有害气体对电机进行破坏。封闭式电机只靠表面散热来进行冷却。对某些低速运行的电机,为了保证足够的通风量,常在管道中另装一鼓风机来加强通风。在空气中含有爆炸性成分的地方,电机必须是防爆式的,这种电机封闭得十分严密,包括轴伸处的轴封部分,都需严密封闭。当电机内部发生偶然性火花引起爆炸时,它能够将爆炸限制在机内而不致漫延到机外,以免引起严重事故。

## 四、电机的材料

电机的质量及运行中的各种特性,在很大程度上与其制造材料有关。因此要求电机各部件应具有足够的机械强度和绝缘强度。

电机材料的作用,不外乎有以下五种:导电、导磁、绝缘、散热和机械支撑。

### 1. 导电材料(电-电路-导电材料)

为减小电阻损耗,导电材料必须有良好的导电性能。铜是最常见的导电材料,电机各绕组一般均由含纯铜 99.9% 以上的电解铜线绕制而成。铝也是常用的导电材料,在交流异步电动机中广泛使用铝条作为电机的转子绕组,它的导电作用仅次于铜。碳也是应用于电机的一种导电材料,电机中的一个重要部件电刷就是用碳或碳-石墨制成。

### 2. 绝缘材料(电-电路-绝缘材料)

电机中使用着多种绝缘材料。由绝缘材料适当加工而成的结构称为绝缘结构。电机中的绝缘材料和绝缘结构有两方面作用:一是将带电部件与机壳、铁芯等接地部件隔开;二是将电位不同的各带电部件隔开。电机中带电部件与机壳、铁芯等对地部件的绝缘状态被破坏,就称为电机"接地"。如果电机中电位不同的带电部件的绝缘状态被破坏,就称为"短路"。接地和短路都是电机的故障状态,严重的绝缘损坏将导致整个电机烧损。

绝缘破坏的另一种故障状态是电晕，电晕是可见的局部放电现象（一般指空气放电）。额定电压超过 6 000 V 时将会出现明显的电晕现象，一般发生在高压交流电机中。电晕对绝缘材料有严重的腐蚀破坏作用。提高电机绝缘的防晕能力，最主要的是要减少绝缘缺陷，提高绝缘结构的整体性，同时要避免导体或铁芯的尖锐边缘。

绝缘材料的种类很多，可分为天然的和人工的、有机的和无机的，有时还用多种不同材料的组合。绝缘材料的寿命和它的工作温度有很大关系。长时间在高温下工作，绝缘材料会逐渐老化，即丧失其机械强度和绝缘强度。为了保证电机在合理的较长的年限内可靠地工作，规定了绝缘材料的极限允许温度。

绝缘材料常分为以下七级，如表 1.1 所示。此外，变压器油是一种特种矿物油，在变压器中同时起绝缘和散热两种作用。

表 1.1　绝缘材料等级

| 绝缘等级 | O | A | E | B | F | H | C |
|---|---|---|---|---|---|---|---|
| 极限允许温度/°C | 90 | 105 | 120 | 130 | 155 | 180 | 180 以上 |
| 主要材料 | 棉纱，纸等 | 经过油或树脂处理的O类有机材料 | 环氧树脂聚酯薄膜等有机合成树脂 | 用有机黏合物制成的云母、石棉、玻璃丝等 | B 级中用耐热有机漆，如聚酯漆为黏合剂 | B 级中用耐热硅有机树脂，硅有机漆为黏合剂 | 云母、玻璃、瓷、石英等 |

### 3. 导磁材料（磁−磁路−导磁材料）

为了在一定的电流下能产生较强的磁场，电机采用导磁性能较高的铸钢制成磁路。大块导体在磁场中运动或处在变化的磁场中，都要产生感应电动势，从而产生电流（在恒定磁场中的静止导磁体内是不会引起能量损耗的）。电流在导体中的分布随着导体的表面形状和磁通的分布而不同，其路径往往犹如水中的漩涡，因此称为涡流，如图 1.20（a）所示。涡流在铁芯中流动，如同电流流经电阻一样，也要引起功率损耗，这种功率损耗称为涡流损耗。可以证明涡流损耗与电枢铁芯厚度的平方成正比。为减少涡流损耗，常将铁芯用许多铁磁导体薄片（例如硅钢片）叠成，如图 1.20（b）所示，这些薄片表面涂有薄层绝缘漆或绝缘的氧化物。磁通穿过薄片的狭窄截面时，涡流被限制在沿各片中的一些狭小回路流过，这些回路中的净电动势较小，回路的长度较大，再由于这种薄片材料的电阻率大，这样就可以显著地减小涡流损耗。所以，交流电机、电器中广泛采用叠片铁芯。

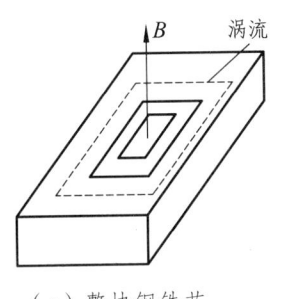 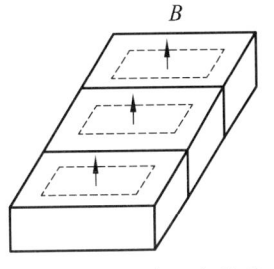

（a）整块钢铁芯　　　　　　（b）薄硅钢片叠成铁芯

图 1.20　涡流与涡流损耗

### 4. 散热材料

电机工作时产生的损耗,最后均转化为热能,使电机升温,若不采取措施解决会使电机绝缘老化,缩短工作寿命甚至短时间内烧毁。中小型电机可利用增大机壳的表面积、内轴上装设风叶来散热;大功率电机开设有专门的风道,采用牵引风机强迫通风散热。

### 5. 机械支撑材料（力-结构材料）

主要是铸钢、铸铁、钢板等制成机座、端盖、转轴和轴承。

## 五、直流电机的额定值

额定值是制造厂对各种电气设备（本章指直流电机）在指定工作条件下运行时所规定的一些量值。在额定状态下运行时,可以保证各电气设备长期可靠地工作,并具有优良的性能。额定值也是制造厂和用户进行产品设计或试验的依据。额定值通常标在各电气的铭牌上,故又叫铭牌值。

（1）额定功率（额定容量）$P_N$：指电机在铭牌规定的额定状态下运行时,电机的输出功率。

对于直流发电机,$P_N$ 是指输出的电功率,它等于额定电压和额定电流的乘积,即

$$P_N = U_N I_N \tag{1.10}$$

对于直流电动机,$P_N$ 是指电机长时间正常运行时电机轴输出的机械功率,所以公式中还应有效率 $\eta_N$ 存在,即

$$P_N = U_N I_N \eta_N \tag{1.11}$$

（2）额定电压 $U_N$：指电机正常工作时加在电机两端的输入电压,它是设计电机时的计算电压。在地铁动车车辆中,由直流接触网直接供电的直流牵引电机全部并联运行时,电机的额定电压等于接触网的额定电压；在交流传动动车中,由于采用了逆变装置,牵引电动机的额定电压不受接触网电压的限制,可以根据动车逆变器和牵引电动机在设计和运用方面最可靠、最经济的条件来选择。

（3）额定电流 $I_N$：指电机运行时允许从电源输入的电流。

（4）额定转速 $n_N$：指额定状态下运行时转子的转速,单位以 r/min 表示。

除上述几项额定数据外,电动机铭牌上还有励磁方式（直流电机）、通风量、绝缘等级等数据。

某直流牵引电机的主要技术参数如表 1.2 所示。

表 1.2 某直流牵引电机机的主要技术参数

| 电网额定电压 | 750 V | 供电方式 | 三轨上部受流 |
|---|---|---|---|
| 电机额定功率 | 86 kW | 编组方式 | 全动车 6 编组 |
| 控制方式 | 凸轮变阻控制 | 启动加速度 | 0.86 m/s² |
| 减速度 | 1.0 m/s² | 最高速度 | 80 km/h |

# 练习题

## 一、填空题

1. 直流电机由静止的_____和旋转的_____两大部分组成。
2. 直流电机定子的作用是_____和_____，转子的作用是_____和_____。
3. 直流电机定子主要由_____、_____、_____和_____等组成。
4. 直流电机主磁极由_____和_____两部分组成。
5. 电刷装置的作用是通过电刷与换向器表面的滑动接触，把转动的电枢绕组与_____相连。
6. 直流电机的转子主要由_____、_____、_____和_____等组成。
7. 涡流损耗与电枢铁芯_____的平方成正比，为了减小涡流和磁滞损耗的影响，电枢铁芯通常用_____叠压而成。
8. 直流电机制造材料作用有_____、_____、_____、_____和_____。

## 二、选择题

直流电动机的额定功率指（    ）。
A. 转轴上输入的机械功率
B. 转轴上输出的机械功率
C. 电枢端口输入的电功率
D. 电枢端口输出的电功率

## 三、简答题

1. 什么是电机的接地？什么是电机的短路？
2. 直流电机定子部分与转子部分各由哪些部件构成？各有何作用？

# 第四节 直流电机的感应电势和电磁转矩

电枢绕组是实现电能和机械能相互转换的枢纽，为直流电机重要部件之一，绕组的形式与电机的性能、寿命和效率有很大的关系。

## 一、电枢绕组的构成

直流电机的电枢绕组是双层的，所有绕组元件连接成一闭合回路，按连接规律的不同分为单叠绕组和单波绕组两大类。

直流电枢绕组是由许多形状相同的绕组元件（即线圈）组成，如图 1.21 所示。每个绕组元件的两端头分别与两换向片相连接，而每个换向片也与两个属于不同绕组元件的端头相连接。所以，换向片数 $K$ 与绕组元件数 $S$ 是相等的，即

$$K = S \tag{1.12}$$

（a）叠绕组　　　　　　（b）波绕组

图 1.21　绕组元件

绕组元件放在电枢铁芯槽内，如图 1.22 所示。由于电枢绕组是双层的，每个槽将放置不同绕组元件的上元件边和下元件边，而每个绕组元件有两个元件边，因此绕组元件数等于槽数。实际上，每个槽的上层和下层均放置若干个元件边，习惯上常将槽内每层一个元件边称为一个虚槽，而电枢铁芯表面实际的槽称为实槽。设 $Z$ 为实槽数，$Z_u$ 为虚槽数，每个实槽包含的虚槽数为 $u$，如图 1.23 所示，则有

$$Z_u = Z \tag{1.13}$$

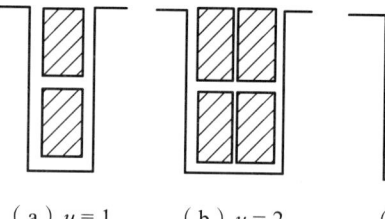

图 1.22　电枢绕组元件在槽中的位置　　　图 1.23　实槽与虚槽

因为每一虚槽有上下两个有效边，所以绕组元件数 $S$ 应与虚槽数 $Z_u$ 相等，即

$$Z_u = S = K \tag{1.14}$$

为了正确地把电枢绕组安放在电枢槽内并与换向片相连，必须确定电枢绕组和换向器上的极距与各种节距。

**1. 极距 $\tau$**

极距是指电枢表面圆周上相邻两主磁极之间的距离，以长度表示为

$$\tau = \frac{\pi D_a}{2p} \tag{1.15}$$

式中　$D_a$——电枢外径；

$p$——主磁极对数。

以虚槽表示为

$$\tau = \frac{Z_u}{2p} \tag{1.16}$$

## 2. 第一节距 $y_1$

第一节距是指同元件两有效边在电枢表面所跨过的距离,如图1.24所示,一般以虚槽数表示。为了使元件感应电动势最大,第一节距 $y_1$ 应等于或接近于一个极距,即

$$y_1 = \frac{Z_u}{2p} \mp \varepsilon \tag{1.17}$$

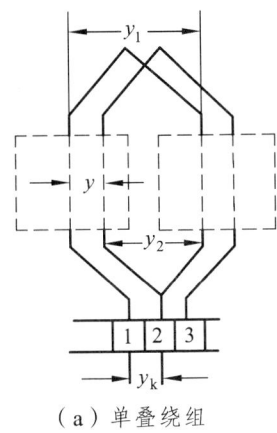
（a）单叠绕组

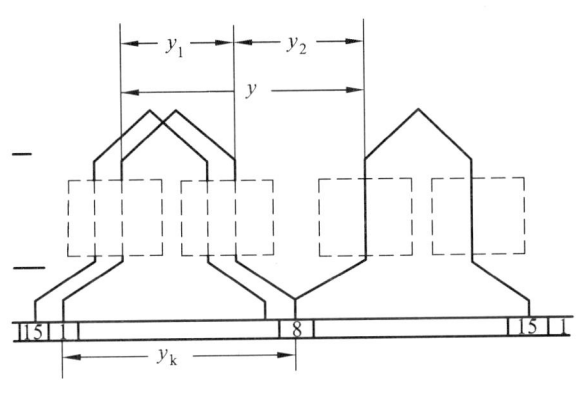
（b）单波绕组

图1.24 绕组元件的节距

式中 $\varepsilon$ 是用来凑成 $y_1$ 为整数的小数。取"-"号为短距元件,取"+"号为长距元件,$\varepsilon = 0$ 时为整距元件。由于短距绕组比长距绕组能节省端部材料,同时短距绕组对换向有利,所以一般采用短距绕组。

## 3. 第二节距 $y_2$

第二节距是指同一换向片连接的两个元件边在电枢表面所跨的距离,以虚槽数表示。

## 4. 合成节距 $y$

合成节距是指前一绕组元件和后一绕组元件的对应元件边在电枢表面所跨的距离,以虚槽数表示则有

$$y = y_1 \pm y_2 \tag{1.18}$$

## 5. 换向器节距 $y_k$

换向器节距是指同一个绕组元件首末端所连接两换向片之间在换向器表面所跨过的距离,以换向片数表示,则有

$$y_k = y \tag{1.19}$$

以下只分析单叠绕组。

# 二、单叠绕组

单叠绕组的同一元件首末两端分别与相邻两换向片相接,第一只元件的末端与第二只元

件的首端接在同一换向片上。两只相互串联的元件总是后一只紧叠在前一只上面，故称为叠绕组。其特征为

$$y = y_k = \pm 1 \tag{1.20}$$

式中，取"+"为右行绕组，取"-"为左行绕组，左行绕组端部交叉，一般不予采用。下面举例说明单叠绕组的连接方法及其特征。

已知某直流电机极数 $2p=4$，$S=Z=K=16$，要求绕制一单叠右行整距绕组。

### 1. 节距计算

取    $y = y_k = 1$，为单叠右行绕组

$y_1 = \dfrac{Z_u}{2p} \pm \varepsilon = \dfrac{16}{4} \pm 0 = 4$，为整距绕组

$y_k = y_1 - y = 4 - 1 = 3$

### 2. 绕组展开图

展开图按下列步骤画出，如图 1.25 所示。

（1）将 16 个槽和 16 个绕组元件编上序号，每个槽画实线的为元件上层边，画虚线的为元件下层边；画出 16 片换向片并编上序号，使绕组元件上层边及其所在的槽，以及元件上层边所接的换向片的序号相同。

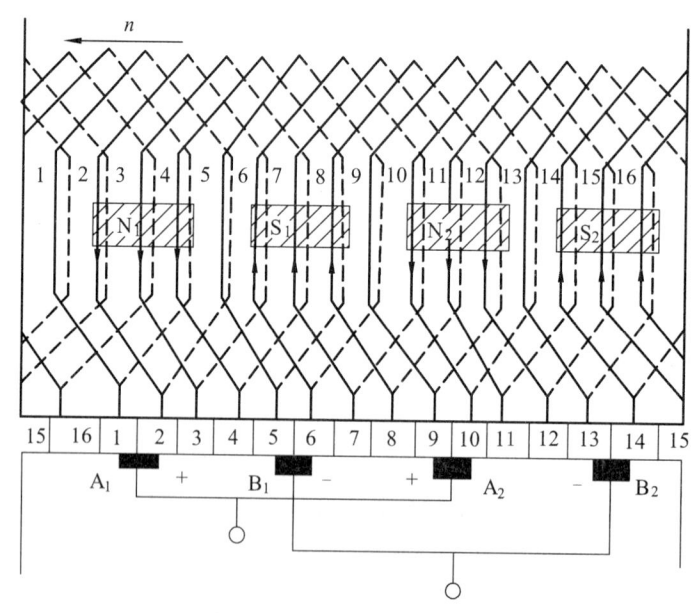

图 1.25 单叠绕组展开图

（2）根据绕组的节距 $y_1 = 4$，作出第一元件的首端接在换向片 1 上，它的一边放在 1 号槽的上层，另一边放在 5 号槽的下层（$y_1 = 4$），末端接在换向片 2 上（$y_k = 1$）；第二元件的首端接到换向片 2 上，它的一边放在 2 号槽的上层，另一边放在 6 号槽的下层，末端接到换向片 3 上；依次连接第三、四，直到第十六元件。第十六元件的末端又接到换向片 1 上，组成一个串联闭合回路。

(3)画出 N、S 极交替均匀分布的四个主磁极。若 S 极磁力线进入纸面，N 极磁力线由纸面穿出，箭头标出了电枢绕组的转向，可用右手定则，标出此瞬间各元件边感应电动势的方向。

(4)确定电刷位置并标明正负电刷。从展开图中看出，整个闭合绕组中每一极距应为一极区，则相邻极区的绕组元件感应电动势方向不同，如图 1.26（a）所示共有 $2p$ 个区域。若要将每个极区内相串联的绕组元件的电动势引出，就需要 $2p$ 个电刷置于换向器上，即电刷数等于极数。由图 1.26（b）可以看出，根据绕组元件相串联所构成的支路中电动势的方向可确定电刷的电位。本例中四个电刷均匀地安置在换向器的圆周上，其中两个为正电刷，另两个为负电刷。将同电位的电刷并联，其公共点为电枢绕组的引出端。确定电刷位置的原则应是正、负电刷之间获得最大电动势。为此，电刷应与电动势为零的元件 1、5、9、13 所连接的换向片相接触，即电刷应放在与几何中心线上的元件所连接的换向片相接触的位置。显然，对于端部对称的绕组元件，电刷就应放置在主磁极轴线的位置上。

从图 1.26 可看出，直流电枢绕组是个闭合绕组，电刷将闭合绕组分割成四条并联支路，故单叠绕组的特点为并联支路数等于电刷数也等于主磁极数，即

$$2a = 2p \tag{1.21}$$

式中 $a$——支路对数。

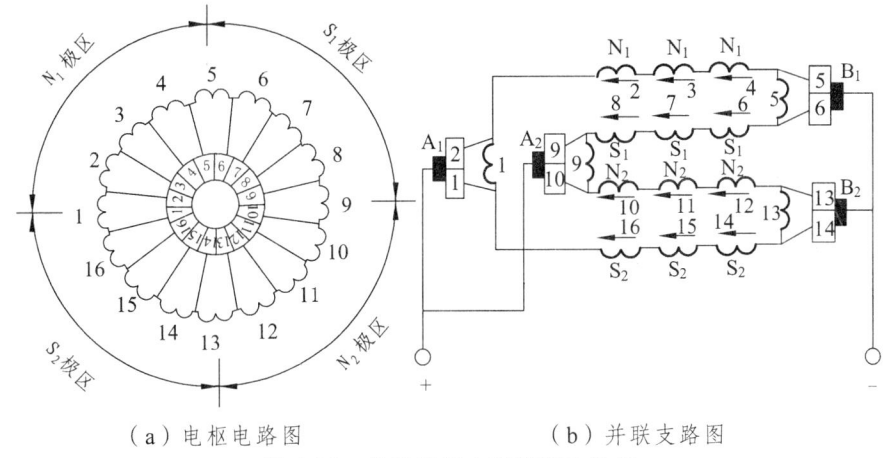

(a)电枢电路图　　　　　　(b)并联支路图

图 1.26　单叠绕组电路图和支路图

## 三、电枢绕组的感应电动势

电枢绕组在磁场中旋转将感应出电动势。上述已知，闭合的电枢绕组通过电刷形成 $2a$ 条并联支路，电刷间电势即为一支路电势，而支路电势等于支路中各串联导体的感应电势之和。支路中各导体在磁场中分布于各个不同的位置上，如图 1.27 所示，故各个导体内感应电动势的大小是不同的。所以计算支路电动势时，为简便起见，可先求出一根导体的平均电动势 $e_{av} = B_{av}lv$，再乘以一条并联支路中的导体数以求得支路电动势。则电枢电动势为

$$E_a = \frac{N}{2a}e_{av} = \frac{N}{2a}B_{av}lv = \frac{N}{2a}B_{av}l \times \frac{2p\tau n}{60} = \frac{pN}{60a}\Phi n = C_e\Phi n \tag{1.22}$$

式中　$N$——电枢导体总数；
　　　$l$——导体在磁场中轴向有效长度（m）；
　　　$v$——电枢表面线速度（m/s）；
　　　$n$——电枢转速（r/min）；
　　　$\Phi$——每极磁通量（Wb）；
　　　$C_e$——电动势常数，$C_e=\dfrac{pN}{60a}$。

式（1.22）表明：

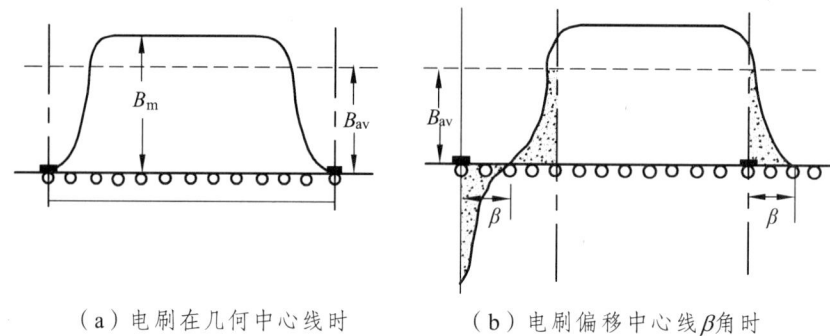

（a）电刷在几何中心线时　　　（b）电刷偏移中心线$\beta$角时

图1.27　气隙磁密分布

（1）直流电机的感应电势，是指电枢表面圆周上固定位置（电刷间）的电枢线圈中感应电势之和，仅与电刷间磁通的大小、电枢转速及电机的结构有关。对于已给定的电机，$C_e$为常数，则感应电势$E_a$的大小随着磁通和转速的变化而不同。

（2）感应电势的大小，仅和磁通的大小有关，而和气隙磁密的分布无关。分布形状改变，使每一导体的感应电势大小发生变化，只要保持总磁通量不变，电刷间的电势就不变。

（3）电刷偏离几何中心线$\beta$角时，电刷间所包含的总磁通量有所减少，如图1.27（b）所示，使感应电势相应减少。

在直流发电机中，感应电动势的方向总是与电流的方向相同，所以发电机中的感应电动势常称为电源电动势。在直流电动机中，电动势的方向总是与电流的方向相反，所以，直流电动机中的感应电动势常称为反电动势。

## 四、直流电机的电磁转矩

直流电机的电磁转矩是由载流的电枢导体与气隙磁场相互作用产生的。根据电磁力定律，电枢绕组每一导体在一个极距范围内的气隙磁场中所受到的平均电磁力$f=B_{av}i_a l$，而$B_{av}=\dfrac{\Phi}{\tau l}$，导体中电流$i_a$与电枢电流$I_a$的关系为

$$i_a=\dfrac{I_a}{2a} \tag{1.23}$$

电机有$N$根导体，则电机的电磁转矩为

$$T = Nf\frac{D}{2} = N\frac{\Phi}{\tau l} \times \frac{I_a}{2a} l \frac{p\tau}{\pi} = \frac{Np}{2a\pi} I_a \Phi = C_T I_a \Phi \qquad (1.24)$$

式中　$D$——电枢外径；

　　　$C_T$——电磁转矩常数，与电机结构有关，$C_T = \dfrac{Np}{2a\pi}$，$C_T \approx 9.55 C_e$。

式（1.24）表明，电磁转矩与每极磁通和电枢电流乘积成正比。根据左手定则，电磁转矩的方向由每极磁通 $\Phi$ 和电枢电流 $I_a$ 的方向共同决定。$\Phi$、$I_a$ 任意一方向的改变，使电磁转矩的方向随之改变。直流发电机和直流电动机的电磁转矩的作用是不同的。在直流电动机中，电磁转矩的方向与转子的旋转方向相同，为驱动转矩；在直流发电机中，电磁转矩的方向与转子的旋转方向相反，为制动转矩。

## 五、直流电机的可逆原理

我们已经知道，只要导体切割磁力线，导体中便有感应电动势产生；只要位于磁场中的导体有电流流通，导体上便会受到电磁力作用。这样，不论发电机或电动机，对导体同时作用的有感应电动势和电磁转矩。当导体中的感应电动势 $E_a$ 大于外接端电压 $U$ 时，电流 $I_a$ 将顺 $E_a$ 方向流出。同时，载流导体上将受到电磁转矩 $T$ 的作用，根据左手定则可知 $T$ 的方向与导体运动的方向相反，具有阻力作用，必须由外施机械力来克服，导体才能继续运动以产生感应电动势。显然，这时机械功率由外界电机输入，电机作发电机运行。也就是，发电机作用表现在外，电动机作用隐蔽在内，被掩盖了的电磁转矩称为发电机的制动转矩。反之，若外施端电压 $U$ 大于导体电路的感应电动势 $E_a$ 时，则电流 $I_a$ 逆电动势 $E_a$ 的方向流入，电功率自外电源输入到电机导体电路。载流导体受作用于它的电磁转矩 $T$ 的驱动，顺电磁转矩 $T$ 方向运动，这时电机为电动机运行。电动机作用表现在外，发电机作用隐蔽在内，被掩盖的电动势 $E_a$ 称为电动机的反电动势，如图 1.28 所示。

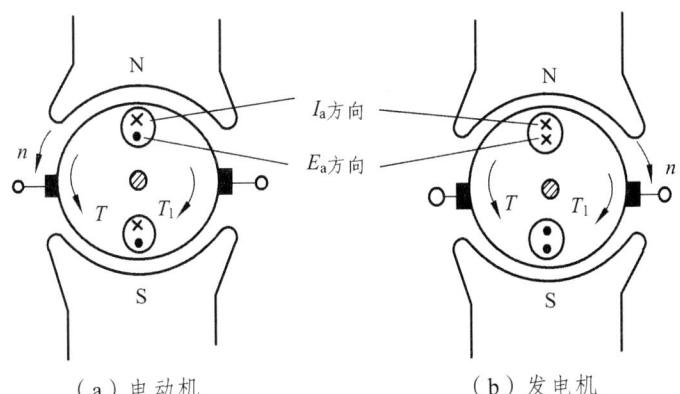

（a）电动机　　　　　　（b）发电机

图 1.28　直流电机不同运行方式下的电磁转矩和感应电动势

$T$—电磁转矩；$T_1$—外部机械阻力转矩；$T_1$—外部机械拖动转矩

总而言之，在发电机中也有电磁转矩，在电动机中也有感应电动势。发电机和电动机不应视为两种截然不同的电机，而只是同一电机的两种不同运行方式。一台直流电机原则上既可以作为电动机运行,也可以作为发电机运行,取决于外界不同的条件。将直流电源外加于电刷,输入电能,电机能将电能转换为机械能,拖动生产机械旋转,作电动机运行;如用原动机拖动直流电机的电枢旋转,输入机械能,电机能将机械能转换为直流电能,从电刷上引出直流电动势,作发电机运行。同一台电机,既能作为电动机运行,又能作发电机运行的原理,在电机理论中称为可逆原理。由此在一定的条件下,直流电机既可作为电动机运行又可作为发电机运行,应用于动车上的牵引工况和电制动工况。

# 练习题

## 一、填空题

1. 直流电机的电枢绕组按连接规律的不同分为_____绕组和_____绕组两大类。
2. 单叠绕组 $y =$ _____,其特点为并联支路数等于电刷数也等于_____。
3. 直流发电机中的感应电动势常称为_____;直流电动机中的感应电动势常称为_____。
4. 直流电动机中的电磁转矩为_____转矩;直流发电机中的电磁转矩为_____转矩。
5. 一台 4 极直流发电机采用单叠绕组,若取下一支或相邻的两支电刷,其电流和功率_____,而电刷电压_____。
6. 直流电机具有可逆性,既可作_____使用,也可作_____使用。

## 二、判断题

1. 直流电机的电枢绕组并联支路数等于极数,即 $2a = 2p$。(     )
2. 直流电动机中,电磁转矩的方向与励磁绕组的极性是无关的。(     )
3. 电磁转矩和负载转矩的大小相等,则直流电机稳定运行。(     )
4. 直流电动机工作在电动状态下,电磁转矩与转速的方向始终相同。(     )
5. 直流电机工作在任何运行状态下,感应电动势总是反电动势。(     )
6. 直流电机稳定运行时,主磁通在励磁绕组中也要感生电动势。(     )

## 三、简答题

1. 单叠绕组的特点是什么?
2. 试说明 $C_T$ 与 $C_e$ 的关系。

## 四、综合题

怎样判别直流电机运行在发电机状态还是电动机状态?它们的 $T$、$n$、$E_a$ 与 $I_a$ 的方向有何不同?

# 第五节 直流电机的电枢反应

从直流电机基本工作原理的分析可知，发电机将机械能转换为电能，电动机将电能转换为机械能，其必要条件之一是必须具有气隙磁通。因此，必须在直流电机主磁极的励磁绕组中通以励磁电流来产生磁势，以产生气隙磁通，使电枢绕组切割气隙磁通而感应电势；或者由电枢电流与气隙磁通相互作用而产生电磁转矩，从而实现机电能量的转换。

## 一、直流电机的磁场

电枢反应是指负载运行时电枢绕组中电流产生的电枢磁动势对主磁场的影响。在分析电枢反应前，应先了解主磁场与电枢磁场在气隙中的分布情况。

**1. 主磁场**

直流电机空载时，电枢电流为零，只有励磁绕组中存在电流，气隙磁场是完全由励磁绕组的电流所产生的，称为主磁极磁场或主磁场。其分布情况如图1.29所示。从图中可见，主磁极磁通密度的分布为平顶波，主磁极对称于主磁极Y′—Y轴线，相邻两主磁极之间的中心线称为几何中心线，中心线上的主磁极磁通密度为零。

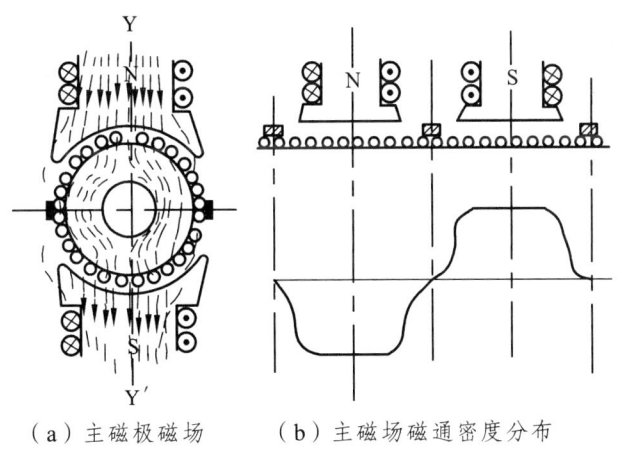

（a）主磁极磁场　　（b）主磁场磁通密度分布

图 1.29　主磁极磁场

**2. 电枢磁场**

当直流电动机带上负载后，电枢绕组中有一定的电流流过，在电机的磁路中，又产生一个磁势，称为电枢磁势，由电枢磁势建立的磁场称为电枢磁场。电枢本身就构成了一个带铁芯的电磁铁，电枢磁势轴线即电磁铁的轴线位置总是与电刷轴重合，并与主磁场轴线互相垂直相交，所以又称电枢磁场为交轴磁场。

电枢磁场沿电枢表面的分布情况与电枢电流的分布情况有关。在直流电机中，电枢电流方向的分界线是电刷，在电刷轴线两侧对称分布，所以电枢磁场的分布情况与电刷的位置有关。如图 1.30 所示是去掉换向器后的直流电机模型。

电刷在几何中心线上，电枢导体中的电流方向是以电刷相连的轴线为界，电枢上半部分和下半部分导体中的电流方向相反。由全电流定律可知，几何中心线上的电枢磁动势最大，主磁极轴线上的电枢磁动势为零，电枢磁动势沿空间呈三角波分布，如图 1.30（b）中曲线 1 所示。从电枢磁动势在气隙中的分布，可得电枢磁通密度沿气隙中的分布曲线 2〔见图 1.30（b）〕。由于几何中心线的气隙很大，磁阻也很大，虽然此时几何中心线上磁动势最大，但磁通密度迅速减小，所以电枢磁通密度沿气隙中的分布曲线为马鞍形。

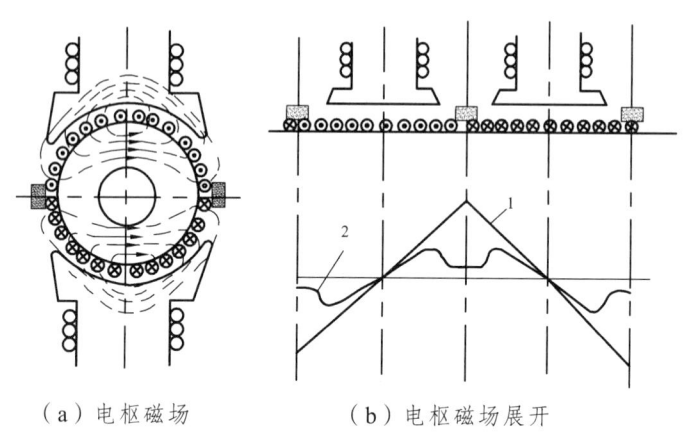

（a）电枢磁场　　　　（b）电枢磁场展开

图 1.30　电枢磁场

1—电枢磁动势曲线；2—磁通密度曲线

综上所述，电枢磁动势及其磁场的分布情况是不因电枢旋转而改变的，电枢磁动势及其磁场的轴线就在电刷相连的轴线位置上。

## 二、电枢反应

电刷位于几何中心线上，电枢磁动势轴线也就在几何中心线上，即位于交轴（直轴为主磁极轴线）位置，若把图 1.30 所示的电枢磁场叠加到图 1.29 所示的主磁场，便可得到直流电机负载时交轴电枢反应的磁场分布情况，如图 1.31 所示。可见，负载时，电机中气隙磁场将由励磁磁动势和电枢磁势共同建立。由电枢电流建立的电枢磁场，使主磁场受到影响，故将这种影响称为电枢反应。

该图还表示了发电机和电动机两种运行方式的电枢反应。由于已确定了图示主磁场方向和电枢电流方向，所以两种运行方式的电枢旋转方向应相反。从图 1.31（b）中可见，每个主极下的磁场，一半被削弱，另一半被加强（图中面积 $S_1$ 和 $S_2$）。作发电机运行时，主磁极的前极尖（迎着电枢进入）的气隙被削弱，后极尖（电枢退出）被加强，物理中性线（负载时沿电枢表面的磁场等于零处所连接的直线）顺转向移过 $\alpha$ 角；而作电动机运行时情况正好相反，即主磁极的前极尖气隙磁场被加强，后极尖被削弱，物理中性线则逆向移过 $\alpha$ 角。

当电机磁路未饱和时，每个磁极的前后极尖的磁通增加和减少相等，每极的磁通量保持不变，但是电机正常运行时磁路常接近饱和，主磁的极尖更趋饱和，于是半个磁极内磁通的增加不足以补偿另半个磁极磁通的减少,如图 1.31(b)曲线 3 上的阴影部分,因此交轴电枢磁动势不仅使气隙磁场发生畸变,而且对主磁极起一定的去磁作用。

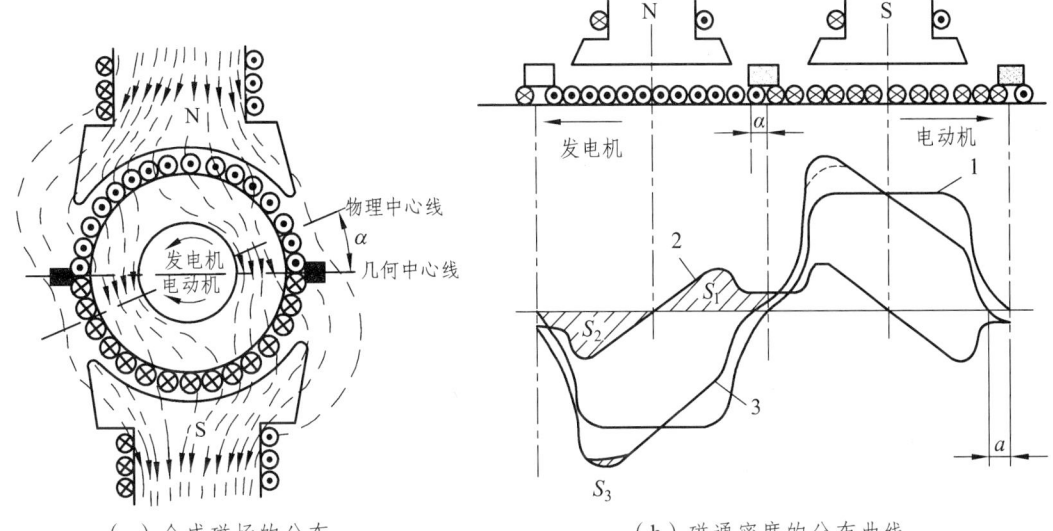

(a)合成磁场的分布　　　　　(b)磁通密度的分布曲线

图 1.31　交轴电枢反应

1—主磁场磁通密度分布曲线；2—电枢反应磁场磁通密度分布曲线；3—合成磁场磁通密度分布曲线

因此,电枢反应引起的结果是：

(1)电机气隙中的合成磁场发生畸变；

(2)电机气隙中的合成磁场有所削弱。

电枢反应的去磁作用影响电机的转速和转矩,但是在一般情况下这种影响并不很大。严重的问题是：由于磁场的畸变使电机换向条件恶化,电刷与换向器之间容易产生火花,甚至引起"环火",造成电机严重损坏。

## 三、直流电机的换向

### (一)直流电机的换向概念

在分析电枢绕组时知道,电枢绕组连接构成一个闭合绕组。当电枢旋转时,组成电枢绕组每条支路的绕组元件,在依次循环地轮换,即绕组元件从一条支路经过电刷时被短路,随后将转入另一条支路。由于被电刷分割的相邻支路中绕组元件的电流方向是相反的,因此在绕组元件由一条支路经电刷短路后转入另一条支路的短暂过程中,绕组元件里的电流就要改变一次方向,被电刷短路的绕组元件内电流改变方向的过程称之为换向。

换向是直流电机运行的关键问题,换向不良,将在换向器与电刷之间产生有害火花,甚至使电机不能正常运行。

改善电机换向的措施：装设换向极是改善电机换向的最有效的措施,如图 1.32 所示。换向极应该在换向区域内建一个适当的磁场,该磁场用来抵消交轴电枢反应磁场。

(1)换向极必须装在电机的几何中性线上。

(2)换向极必须有正确的极性,它的磁场方向一定要与交轴电枢反应磁场相反。

（3）换向极励磁线圈必须与电枢绕组串联。以保证在整个负载范围内换向电势随电枢电流成正比的变化，都能抵消电枢反应电势。

（4）换向极的磁路应处于低饱和状态。即在换向极铁芯和机座之间加入非磁性垫片形成所谓的第二气隙，如图1.33所示。

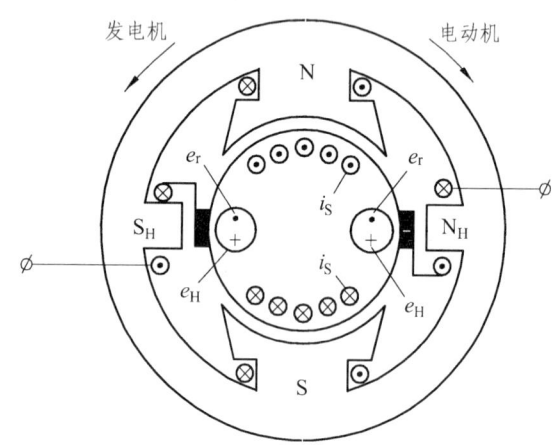

图1.32 用换向极改善换向

N与S—主磁极；$N_H$与$S_H$—换向极

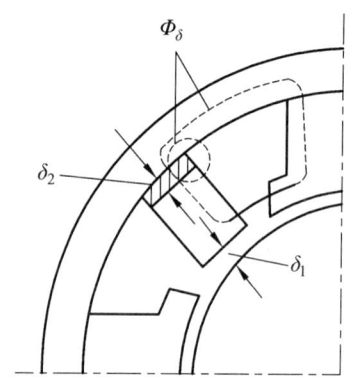

图1.33 换向极的气隙

$\delta_1$—第一气隙；$\delta_2$—第二气隙；$\Phi_\delta$—漏磁通

## （二）火花现象和火花等级

直流电机运行时，其电刷与换向器之间常常伴有火花。火花通常出现在电刷的后刷边，发生火花是直流电机换向不良的直接表现。如果火花在电刷上范围很小，亮度微弱，呈浅蓝色，它对电机运行并无危害，不必要求绝对没有火花。但当火花在电刷上范围较大，比较明亮，呈白色或红色，就会灼伤换向器及电刷，影响电机的正常运行。因此，火花的大小直接反映了直流电机换向性能的好坏。

直流电机换向器上的火花等级分5级，分别是1级、$1\frac{1}{4}$级、$1\frac{1}{2}$级、2级和3级。1级、$1\frac{1}{4}$级和$1\frac{1}{2}$级均为无害火花，允许电机在这些火花等级下长期运行，即在额定磁场和各削弱磁场级位上正常运行时，火花不应超过$1\frac{1}{2}$级；在2级火花作用下，换向器上会出现灰渣和黑色的痕迹，随着运行时间的延长，黑色痕迹将逐渐扩展，电刷和换向器磨损也显著增加，因此，2级火花只允许短时出现；电机运行时绝不允许出现3级火花。

直流电机在运行过程中的火花情况，除使用专门仪器测量外，很难直接观察。因此，通常以换向器及电刷表面状态作为确定火花等级的主要依据。

## （三）直流电机环火

电机因某些换向片电压过高而发生的火花称为电位火花。在最不利的情况下，例如电机负荷剧烈变化、负载短路时，换向火花和电位火花连成一片，使换向器表面正、负电刷间产生电弧而短路，这种现象称为环火。环火瞬间电机发出巨大响声，所以环火又被形象地称为电机"放炮"。

产生环火原因一是由于电刷磨下来的炭粉或电刷碎片,以及换向器磨损下来的铜粉聚积在换向片的云母槽内,加之油泥从电机外部飞溅到换向器上,这些脏物在两换向片间形成"导电桥"。当这两换向片转至磁通密度大、片间电压高的空间位置时,若该片间电压足以使导电桥燃烧,则形成了电位火花。电位火花产生的电弧使周围的空气游离,并使铜粉气化。随着换向器的转动,此电弧逐渐拉长。如果沿换向器圆周单位长度的电位差足够大,则电弧将维持不灭,继续扩展下去即形成环火。实践证明,电位火花即导电桥燃烧是引起环火的主要原因。

产生环火的另一原因是由于电磁或机械方面的原因引起较强烈的换向火花扩展开来造成环火。当换向器转动时,换向火花使电刷与换向片之间产生的小电弧称为原始火花。随着电枢的转动电弧被拉长,电弧长度增加,电弧两端的电位差增大,一旦该电压足以维持电弧燃烧时,由于高温和被游离的导电气体扩散,将使电弧迅速向前发展产生环火。

环火具有很大的破坏力:轻则烧伤换向器和电刷,或使换向器升高片线槽中焊锡熔化,造成"甩锡"和电枢绕组匝间短路,以至于击穿绝缘而接地;严重时会把电枢绕组导线烧毁,电刷装置烧熔。环火时外加电压直接通过电刷给励磁绕组提供励磁(以串励牵引电动机为例),使牵引电机转换为发电工况,此时牵引电动机励磁电流与电枢电流(电枢经电弧短路)均相当大,对列车产生强大电磁制动转矩,造成列车动轮踏面与钢轨擦伤。

防止环火是设计、使用部门都应重视的问题。在设计电机时,一般采用的措施除加装换向极或补偿绕组外,还有限制换向片间的最大片间电压,采用适当的主磁极极靴形状(轴线气隙小、两极尖气隙大),使片间电压最大值处远离换向区。在电机运用中,应经常吹扫电刷装置及换向器表面,清除换向片两边的毛刺,保持电机气密性,以防导电桥燃烧形成环火。合理操纵列车,避免电机过载,防止过大的电磁火花。经常检修电刷、换向器,使之状态良好,用以减小机械火花。此外,能对电机环火执行快速切断电源的保护也是一种补救措施。

## 四、直流电机的通风冷却

直流电机在实现能量转换过程中,总有一部分能量不能被有效地利用,而以热能的形态散失到周围的大气中,这部分能量的损耗称为直流电机的损耗。这些损耗一方面使电机的输出功率减小、效率降低;另一方面,损耗最终都变为热能,使电机各部分温度升高,引起电机发热。电机的发热对电机运行性能有很大的影响,过高的温度将使绝缘材料损坏而丧失绝缘性能,以至影响电机的使用寿命。为了降低电机的温升,除了在设计电机时降低电机的电磁负载,减小电机损耗外,更重要的是提高电机的散热能力,即增强电机内部的传热能力和表面散热能力。电机最常用的有效方法是通风冷却,通风冷却就是通过电机外部(或内部)的鼓风作用,使电机发出的热量很快地排到周围空气中去,使电机保持一定的温升值,长期可靠地运行。

### (一)直流电机的通风方式

(1)根据冷却空气进入电机内部所依靠的力量,分为自通风和独立通风。

自通风——由装在电机转轴上的离心式风扇鼓风。这种通风方式的优点是不需要附加设备,缺点是风量和风压随电机转速而变化,如图1.34(a)、13.5(a)所示。

独立通风——由单独设置的通风机给电机鼓风。这种通风方式的优点是送入电机的风量和风压与电机运行情况无关;缺点是需要增设通风机、拖动机械、管道等辅助设备,如图1.34(b)、1.35(b)所示。

(2)根据通风器(如通风机、风扇)安装位置不同,分为强迫通风和诱导通风。

强迫通风——通风器装在空气的入口端,由通风器将空气压入电机内部,如图1.34所示。这时电机内部的空气压力一般大于大气压力。

诱导通风——通风器装在空气的出口端,由通风器将电机内部的空气抽出,如图1.35所示。

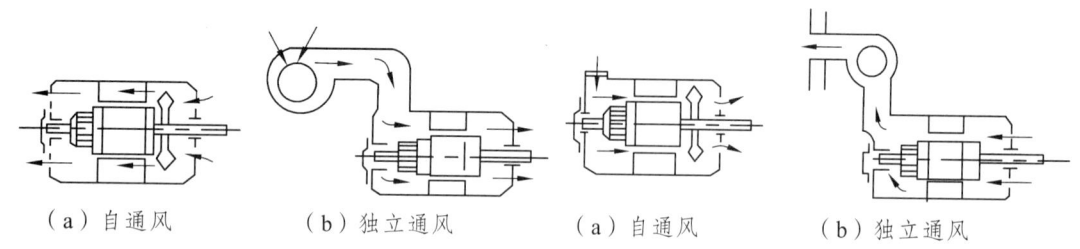

(a)自通风　　(b)独立通风　　(a)自通风　　(b)独立通风

图1.34　强迫通风示意图　　　　图1.35　诱导通风示意图

(3)根据冷却空气在电机中的主要流通方向,分为轴向通风、径向通风和轴向-径向复合通风。

轴向通风——冷却空气由电机的一端进入,另一端排出,在电枢内部沿转子铁芯的轴向通风道流通。这种通风方式的优点是铁芯结构紧凑;缺点是通风损耗较大,沿电机轴向的温度不够均匀。

径向通风——空气进入电机内部,沿着电枢内的径向风道流通。这种径向风道是在压装电枢铁芯时,每隔一定距离放置一片风道齿构成的。这种通风方式的优点是通风损耗小,散热面积较大,沿电机轴向的温度较均匀;缺点是径向通风槽使电机的轴向尺寸增大。

轴向-径向复合通风——电机既有轴向风道也有径向风道,结合二者的特点设计,具有良好的通风效果,但结构复杂。

## (二)直流电机的通风结构

采用强迫通风电机的通风系统,如图1.36所示。冷却空气由换向器端上部进风口进入换向器室,然后分成两路:一路经换向器表面、电枢和磁极之间空气隙及主极、换向器之间的间隙到非换向器端;另一路经换向器套筒的内孔道、电枢铁芯内部通风孔道和电枢后支架到非换向器端。两路汇合后,由后端盖的排风孔排出。

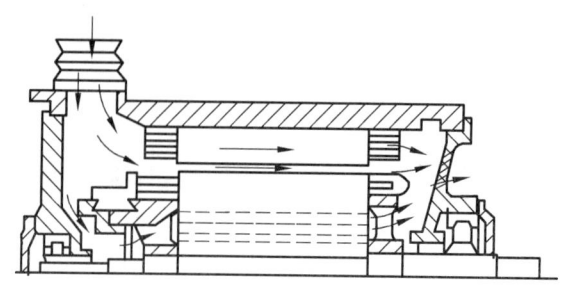

图1.36　强迫通风电机的通风系统示意图

这种通风结构，进风口开在换向器端，以利用换向器处的空间，使进入电机内部的平行气流分布均匀。但是，由电刷磨下的碳粉容易堆积在电机各线圈的缝隙里，使线圈的绝缘电阻降低。

电机的通风风量和进风口风压，常常以制成的实际电机的风量和风压为参考加以确定。

# 练习题

## 一、填空题

1. 电枢磁场是_____。
2. 直流电动机电刷放置的原则是_____。
3. 电刷在几何中性线上时直流电动机电枢反应性质为：使气隙合成磁场产生_____，使磁极的前半部磁场_____，后半部磁场_____，在考虑磁路饱和的情况下，电枢反应的影响将使总的磁通量_____。
4. 在额定磁场和各削弱磁场级位上正常运行时，火花不应超过_____级；_____级火花只允许短时出现；电机运行时绝不允许出现_____级火花。
5. 在换向极铁芯和机座之间加入_____形成所谓的第二气隙。
6. 根据冷却空气进入电机内部所依靠力量的不同，直流电机通风方式可分为_____和_____。

## 二、判断题

1. 直流电机主磁通既连着电枢绕组又连着励磁绕组，因此这两个绕组中都存在着感应电动势。（    ）
2. 直流发电机中的电刷间感应电动势和导体中的感应电动势均为直流电动势。（    ）
3. 直流电机稳定运行时，主磁通在励磁绕组中也要感生电动势。（    ）
4. 直流电机在负载运行时，电枢反应将直接对主磁场有去磁的作用。（    ）
5. 换向极绕组必须与电枢绕组_____，同时换向极磁路通常处于_____状态。

## 三、选择题

1. 直流电机的感应电动势 $E_a = C_e \Phi n$，这里的 $\Phi$ 是指（    ）。
   A. 励磁磁动势产生的主磁通　　　　B. 漏磁通
   C. 气隙中合成磁通　　　　　　　　D. 由电枢磁动势产生的磁通
2. 假定电刷位于几何中心线上，并且磁路不饱和，则直流电机的电枢反应的性质是（    ）。
   A. 纯去磁　　　　　　　　　　　　B. 一半磁极下增磁，一半磁极下去磁
   C. 纯增磁　　　　　　　　　　　　D. 不确定
3. 所谓环火是指牵引电动机正负电刷之间被强烈的大电弧所（    ）。
   A. 短路　　　　B. 断路　　　　C. 接地

4. 环火或飞弧发生时，相当于电枢绕组处于（　　）状态，而电动机继续转动切割磁力线后将处于发电状态，因而会伴有很大的响声，俗称"放炮"，并会产生巨大的冲击振动。

　　A. 短路　　　　　　B. 断路　　　　　　C. 接地

### 四、简答题

1. 什么叫电枢反应？电枢反应的结果是什么？
2. 什么叫换向？如何改善电机的换向？
3. 电机产生环火的原因有哪些？
4. 电机的冷却通风方式有哪些？

## 第六节　各种励磁方式直流电动机的运行特性

### 一、直流电机励磁方式

　　励磁绕组和电枢绕组的连接方式称为励磁方式。励磁方式不同的电动机具有不同的特性。直流电动机按励磁方式的不同可分为他励电动机、并励电动机、串励电动机和复励电动机，如图1.37所示。他励电动机特性和并励电动机相同，因此只需分析他励、串励和复励三种电动机的特性。

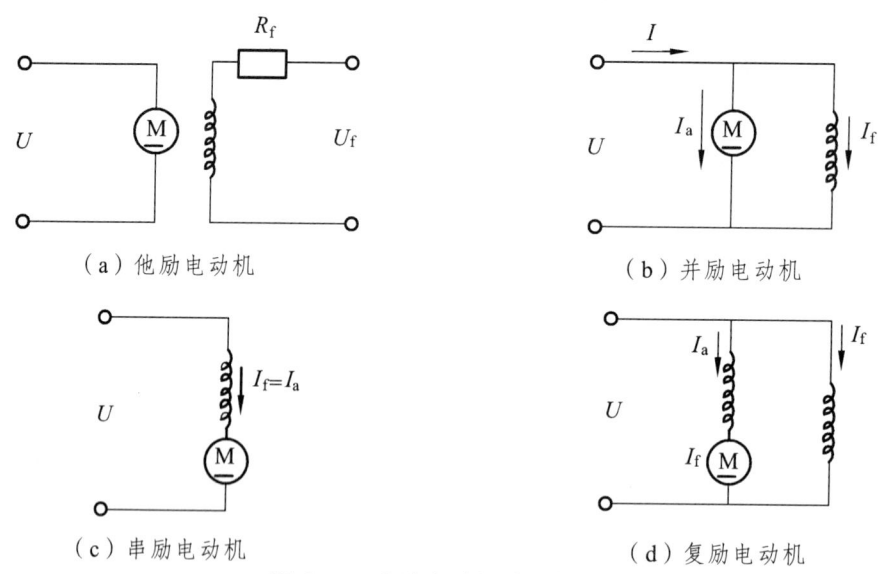

图1.37　直流电动机励磁方式

　　并励电动机：励磁绕组与电枢绕组并联连接，由外部电源一起供电，励磁电流的大小与电枢两端电压或电枢电流的大小有关。

　　他励电动机：励磁绕组由外加电源单独供电，励磁电流的大小与电枢两端电压或电枢电流的大小无关。

串励电动机：励磁绕组与电枢绕组串联连接，由外部电源一起供电，励磁电流的大小与电枢两端电压或电枢电流的大小有关。

复励电动机：励磁绕组分为两部分，一部分与电枢绕组串联连接，另一部分与电枢绕组并联连接，励磁电流的大小与电枢两端电压或电枢电流的大小有关。

在地铁电动车组、城市现代有轨电车上采用最多的是串励电动机。

## 二、直流电动机的基本方程式

直流电机是传动系统中进行机电能量变换的元件。直流电机的基本方程式是指直流电机电系统中的电压平衡方程式、机械系统中的转矩平衡方程式以及功率平衡方程式。这些方程式综合了电机内部的电磁过程，同时也表达了电机外部的运行特性及功率平衡关系。

### （一）电压平衡方程式

图 1.38 为直流串励电机与他励电动机的电路图，其中 $U$ 为电源电压（V），$U_f$ 为励磁绕组的端电压（V），$E_a$ 为电枢反电势（V），$I_a$ 为电枢电流（A），$I_f$ 为励磁电流（A），$R_s$ 为电枢绕组电阻（Ω），$R_f$ 为励磁绕组电阻（Ω），$L_s$ 为电枢绕组电感系数，$L_f$ 为励磁绕组电感系数。

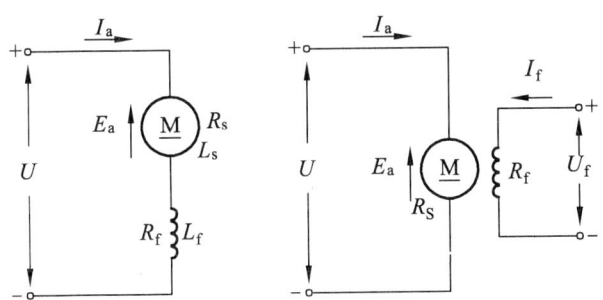

图 1.38　直流电动机的电路图

根据基尔霍夫定律，可以列出电动机电路的电压平衡方程式。

**1. 串励电动机**

$$U = C_e \Phi n + i_a (R_s + R_f) + (L_s + L_f) \frac{di_a}{dt} \tag{1.25}$$

当电机稳定运行时，$di_a/dt = 0$ 则

$$U = U_s = C_e \Phi n + I_a R_a \tag{1.26}$$

其中 $R_a = R_s + R_f$。

**2. 他励电动机**

$$U = U_a = C_e \Phi n + i_a R_s + L_s \frac{di_a}{dt} \tag{1.27}$$

稳态时：

$$U = U_a = C_e \Phi n + I_a R_s \tag{1.28}$$

## (二)转矩平衡方程式

根据牛顿定律,直流电机的机械系统中,任何瞬间都必须保持转矩平衡。

电动机瞬态的转矩平衡方程式为

$$T = T_Z + T_0 + J\frac{d\omega}{dt} \tag{1.29}$$

式中,$T$ 为电磁转矩,$T_Z$ 为负载阻力转矩,$T_0$ 为空载阻力转矩,$J\frac{d\omega}{dt}$ 为惯性转矩。

电动机稳态下的转矩平衡方程式:

$$T = T_Z + T_0 \tag{1.30}$$

一般 $T_0$(由摩擦损耗和铁磁损耗等引起)较小,故

$$T = T_Z \tag{1.31}$$

## (三)功率平衡方程式和电机效率

电磁功率为

$$P = E_a \cdot I_a = \frac{pN}{60a}\Phi\frac{60\omega}{2\pi}I_a = \frac{pN}{2\pi a}\Phi I_a \cdot \omega = T\omega \tag{1.32}$$

式(1.32)表明,从电磁的观点看,电动机(或发电机)通过电磁感应作用,从电源吸取(或发出)电功率 $E_a I_a$。从机械的观点看,在电动机中,$T\omega$ 为电动机的电磁转矩对机械负载所做的机械功率,而在发电机中,$T\omega$ 为原动机克服制动转矩所需输入电机的机械功率。

所以无论是电动机还是发电机,在电功率 $E_a I_a$ 与机械功率 $T\omega$ 能量变换过程中,能量守恒。

在能量转换过程中,不可避免地会伴随着各种各样的损耗。

机械损耗 $\Delta P_{机}$ 是指电机轴承,电刷与换向器之间,旋转部分与空气之间存在的摩擦损耗。

铁损耗 $\Delta P_{铁}$ 是指电枢铁芯中由磁滞和涡流所引起的能量损耗。

一旦电机旋转,不管它是否带负载,机械损耗和铁损耗就会存在,因此通常把这两项损耗合起来叫做空载损耗 $\Delta P_{空}$,即 $\Delta P_{空} = \Delta P_{机} + \Delta P_{铁}$。

此外还有铜损耗 $\Delta P_{铜}$,因为电枢绕组、励磁绕组、电刷、电刷和换向器接触处都存在电阻,合为 $R_D$,近似为铜导体电阻,当有电流流过时,就会产生铜损耗 $\Delta P_{铜} = I^2 R_D$。

根据能量守恒定律,电机的输入、输出和损耗之间存在一定的平衡关系。对于直流电动机,电源输入的功率为

$$P_1 = P + \Delta P_{铜} \tag{1.33}$$

式中,$P$ 为电机吸收的电磁功率。

输出给负载的机械功率为

$$P_2 = P - \Delta P_空 \tag{1.34}$$

功率平衡方程式为

$$P_1 = P_2 + \Delta P_空 + \Delta P_铜 \tag{1.35}$$

则电动机效率 $\eta$ 为

$$\eta = \frac{P_2}{P_1} \times 100\% \tag{1.36}$$

电动机效率 $\eta$ 是衡量电机内部损耗的大小的参数。

## 三、直流电动机的运行特性

直流电动机的运行特性表示当不对电源电压及励磁电流进行人为调节时的转速特性（转速 $n$ 随电枢电流 $I_a$ 变化的关系）、转矩特性（电磁转矩 $T$ 随电枢电流 $I_a$ 变化的关系）、机械特性（转速 $n$ 随电磁转矩 $T$ 变化的关系）。电机的工作特性因励磁方式不同差别很大，所以讨论时，既要应用综合电磁过程的有关方程式，又要注意到不同励磁方式的特点。

### （一）转速特性

直流电动机的转速对电枢电流的变化关系可根据直流电动机电压平衡方程式求得，即

$$U = E_a + I_a R_a = C_e \Phi n + I_a R_a \tag{1.37}$$

由式（1.37）可解得

$$n = \frac{U - I_a R_a}{C_e \Phi} \tag{1.38}$$

式（1.38）是直流电动机的自然转速特性。

从式（1.38）可以看出，当 $U$ 为常值时，影响电动机转速的因素有两个：一是电枢回路电阻压降 $I_a R_a$ 的变化；二是磁通 $\Phi$ 的变化。

**1. 他励电动机转速特性**

他励电动机空载时 $I_a = 0$，此时转速为空载，转速 $n_0 = U/C_e \Phi$。随着 $I_a$ 的增加，电阻压降增加，使转速趋于下降；电枢反应的去磁作用使磁通略为减少，又使转速趋于上升。由于两种因素对转速的影响部分地互相抵消，所以电动机转速变化很小。转速特性可能是略为下垂，也可能是略为上翘。工程实用中，为保证电动机稳定运行，常使他励电动机具有略为下降的转速特性，如图 1.39 所示。

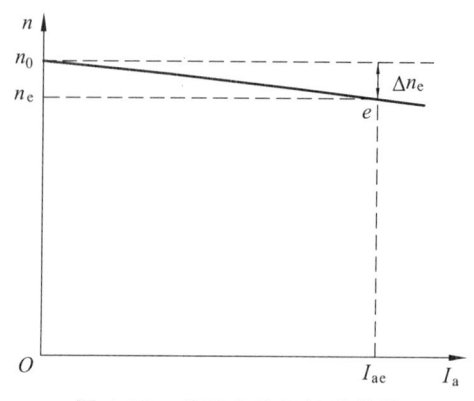

图 1.39 他励电动机转速特性

他励电动机在负载变化时转速变化很小，即转速硬特性，其转速变化率只有 2%～8%，所以基本上是一种恒速电动机。

**2. 串励电动机转速特性**

在直流串励电动机中，励磁电流等于电枢电流。故当电枢电流随负载发生变化时，励磁电流也发生变化，即使不考虑电枢反应的去磁作用，气隙磁通也随着负载转矩的变化而变化。

气隙磁通 $\Phi$ 和励磁电流 $I_f$ 间的关系是电机的磁化曲线，如图 1.40 所示。图中 $A$ 点是额定磁通点，磁路已经有了一定程度的饱和，处于磁化曲线的膝部。和磁化曲线相切且过零点的直线 1 是气隙线，它代表磁化曲线的不饱和部分，和磁化曲线相切的直线 2 代表磁化曲线的高饱和部分。

当磁路不饱和时，磁化曲线用直线方程式表示，即令

$$\Phi = K_1 I_f \tag{1.39}$$

将式（1.39）及 $I_a = I_f$ 代入式（1.38）得

$$n = \frac{U}{C_e K_1 I_a} - \frac{R_a}{C_e K_1} \tag{1.40}$$

式（1.40）中等号右边第二项是一个常数，第一项与 $I_a$ 成反比，因此转速和电枢电流间的函数关系是一条双曲线，转速 $n$ 随电枢电流 $I_a$ 的增大而急剧下降。如图 1.41 所示，当电机磁路未饱和时，即当 $I_a < I_e$（$I_e$ 为额定电流）范围内，转速特性 1e 段是一个双曲线函数，转速随电流的减小而急剧上升，当 $I = 0$ 时，$n \to \infty$。

当电流接近额定电流 $I_e$ 时，磁路已经相当饱和，磁化曲线已经进入图 1.40 中直线 2 所代表的部分。直线 2 是一条和横坐标接近平行的直线，它所代表的区域气隙磁通基本上是一个常数。为了方便，通常把高饱和后的气隙磁通看成一个常数，令 $\Phi = K_2$，于是得图 1.41 中特性曲线 e2 段的近似方程为

$$n = \frac{U}{C_e K_2} - \frac{R_a}{C_e K_2} I_a \tag{1.41}$$

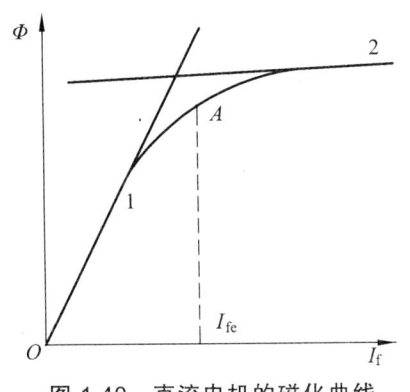

图 1.40　直流电机的磁化曲线

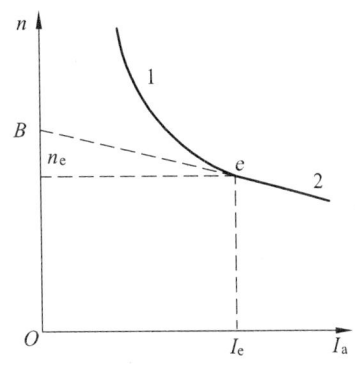

图 1.41　直流串励电动机转速特性

式（1.41）和他励电动机的转速特性方程完全一样，等号右边第一项是一个常数，相当于他励电动机的理想空载转速，即图 1.41 中的交点 $B$。等号右边第二项相当于他励电动机的转速降落，这里虽然多了一个串励绕组电阻但转速降落仍然是相当小的。因此，$I_a > I_e$ 后串励电动机的转速特性和他励电动机相当接近，是一根比较硬的特性曲线。

总之，当串励电动机的电枢电流 $I_a$ 由大向小逐渐减小但仍大于额定电流时，转速随电流的减小逐渐增加，但转速的变化比较小，电机具有较硬的特性。当电流小于额定电流以后，气隙磁通随电枢电流线性减少，转速和电枢电流间的关系呈双曲线型，转速随电枢电流的减少急剧上升。理论上当电枢电流等于零时转速将上升为无穷大。事实上电机中存在着剩磁，气隙磁通在电枢电流等于零时也不会完全消失。但是超速是不允许的，工程上对串励电动机规定有最高允许转速，超过了允许的最高转速就叫发生了"飞车"事故。"飞车"事故是一种重大的恶性事故，可能发生电枢绑线断裂，电枢绕组从槽中甩出，或者换向片松散等情况，使电机遭到严重破坏。因此，串励电动机在自然转速特性上运行时，负载不允许小于额定负载的 15%～20%，不允许用链条或皮带轮传动，以防止在链条或皮带断裂、滑脱时发生飞车事故。因此，串励电动机不允许空载运行。

3. 复励电动机转速特性

复励电动机具有并励和串励两套绕组，两套绕组的磁势比例不同，可得到不同的特性，复励电动机转速特性是介于他励和串励电动机特性之间。各种励磁方式电动机的转速特性如图 1.42 所示。

## （二）转矩特性

根据直流电动机的电磁转矩 $T = C_T I_a \Phi$，我们把电磁转矩 $T$ 随电枢电流 $I_a$ 变化的函数关系称为转矩特性。

### 1. 他励电动机转矩特性

他励电动机，磁通不随电枢电流变化，转矩与电枢电流成正比，$T = f(I_a)$ 为一直线，如图 1.43 所示。实际上，由于电枢反应的去磁作用，使电动机的转矩在电枢电流较大时，稍有下降。

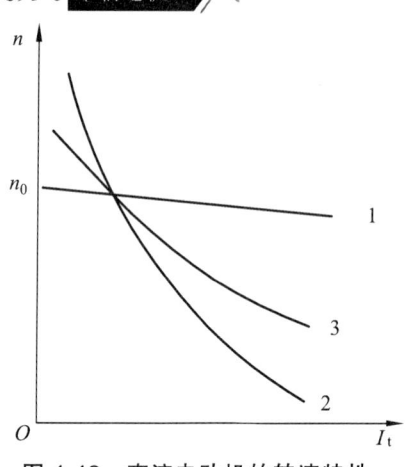
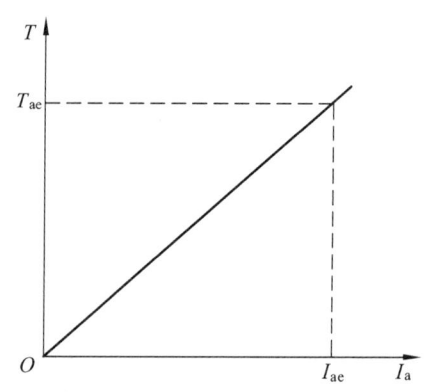

图 1.42 直流电动机的转速特性　　　图 1.43 他励电动机的转矩特性

1—他励；2—串励；3—复励

他励电动机到现在仍然在工业中得到广泛应用的一个十分重要的原因就是它的电磁转矩和电枢电流成正比，便于调节，响应迅速，使得他励电动机具有其他电动机无可比拟的优良特性。大型的直流电动机多半装有改善换向的补偿绕组，因此电枢反应的去磁作用是微不足道的，具有接近理想的直线转矩特性。

**2. 串励电动机转矩特性**

串励电动机，主磁通 $\Phi$ 不再是一个常数，在磁路未饱和部分将 $\Phi = K_1 I_a$ 代入转矩方程 $T = C_T I_a \Phi$，得

$$T = C_T I_a \Phi = C_T K_1 I_a^2 \tag{1.42}$$

式（1.42）表明当磁路未饱和时，电磁转矩与电枢电流的平方成正比，转矩特性是一条抛物线，电磁转矩随电枢电流的加大而迅速上升，如图 1.44 所示。

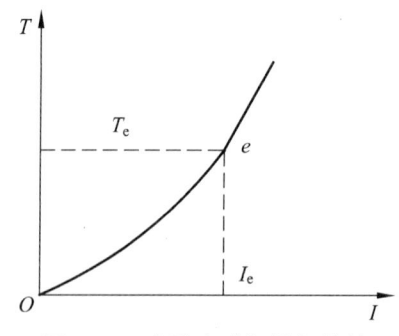

图 1.44 串励电动机转矩特性

当 $I_a > I_e$ 时，磁路进入高饱和状态，气隙磁通是一个常数，将 $\Phi = K_2$ 代入 $T = C_T I_a \Phi$ 中，得

$$T = C_T K_2 I_a \tag{1.43}$$

式（1.44）表明当磁路饱和后，电磁转矩与电枢电流成正比，串励电动机和他励电动机一样，转矩随电枢电流线性增加，如图 1.44 所示。

总之，串励电动机电磁转矩随电枢电流的变化情况是非线性的。当 $I_a < I_e$ 时，$T$ 和 $I_a^2$ 成比正例，转矩随电流的增加迅猛上升；当 $I_a > I_e$ 时，$\varPhi$ 差不多恒定不变，$T$ 差不多和 $I_a$ 成正比，特性曲线的这一段近似直线。串励电动机的这种转矩特性具有以下两个特点：

（1）有较大的启动转矩。

两台额定电枢电流和额定主磁通都完全相同的直流电动机，一台为他励，另一台为串励，两者的励磁方式不同，但材料的利用情况相同，现比较这两台直流电动机的启动能力。启动时为了迫使电枢尽快升速，通常根据换向火花的限制将启动时的最大电流倍数选作 2 倍，亦即启动电流 $I_q = 2I_e$。对于他励电动机，即使不考虑电枢反应的去磁作用，认为主磁通恒定不变，启动转矩 $T_q$ 也只能和电枢电流成正比，达到额定转矩的两倍。对于串励电动机，由图 1.41 的磁化曲线看出，当励磁电流增大为 $2I_{fe}$ 时，虽然受到磁路的高饱和作用，磁通不会增大为 $2\varPhi_e$，但磁通不会保持恒定不变，增加 20%~30% 还是可能的。因此，对于串励电动机，如果取启动时的磁通 $\varPhi_q = 1.2\varPhi_e$，则启动转矩 $T_q$ 在 $I_q = 2I_e$ 时应为 $2.4T_e$，即比他励电动机的启动转矩大得多。

（2）有较大的过载能力。

过载能力 $\lambda$ 定义为电机的最大转矩 $T_{max}$ 和额定转矩 $T_e$ 的比值，即

$$\lambda = \frac{T_{max}}{T_e} \tag{1.44}$$

一台直流电机，如果制造条件和使用条件相同，不管是他励还是串励，额定电流和额定磁通都是相同的。当然这台直流机的短时允许最大电流也由于受到换向条件的限制而只有一个，不会因为励磁绕组由他励换成串励而发生变化。但是制成他励电动机后，由于主磁通是个常数，所以电机的过载能力也就是电枢电流的短时允许过载倍数，不得超过 2 倍。如果制成串励电动机，即使高饱和主磁通也会随电枢电流增加，所以串励电动机的转矩过载倍数或者说过载能力，大于他励电动机的转矩过载倍数。

### 3. 复励电动机转矩特性

复励电动机转矩特性介于他励和串励之间，如图 1.45 曲线 3 所示。当电枢电流 $I_a$ 很小时，可以略去串励绕组的作用，复励电动机具有并励电动机的特点，气隙磁通基本不变，转矩随电枢电流线性增加；当电枢电流 $I_a$ 很大时，可以看成串励绕组起主导作用，复励电动机具有串励电动机的特性。由于磁通随电枢电流的增加而增加，转矩比线性增加要更快一些，因此复励电动机具有较大的启动转矩和过载能力。

各种励磁方式电动机的转矩特性，如图 1.45 所示。

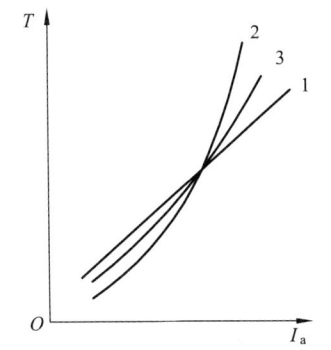

**图 1.45　直流电动机的转矩特性**

1—他励；2—串励；3—复励

## （三）机械特性

电动机是用来拖动生产机械的，生产机械对电动机提出的主要要求是转矩与转速。生产机械的转矩和转速的关系是生产机械的机械特性。

### 1. 他励电动机的机械特性

将式（1.38）转速特性中 $I_a$ 用转矩特性 $T=C_T I_a \Phi$ 中的 $T$ 代换，得电动机的机械特性方程：

$$n = \frac{U}{C_e \Phi} - \frac{R_a}{C_e C_T \Phi^2} T \qquad (1.45)$$

对于一台给定的他励电机，上式中 $C_e$ 和 $C_T$ 是结构常数，恒定不变。若不考虑电枢反应的去磁作用，主磁通 $\Phi$ 在励磁电流恒定时也是一个常数。如果将端电压 $U$ 和电枢回路总电阻 $R_a$ 保持恒定，则他励电动机的机械特性是一条直线。

理论上他励电动机的机械特性是一条直线，但实际上端电压、主磁通和电枢回路总电阻很难完全保持恒定，所以实际的机械特性是一条微微向下倾斜的曲线，如图1.46所示。

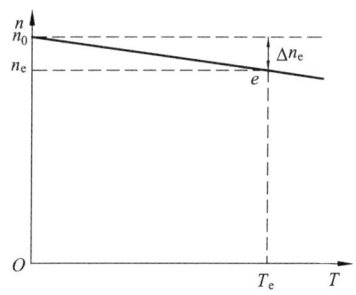

图 1.46 他励电动机的机械特性

### 2. 串励电动机的机械特性

串励电动机的机械特性是指转速与电磁转矩之间的函数关系。根据式（1.45），当电枢电流 $I_a$ 或电磁转矩 $T$ 较小时，电机的磁路尚未饱和，取 $\Phi=K_1 I_a$，代入电磁转矩公式 $T=C_T I_a \Phi$ 得

$$\Phi = \sqrt{\frac{K_1}{C_T} T} = K_3 \sqrt{T} \qquad (1.46)$$

式中，$K_3 = \sqrt{\dfrac{K_1}{C_T}}$ 是一个常数。

将式（1.46）代入式（1.45）得

$$n = \frac{U}{C_e K_3 \sqrt{T}} - \frac{R_a}{C_e C_T K_3^2} \qquad (1.47)$$

式（1.47）中等号右边第二项为常数，第一项随 $T$ 的增加而减小，因此式（1.47）表示的曲线是一条双曲线，如图1.47所示。

当电枢电流 $I_a$ 或电磁转矩 $T$ 较大时，例如 $T > T_e$，电机的磁路已经饱和，取 $\Phi = K_2$，代入式（1.45）得高饱和段的机械特性方程为

$$n = \frac{U}{C_e K_2} - \frac{R_a}{C_e C_T K_2^2} T \tag{1.48}$$

式（1.48）说明高饱和后串励电动机的机械特性和他励电动机的机械特性十分接近，是一条微微向下倾斜的直线，有较大的硬度，如图1.47所示。

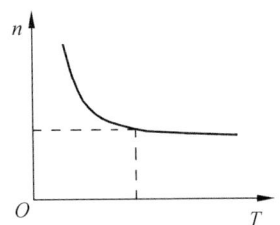

图1.47　串励电动机的机械特性

综上所述，直流串励电动机在 $T > T_e$ 后有一条较硬的机械特性，转速随负载波动甚少。但是 $T < T_e$ 时，机械特性转入双曲线，转速随转矩大幅度波动，特性变得很软。如果出现空载现象，串励电动机就会产生危险性很大的"飞车"现象，是不允许的。串励电动机用来拖动城市轨道交通电动车辆或干线铁路电动车组比较合适，因为这种设备不存在空载现象，光拖动车体差不多就是半载了，而串励电动机的大启动转矩对动车组或电动车组是有利的。

**3. 复励电动机机械特性**

由于磁化曲线的非线性，复励电动机的机械特性很难用数学方程式去求解，往往需要由制造厂去提供或者用实验方法去测定。

# 练习题

## 一、填空题

1. 当 $U$ 和励磁电流 $I_f$ 都为常值时，影响电动机转速的两个因素是电枢回路＿＿＿＿变化和磁通＿＿＿＿的变化。
2. 他励电动机在负载变化时转速变化很小，基本上是一种＿＿＿＿电动机。
3. 串励电动机当电机磁路未饱和时，转速特性是一个＿＿＿＿函数，转速随电流的＿＿＿＿而急剧＿＿＿＿。
4. 当磁路未饱和时，电磁转矩与电枢电流的平方成正比，转矩特性是一条＿＿＿＿，电磁转矩随电枢电流的加大而＿＿＿＿。
5. 在地铁电动车、电传动电动车组、城市电车及电瓶车上采用最多的是＿＿＿＿。
6. 串励电动机的转速随着转矩的增加而迅速下降，这种特性为＿＿＿＿。

## 二、判断题

1. 磁路饱和后串励电动机的转速特性，是一根比较硬的特性曲线。（    ）
2. 复励电动机转速特性是介于他励电动机和串励电动机特性之间。（    ）
3. 他励电动机有较大的过载能力和启动转矩。（    ）
4. 他励电动机实际的机械特性是一条微微向下倾斜的曲线。（    ）

## 三、选择题

1. 在相同的启动电流下，串励电动机的启动转矩比并励电机（    ）。
   A. 大　　　　　　　　B. 小
   C. 一样大　　　　　　D. 无法确定

2. 当负载发生变化时，（    ）电机的转速将在很大范围内变化。
   A. 并励　　　　　　　B. 串励
   C. 复励　　　　　　　D. 他励

3. 直流电机励磁绕组与电枢绕组不相连，励磁电流由另一个独立电源供电的电机为（    ）。
   A. 并励电机　　　　　B. 他励电机　　　　　C. 串励电机

4. 他（并）励电动机的转速随着所需电磁转矩的增加而稍有变化，这种特性称为（    ）。
   A. 软特性　　　　　　B. 硬特性
   C. 牛马特性　　　　　D. 跟随特性

5. 在相同的启动电流下，串励电动机的启动转矩比并励电机（    ）。
   A. 大　　　　　　　　B. 小
   C. 一样大　　　　　　D. 无法确定

## 四、简答题

1. 直流电机的励磁方式有哪几种？各有何特点？
2. 串励电动机为什么不允许在轻载或空载下运行？
3. 直流他励电动机因何优良转矩特性而得到广泛的运用？

# 第二章　直流牵引电动机

## 第一节　牵引电动机的一般概念

地铁电动列车上使用的电动机按用途可以分为牵引电动机及辅助电动机两种。牵引电动机为列车运动提供动力，辅助电动机主要使用在各系统通风冷却系统及供气系统。

牵引电动机是驱动电动列车车辆动轮轴的主电动机，是城市轨道交通车辆得以实现牵引及电制动的动力机械。在启动、牵引及制动等各种工况中，都是通过电气传动控制系统改变牵引电动机的转速以达到车辆调速的目的。牵引电动机将电能变为机械能，产生牵引力驱动列车；又可将机械能转变为电能，实现电制动。所以，牵引电动机是城市轨道交通车辆电气设备中最主要的构成部分，其性能和可靠性直接关系到城市轨道交通车辆的运行。因此，在设计参数选择和结构形式上不同于普通电动机，而成为电动机的一个单独类型。为了满足运输生产的需要，必须对电动车组牵引性能提出一定要求，例如，能产生足够大的牵引力、能方便和广泛地调节速度、有较强的过载能力、具备先进的经济技术指标等。对电动列车牵引性能的要求，在很大程度上讲就是对牵引电动机性能的要求。

### 一、牵引电动机的分类与发展

牵引电动机有许多类型，诸如直流牵引电动机，脉流牵引电动机，单相整流子牵引电动机，交流旋转感应（异步）牵引电动机，交流同步牵引电动机和直线牵引电动机。我国早期地铁轨道交通车辆大部分采用的牵引电动机是直流牵引电动机，现在基本上采用的是交流旋转异步牵引电动机，广州地铁4号线与5号线及6号线牵引电动机采用的是直线牵引电动机，天津地铁2号线用永磁同步牵引电机作为牵引电动机。

多年以来，直流串励牵引电动机一直作为各种铁道车辆的主要牵引动力。因为它具有启动性能好、调速范围大、过载能力强、功率利用充分、运行较可靠且控制简单等优点。但由于直流电动机必须通过换向器才能工作，除结构较复杂外，它的检修工作量较大，因此直流牵引电动机的发展受到了很大限制。

20世纪80年代开始，在电力电子技术和微电子技术的强力支持下，三相交流传动系统以其固有的优越性在铁道牵引领域，尤其是在地下铁等由直流电网供电的电动车组中的应用得到迅速发展，特别是采用了大功率自关断电力电子器件（GTO）和微机模块化控制后，使交流电机调频调压（VVVF）控制得以实现。这就为具有结构简单、牢固、单位功率的体积小、重量轻及制造成本低且少维修等一系列优点的三相异步牵引电动机在轨道交通车辆上的发展拓展了广阔的运用前景。

随着社会的发展，城市交通系统降低建设、维护和运营成本，提高其便利性和创造舒适环境的要求日趋强烈，采用直线感应电机牵引系统逐渐被广泛接受。我国如上海龙阳路到上海国际机场全程32 km的常导磁悬浮列车、大连磁谷中华05号和06号、广州地铁4号线（已运营）与5号线等。直线感应电机牵引系统避开了传统的利用轮轨黏着的驱动方式，避免了车辆牵引受轨道黏着的限制、爬坡能力受限制等弊端。

## 二、牵引电动机的传动与悬挂方式

城市轨道交通车辆牵引电动机的传动和悬挂问题，即牵引电动机怎样安装固定和如何将转矩传递到动车轮对上的问题。城轨车辆的动力转向架，一般是采用直流牵引电机或鼠笼式三相交流牵引电动机，均需通过机械减速装置，才能将电机的扭矩转化为轮对转矩，再利用轮轨的黏着作用，驱动车辆沿着钢轨运行。而牵引电动机的布置形式直接影响着转向架的动力性能。此外，直线牵引电动机驱动的动车车辆并不需要通过机械减速装置，而是采用直线牵引电动机直接驱动动车车辆运行。因此，必须考虑到动车结构特点和运行要求，合理地选择传动方式和悬挂方式。同时，传动和悬挂方式也对牵引电动机的总体结构和外形尺寸起着制约作用。

地铁动车牵引电动机的传动方式通常为个别传动，所谓个别传动是指一台牵引电动机只驱动一个轮对，它是借助电动机轴上的小齿轮驱动轮对轴上的大齿轮来实现动车牵引运行的。

个别传动的优点是可单独切除故障电机，不会影响其他电机工作，而且充分利用了电动车组下部空间；缺点是个别轮对容易空转，从而使电动车组的黏着牵引力降低。

根据牵引电动机在转向架上悬挂的特征，以及电机转轴与转向架轮对之间传动的特征，大致可分为抱轴式悬挂和架承式悬挂两种悬挂方式。

**1. 轴悬式悬挂**

牵引电动机的一端用抱轴承支在车轴上，另一端弹性吊在转向架构架上，故又称抱轴式悬挂，如图2.1所示。

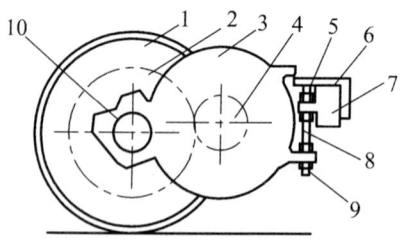

图 2.1 轴悬式悬挂

1—动轮；2—大齿轮；3—牵引电动机；4—小齿轮；5—橡胶件；
6—安全托板；7—枕梁；8—拉杆；9—橡胶件；10—轮轴

轴悬式悬挂的优点是抱轴式悬挂结构简单、检修方便、成本较低；缺点是动力作用大，电机尺寸不能任意选择，限制了电动车组功率和速度的提高。

### 2. 架承式悬挂

架承式悬挂就是将牵引电动机全部悬挂在转向架构架上。电机输出轴与轮对之间的驱动装置需要采用能适应各方向相对位移的弹性联轴器作为中间连接装置并传递扭矩。弹性联轴器在结构上可以采用弹性元件（钢弹簧或橡胶块），也可以采用具有橡胶衬套的连杆关节机构（球面齿式联轴节），如图 2.2 所示。

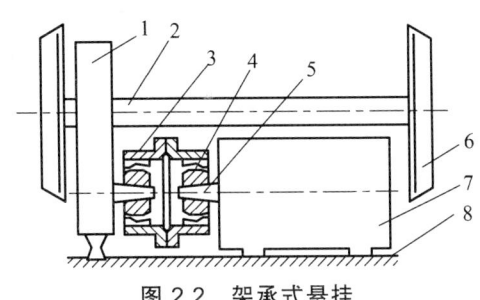

**图 2.2 架承式悬挂**

1—齿轮箱；2—动轮轴；3—内齿圈；4—球面齿轮；5—电机轴；
6—动轮；7—电动机；8—转向架

牵引电动机全部是簧上质量，因而簧下质量较小，轮轨垂向动荷载较小，有利于高速运行。因线路不平顺和轮轨冲击所引起的轮对垂向和横向加速度，不会直接传到牵引电动机和牵引齿轮副，例如当车轮的垂向加速度为 $10g$ 时，牵引电动机的垂向加速度只有 $0.5g$，牵引电动机及牵引齿轮副的工作条件大为改善，故障率减少，工作寿命延长。电动车组速度愈高，上述优点愈明显。但由于联轴节占用了空间，使电机轴尺寸缩短，故不适用于大功率的牵引电动机。

## 三、牵引电动机的工作条件

（1）牵引电动机悬挂在地铁车辆转向架构架上或车轴上，并借传动装置驱动车辆前进，因此牵引电动机在结构上必须考虑传动和悬挂两方面的问题。

（2）牵引电动机的安装尺寸受到很大的限制，径向尺寸受到轮对直径限制，轴向尺寸受到轨距的限制，故要求其结构必须紧凑。为此，牵引电动机都采用较高等级的绝缘材料和性能较好的导磁材料。

（3）车辆运行时，线路对车辆的一切动力影响都会传给牵引电动机，使牵引电动机承受很大的冲击和振动。动力作用除造成电动机工作情况恶化外，易使电动机的零部件损坏。因此，要求牵引电动机的零部件必须具备较高的机械强度。

（4）牵引电动机的使用环境恶劣，它挂在车体下面，很容易受潮、受污，还经常受到温度、湿度的影响。因此牵引电动机的绝缘材料和绝缘结构应具有较好的防尘、防潮能力并要求牵引电动机有良好的通风条件。

（5）轨道车辆一般都是重载启动，因而要求牵引电动机具有较大的启动转矩，满足一定的启动加速度要求。

（6）城市轨道车辆站距短，要求牵引电动机能适应频繁的启动制动工作条件。同时要求电动机具有良好的调速性能、机械特性硬、黏着特性好。

## 四、牵引电动机必须满足的要求

（1）应有足够大的启动牵引力和较强的过载能力。

（2）具有良好的调速性能。保证电动车组在不同行驶条件下，有宽广的速度调节范围，并在速度变化范围内，充分发挥牵引电动机的功率。在正反方向运行时，其特性尽可能相同。

（3）直流牵引电机换向可靠。在大电流、高电压、高转速及磁场削弱条件下运行时，换向火花不应超过规定的火花等级。

（4）各部件应具有足够的机械强度，以保证电动机在最恶劣的条件下可靠的工作。

（5）牵引电动机的绝缘必须具有很高的电气强度，并具有良好的防潮和耐热性能，以保证电动机有足够的过载能力，并在其寿命期限内可靠工作。

（6）牵引电动机的结构应充分适应电动列车运行和检修的需要。如电动机的传动与悬挂应使动车与钢轨间的动力作用尽量减小；对灰尘、潮气及雨雪的侵入有良好的防护；便于检修和更换电刷等。

（7）必须尽可能地降低牵引电动机单位功率的重量，使电磁材料和结构材料得到充分利用。

# 练习题

### 一、填空题

1. 列车上使用的电动机按用途可以分为_____及辅助电动机两种。_____为列车运动提供动力，辅助电动机主要使用在各系统通风冷却系统及供气系统。

2. 个别传动是_____
_____。

### 二、简答题

1. 城市轨道交通车辆牵引电动机的传动和配置方式有哪几类？各有何特点？
2. 牵引电动机必须满足哪些工作要求？
3. 牵引电动机工作条件的主要特点有哪些？

# 第二节　电动车组的牵引特性

## 一、动车牵引特性

动车牵引力 $F_K$ 与动车速度 $v_K$ 之间的关系称为动车牵引特性[牵引电动机的电机转矩 $T$ 与

转速 $n$ 之间的关系曲线 $T=f(n)$ 称为电机的机械特性],可以从牵引电动机的转速特性与转矩特性求得。

动车运行速度可用下式表示:

$$v_K = \frac{60\pi D_K n}{10^3 i} \text{ (km/h)} \tag{2.1}$$

式中 $D_K$——动轮直径（m）;

$n$——牵引电动机转速（r/min）;

$i$——齿轮传动比。

对任一动车来说,动轮直径 $D_K$ 和齿轮传动比 $i$ 都为常数,因此,动车速度 $v_K$ 正比于牵引电动机转速 $n$。若要得到动车速度特性,只要在牵引电动机的转速特性上,改变转速 $n$ 的比例尺即可得到,这个比例尺为 $\frac{60\pi D_K}{10^3 i}\left(\approx \frac{D_K}{5.3i}\right)$。

动车牵引力可用下式表示:

$$F_K = \frac{2T\eta_c}{D_K} \tag{2.2}$$

式中 $T$——牵引电动机转矩（kN·m）;

$\eta_c$——齿轮传动效率。

由式（2.2）可见,依据牵引电动机转矩特性 $T=f(I_a)$,改变 $T$ 的比例尺（即乘以 $2i\eta_c/D_K$）,便可得到动车牵引特性。电动车组其速度和牵引力的变化曲线如图 2.3 所示。牵引工作区域的限制包括最大电流限制（电动机的最大电流）、黏着限制（最大可用黏着系数）、最大功率限制（电动机的最大功率）、构造速度限制（电动车组的最高速度）。

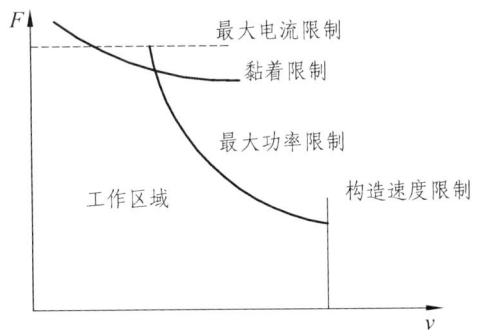

图 2.3 速度和牵引力的变化曲线

## 二、电动车组运行时的要求

（1）必须具有机械稳定性和电气稳定性。

（2）能方便地调节速度。

（3）牵引电动机之间的负载分配要均匀。
（4）接触网电压波动对牵引电动机的工作影响小。
（5）启动时应保持转矩不变，运行时应保持功率不变。
（6）黏着重量利用好。

## 三、机械稳定性和电气稳定性

### 1. 机械稳定性

机械稳定性是指列车正常运行时，由于偶然的原因引起速度发生微量的变化后，动车本身能恢复到原有的稳定运行状态。

图 2.4 所示为列车运行时的基本阻力曲线 $W_0 = f(v_K)$ 和两条不同斜率的动车牵引特性 $F_{K1} = f(v_K)$ 和 $F_{K2} = f_2(v_K)$，设在某一速度 $v_{K1}$ 时，牵引力与阻力平衡（即交点 $A$），列车在此速度下恒速运行。由于偶然因素，列车速度获得了增量 $\Delta v_K$（在轻载或平道运行时）。如果这时牵引特性为 $F_{K2} = f_2(v_K)$，从图中可以看出，速度增大 $\Delta v_K$ 后，牵引力 $F_{K2}$ 大于阻力 $W_0$，将使速度继续增大，产生正反馈的结果，使列车速度越来越高，所以 $F_{K2} = f_2(v_K)$ 是不稳定的。反之，如牵引特性为 $F_{K1} = f_1(v_K)$，当速度增大 $\Delta v_K$ 后，牵引力 $F_{K1}$ 将小于阻力 $W_0$，列车运行速度将减小，产生负反馈直至返回到稳定工作点，因此特性为 $F_{K1} = f_1(v_K)$ 是稳定的。因此，可以认为机械稳定的条件是牵引特性曲线的斜率小于基本阻力曲线的斜率，即

$$\frac{dF_K}{dv_K} \leqslant \frac{dW_0}{dv_K} \tag{2.3}$$

因为列车的基本阻力曲线 $W_0 = f(v_K)$ 的斜率具有正值，而由图 2.4 可见，他励、串励、复励直流牵引电机的特性曲线都具有负斜率，均满足稳定性条件，在列车牵引时具有机械稳定性。

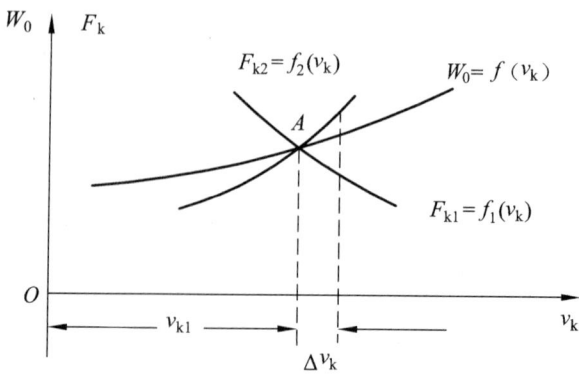

图 2.4 牵引特性机械稳定分析

## 2. 电气稳定性

牵引电动机的电气稳定性是动车正常运行时,由于偶然的原因引起电流发生微量变化后,电动机本身能恢复到原有的电平衡状态。

同样可以用电机电流获得增量 $\Delta I_a$ 时,引起的反馈是负反馈还是正反馈来判断是否稳定。

直流牵引电机的动态电压平衡方程式为

$$U = C_e \Phi n + I_a \sum R + L(\mathrm{d}I_a / \mathrm{d}t) \quad (2.4)$$

式中 $\sum R$——牵引电动机的总电阻;

$L$——牵引电动机的电感量。

假定牵引电动机的电压 $U$ 是一常数,如图 2.5 的水平线所示。当牵引电动机的 $f(I_a) = C_e \Phi n + I_a \sum R$ 曲线为图中曲线 1 时,其交点 $A$ 处的电流为 $I_{a1}$,此时电动机的端电压 $U$ 等于 $C_e \Phi n + I_a \sum R$,为电气平衡状态。如果由于偶然因素,电机的负载电流有一个微小的增量 $\Delta I_a$,从图中曲线可以看出,电流的增加使 $f(I_a)$ 的值大于端电压 $U$,$U - f(I_a)$ 为负值,即 $L(\mathrm{d}I_a / \mathrm{d}t)$ 为负值,这将使电流减小,并自动地恢复到 $A$ 点稳定工作。反之,如电动机的 $f(I_a)$ 曲线为曲线 2 时,当电流有增量 $\Delta I_a$ 后,电机的 $f(I_a)$ 小于电压 $U$,使 $U - f(I_a)$ 为正值,即 $L(\mathrm{d}I_a / \mathrm{d}t)$ 为正值,电动机电流 $I_a$ 将继续增加,不能恢复到原来的 $A$ 点,电气平衡被破坏,所以曲线 2 在电气上是不稳定的。

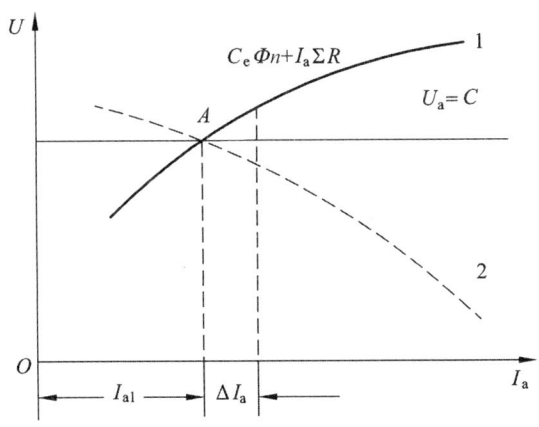

图 2.5 牵引特性电气稳定性分析

从上述分析可知,牵引电动机的 $f(I_a)$ 曲线斜率为正值时,就具有电气稳定性,如图 2.6 所示,分别画出串励、他励电动机的 $f(I_a)$ 曲线。可以看出:

(1)串励电动机在任何负载情况下,斜率处处为正值,具有电气稳定性。

(2)他励电动机 $f(I_a)$ 曲线斜率一般情况下也为正值,也有电气稳定性。但其斜率要小得多,对无补偿绕组的电机,由于电枢反应的去磁作用,在大电枢电流时,如图 $B$ 点有可能进入电气不稳定状态。

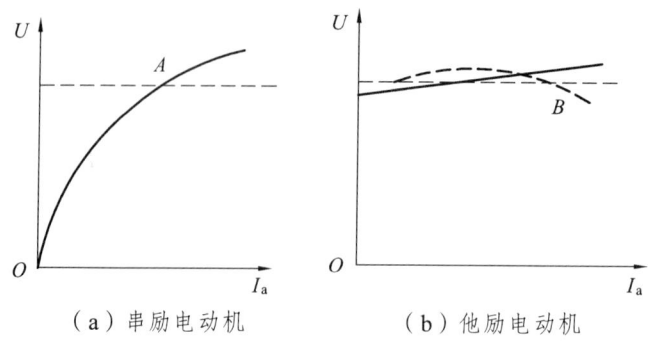

(a）串励电动机　　　　　（b）他励电动机

图 2.6　串励电动机与他励电动机的 $f(I_a)$ 曲线

## 四、牵引电动机特性分析

### 1. 自调节性能

由第一章电机运行特性知识可知，他（并）励牵引电动机转速随着负载的增加下降很小，而串励牵引电动机转速却随着负载的增加下降很多。因此，串励牵引电动机的牵引力和速度能够按照动车运行条件自动进行调节，在重载或上坡时，随着动车速度的降低，串励牵引电动机的转矩自动增大，使车发挥较大的牵引力；在轻载或平道运行时，动车牵引力减小，使动车具有较高的速度，即串励牵引电动机自调节性能好。

### 2. 功率的利用

如图 2.7 所示绘出了串励和并励牵引电动机的牵引特性。设两种电机具有相同的额定牵引力和额定速度（$a$ 点），当牵引力从 $F_N$ 变化到 $F_1$ 时，串励牵引电动机的工作点由 $a$ 点变化到 $b$ 点，并励牵引电动机的工作点由 $a$ 点变化到 $c$ 点。牵引电动机的功率是牵引力和速度的乘积，即 $P = F_K v_K$。两种电机相比，并励牵引电动机在牵引力 $F_K$ 变化时，由于速度 $v_K$ 变化小，所以功率变化较大，因此，并励牵引电动机的功率利用不好。串励牵引电动机由于其速度 $v_K$ 随牵引力 $F_K$ 的增大而降低较多，若在同样的牵引力 $F_K$ 变化下，它的功率变化比并励牵引电动机小，接近于恒功率运行。因此，串励牵引电动机的功率利用较好，能在各种运行条件下充分发挥动车的功率，同时能合理地利用动车上与牵引功率有关的各种电气设备的容量。

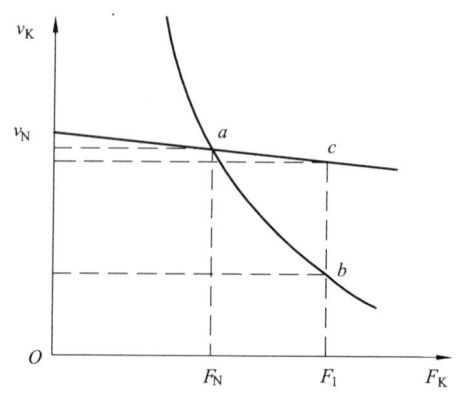

图 2.7　牵引电动机的功率利用

## 3. 牵引电动机之间的负载分配

列车运行时，为了充分利用动车的功率及黏着重量，动车上各台牵引电动机的负载应该均匀分配。但由于实际上各台牵引电动机特性曲线的差异和动轮直径的差异不可避免，造成各牵引电动机间负载分配是不均匀的。

如图 2.8 所示为牵引电动机特性有差异时的负载分配情况。从图中可以看出两台特性稍有差异的串励（或并励）牵引电动机，装在一台动车上并联运行时，即使动轮直径相同，电机转速相同，电动机的负载电流 $I_1$ 和转矩均有差别。由图 2.8（a）中可以看出，串励牵引电动机具有较软的特性，在同一运行速度下的负载电流 $I_1$ 和 $I_2$ 差值比较小。并励牵引电动机特性较硬，如图 2.8（b）所示，负载电流 $I_1$ 和 $I_2$ 差值要比串励牵引电动机大得多。

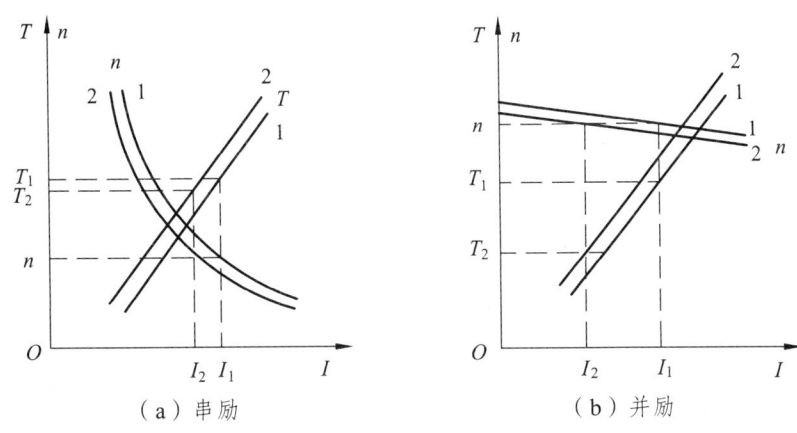

图 2.8　牵引电动机特性有差异时的负载分配

如果两台牵引电动机的特性完全相同，而各自驱动的动轮直径稍有不同，动车运行时两台电动机的转速将产生差异，如图 2.9 所示为动轮直径有差异时负载分配情况。设一台电动机转速为 $n_1$，另一台电动机转速为 $n_2$，由相同转速差异引起的负载电流 $I_1$ 和 $I_2$ 的差值，串励牵引电动机比并励牵引电动机小。

所以，就牵引电动机间负载分配而言，串励电动机优于并励电动机。

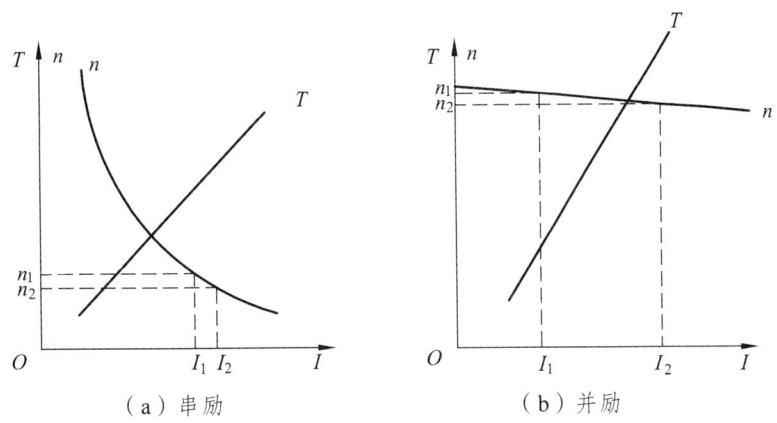

图 2.9　动轮直径有差异时牵引电动机的负载分配

## 4. 电压波动对牵引电动机工作的影响

电动车组运行时，接触网网压会经常发生波动，当电压突然变化时，由于列车的机械惯性，动车的速度来不及变化，牵引电动机就可能承受较大电流和牵引力的冲击。如图 2.10 所示为串励电动机和并励牵引电动机在电压突然增加时产生的电流和牵引力变化情况。设电动机变化前电压为 $U_1$，相应的速度特性为 $v_1 = f(I)$，变化后电压为 $U_2$，相应的速度特性为 $v_2 = f(I)$。由图可见，当电网电压从 $U_1$ 突变为 $U_2$ 时，电动机的转速来不及变化，其工作点从 $v_1 = f(I)$ 曲线跃变到 $v_2 = f(I)$ 曲线上，其电流和牵引力都将产生相应的变化。并励电动机由于特性较硬，电流和牵引力的冲击都比串励电动机大得多，这将使牵引电动机工作条件恶化，并引起列车运行中的冲动。

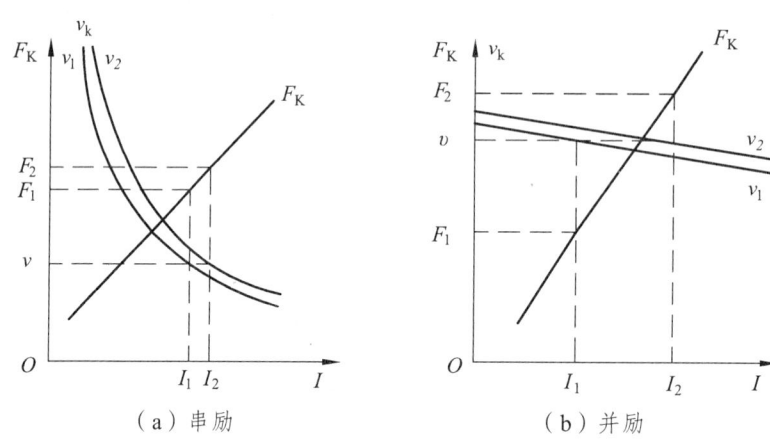

图 2.10 电压波动时牵引电动机电流和牵引力的变化

另外，当牵引电动机的外加电压突然增加时，并励电动机由于励磁线圈匝数较多，因此电动机励磁回路电流增长速度要比电枢电路电流增长速度慢得多，电枢反电势不能及时增加，在过渡过程开始阶段，会造成电枢电流冲击过大。而串励电动机励磁绕组与电枢绕组串联，电流增长速度相同，引起的电流冲击比并励电动机小得多。

## 5. 防空转性能

动车在重载启动或满载爬坡时，常常因轮轨间的黏着破坏而发生个别动轮空转的现象，导致动车牵引力下降。此时若能迅速减小牵引电动机的电流和输出转矩，就能使粘着条件恢复。

轮对空转时，动轮转速迅速上升，使动车走行部分受到损坏，影响使用寿命，如转速超过牵引电动机最大转速时，还可能造成电机环火等严重故障。因此，要求牵引电动机应具有良好的防空转性能，当出现动轮空转时，轮对牵引力应随着转速的增高急剧下降，使黏着迅速恢复。

如图 2.11 所示，曲线 1、2 分别为串励电动机和并励牵引电动机的牵引特性，设电动机工作在 $a$ 点，转速为 $n$，由于某种原因使轮轨之间的黏着条件破坏而发生空转时，电动机转速沿特性曲线上升，转速增量为 $\Delta n$。由图 2.11 可见，并励电动机特性较硬，牵引力随转速上升而大幅下降，轮周牵引力很快低于黏着牵引力，使黏着迅速恢复；而串励牵引电动机特性较软，牵引力下降很小，转速将继续上升，黏着不易恢复，形成空转。

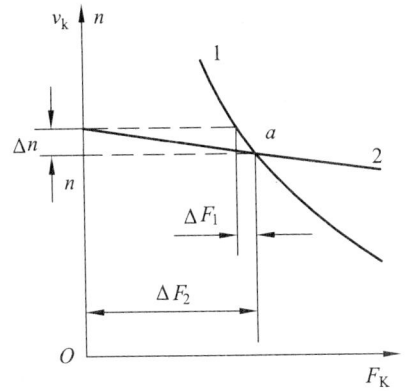

图 2.11 牵引电动机防空转性能

1—串励；2—并励

由以上分析可以看出，具有软特性的直流串励电动机用作电力牵引有很多优点，比如：

（1）直流串励牵引电动机的自调性能较好，即它的牵引力和速度能按照动车运行条件自动地进行调节。在上坡或负载过重时，直流串励牵引电动机能发挥较大的牵引力，在轻载或平直道上运行时，它又有较高的速度，以便提高动车的通过能力。

（2）直流串励牵引电动机的功率利用较好，因为直流串励牵引电动机的转速随着牵引力的增大而自动地降低，在同样牵引力变化下，它的功率变化最小（$P=Fv$）。因此可以合理地利用动车上各种电气设备的容量。

（3）直流串励牵引电动机有较大的启动牵引力，因而在相同的牵引条件下，所要求的电动机容量可以减小，电动机的重量可以减轻。在直流牵引电机机中，直流串励牵引电动机的单位牵引力的重量最小。

（4）在并联工作时，各直流串励牵引电动机的负载分配较均匀。因此，可以防止个别牵引电动机在运转时发生严重过载现象。

综合上述几点，直流串励电机的特性都非常适合动车的牵引性能。但是，直流串励电机作为牵引电动机也有它本身的缺点，在个别传动的情况下，当某一轮轴因为黏着破坏而打滑时（轮对空转），它的转速迅速上升，而黏着更不易恢复。另外，在电气制动时，由于串励发电机特性不稳定，往往需要将串励改为他励，这样不仅给动车增加了设备，也给司机操纵带来了麻烦。

# 练习题

## 一、填空题

1. 串励牵引电动机的牵引力和速度能够按照电动车组运行条件自动进行调节，在重载或上坡时，随着电动车组速度的降低，串励牵引电动机的转矩自动_____，使电动车组发挥较大的牵引力。

2. 串励牵引电动机具有_____特性，在同一运行速度下的负载电流差值比较小。并励牵引电动机特性较_____，负载电流差值要比串励牵引电动机大得多。

3. 地铁电动车组运行时，有几台牵引电动机_____运行，为了能充分利用_____，要求各牵引电动机的_____要均匀。

4. 如果两台牵引电动机的特性完全相同，而各自驱动的动轮_____稍有不同，动车运行时两台电动机的_____将产生差异。

5. 并励电动机，_____随转速上升而大幅_____，轮周牵引力很快低于黏着牵引力，使黏着迅速。

## 二、判断题

1. 串励电动机在任何负载情况下，斜率处处为正值，具有电气稳定性。（    ）
2. 电压平衡方程式符合电路定律。（    ）
3. 电动机的功率平衡方程式，符合能量守恒定律。（    ）
4. 磁路饱和后串励电动机的转速特性，是一根比较硬的特性。（    ）
5. 复励电动机转速特性是介于他励电动机和串励电动机特性之间。（    ）
6. 他励电动机有较大的过载能力和启动转矩。（    ）
7. 他励电动机实际的机械特性是一条微微向下倾斜的曲线。（    ）

## 三、简答题

1. 为什么地铁动车上直-直传动一般采用直流串励牵引电动机？牵引运用中又存在哪些问题？
2. 比较几种直流电机的转矩特性及机械特性。
3. 直流电机工作稳定性要考虑哪些方面？比较串励和他励电机的稳定性。

# 第三节　直流串励牵引电动机在动车中的运用

## 一、直流电动机的特性控制

城市轨道交通车辆的牵引动力要求负载转矩可以在较大范围内变动，具有软特性的串励电动机应用比较广泛。串励电动机空载速率为满载速率的好几倍，它的机械特性为双曲线，当转矩增加时，速率便自动降低，功率输出可保持恒定，由电网供给电机的功率也可保持在稳定的数值而不致有大的波动。

随着电力电子技术和自动控制技术的发展，采用复励电动机和他励电动机，可以使动车主电路更为简单。串励、他励、复励特性是电动机磁场固定时的特性，但对磁场进行连续控制时，电机可以具有各种特性，例如可以使他励电动机具有串励特性。如果保证电枢电流总是与励磁电流相等，即 $I_a = I_f$，则电枢绕组和励磁绕组分断的他励电动机将具有和串励电动机相同的励磁特性。也就是说，只要励磁电流 $I_f$ 是随着电枢电流 $I_a$ 的变化而变化，励磁方式是他励的电动机，就可以具有串励电动机的性能。

如图 2.12 所示是使他励电动机的励磁电流任何时刻都等于电枢电流从而得到串励特性的原理图。将电枢电流 $I_a$ 和励磁电流 $I_f$ 二者比较，将其差值输入电流调节器，并控制励磁调节器。如果 $I_a$ 增大，与 $I_f$ 比较后得正值，则使励磁电源输出电压增大，直到励磁电流 $I_f$ 等于电枢电流 $I_a$ 为止。

但当列车速度的变化比较缓慢，特别是列车匀速运动时，上述控制方法并不能解决几台电机并联时的分配问题。必须采用独立控制的方法，即对每台电动机的电枢独立供电或对每台电动机的磁场进行独立控制，使各电动机的负载电流相同。

他励电动机的硬特性有助于黏着的恢复，为利用他励电动机的这一特性，当动轮对发生空转时，使励磁电流不再随着电枢电流的变化而维持原有的值，即恢复原有的他励电动机特性。

当电枢电压突然变化时，由于励磁电流的变化速度较慢，往往会形成较大的电流冲击。运用串有部分励磁绕组的复励电动机，可以缓和几台电机并联运行时电机间负载电流分配的问题，同时可以利用有利于黏着的硬特性，从而简化了主电路。

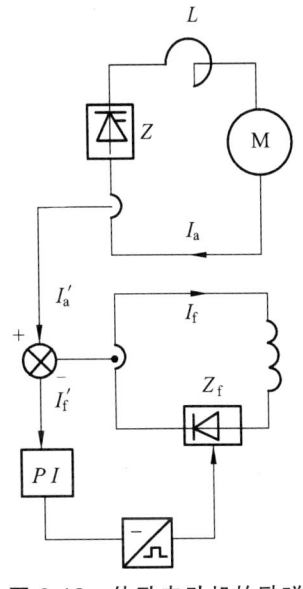

图 2.12 他励电动机的励磁调节原理

## 二、直流串励牵引电动机旋转方向

直流串励电动机的旋转方向取决于电磁转矩方向，而电磁转矩 $T = C_T \Phi I_a$ 的方向取决于磁通 $\Phi$ 与电枢电流 $I_a$ 相互作用的方向，故改变电动机转向的方法有两种：一是改变磁通 $\Phi$（即励磁电流）的方向；二是改变电枢电流的方向。若同时改变磁通方向及电枢电流的方向，则直流串励电动机转向维持不变。

铁路电动车组直流牵引电机常采用励磁绕组反接法。如图 2.13 所示，利用电器触头 $H$、$a$ 的闭合与断开将励磁绕组进行反接，改变励磁绕组中电流的方向，即改变了磁通的方向，以达到实现改变直流牵引电机机转向的目的。

城市轨道交通车辆直流牵引电动机常采用电枢电流反接法，如图 2.14 所示。

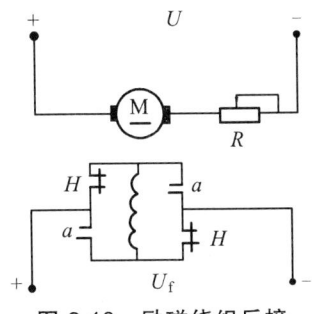

图 2.13 励磁绕组反接

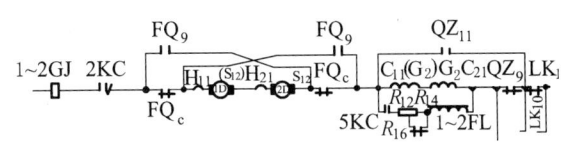

图 2.14 电枢绕组反接

## 三、串励直流牵引电机调速

根据直流电动机的调速公式

$$n = \frac{U - I_a R}{C_e \Phi}$$

调节直流串励牵引电动机的转速可有如下方法：改变牵引电动机的端电压 $U$ 调速；改变牵引电动机的主极磁通 $\Phi$ 调速。

**1. 改变牵引电动机的端电压 $U$ 调速**

1）改变牵引电动机的连接法调速

例如串并联的方式，如图 2.15 所示。由于连接的方式有限，所以可调的电压等级也有限，同时使电动机的连接复杂。

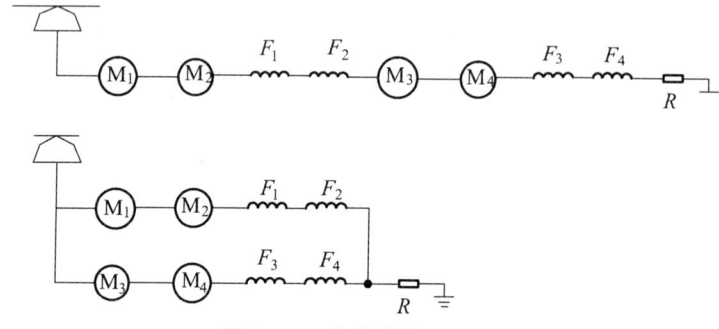

图 2.15  串并联控制原理

2）凸轮变阻控制调压调速

在电动机回路串接电阻，即通过转动凸轮，使有关接触器接入或切除启动电阻来改变电阻值，以达到调节牵引电动机端电压的目的，如图 2.16 所示。

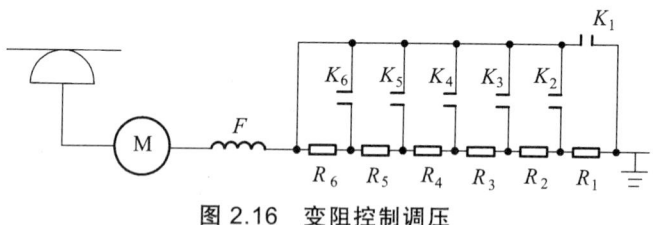

图 2.16  变阻控制调压

北京地铁运行较早的 BJ-4 型电动车组就采用了变阻控制器逐级切换主回路中的启动电阻，以实现牵引电动机的调速。

3）斩波调阻控制调压调速

将晶闸管或 GTO 功率元件组成的斩波器（CH）作为电子开关，与启动电阻 $R$ 并联，通过 CH 定频调宽或定宽调频控制方式，调节接入主回路的电阻值以改变牵引电动机的端电压。

北京地铁 BJ-6 型主电路采用了可控硅斩波器调阻代替有级切换电阻，实现无级平滑调速，列车运行平稳性较好。由于斩波器的容量有限，在电路中只用以调节一段电阻，经接触器的切换，有效地调节了全部启制动电阻,达到了平滑调节速度的目的,其调节电路原理如图2.17所示。

若斩波器工作周期为 $T$,则 $T = t_{off} + t_{on}$,当 $t_{on}$(导通时间)等于整个工作周期时,$R$ 被短路,即 $R = 0$;当 $t = t_{off}$ 时,CH 断开,$R$ 被接入主回路。在 $T$ 时间内 $R$ 的平均值为

$$\overline{R} = (1-\alpha)R \tag{2.5}$$

式中　$\alpha$——斩波器中主可控硅导通角。

改变 $\alpha$ 角即可改变 $R$ 的平均值,对电阻的调节也如同对电压的调节一样,可以采取定频调宽或定宽调频的方法。在 BJ-6 型电动车组的主回路中采用了工作周期 $T$ 不变,而改变导通时间的定频调宽法。

4)斩波调压调速

在电动机与电源之间串接斩波器,调节斩波器的导通比来改变电动机的端电压,如图2.18所示。斩波调压控制可以实现无触点、无级调速,使车辆平稳运行,可靠性也大大提高;无需启动电阻,并可实现再生制动,大大节约了电能,降低了运营成本。采用直流斩波控制方式比变阻控制方式节省电能约为 20%~30%,国外城市轨道交通车辆从20世纪70年代普遍采用了斩波调压技术。上海地铁1号线电动车组就是采用斩波调压控制方式。

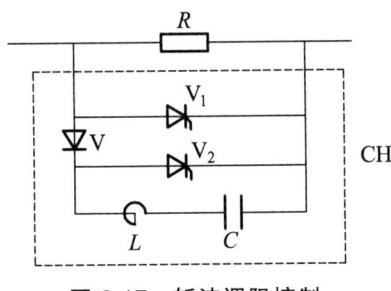

图 2.17　斩波调阻控制

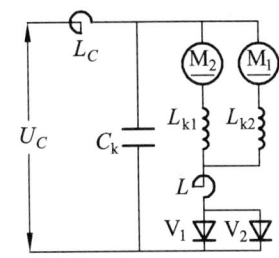

图 2.18　斩波调压

**2. 改变电动机的主极磁通 $\Phi$ 调速**

一般电机的额定磁通已设计得使铁芯接近饱和,因此,改变磁通只能在额定磁通下减弱磁通,所以又称为削弱磁场调速,即通过减少流过牵引电动机的励磁电流减小牵引电动机主极磁通进行调速的方法。从牵引电动机和电动车组电路来讲,磁场削弱可以在任意端电压下进行,但实际上电动车的调速通常都是先调节电动机的端电压,当牵引电动机端电压已达额定值还需要提高电动车组速度时,才用磁场削弱。这是一种辅助调速手段,磁场削弱的目的是扩大调速范围。

普遍采用主磁极(励磁)绕组上并联分路电阻,使电流的一部分流经分路电阻,从而减少励磁电流、磁势和磁通,如图2.19所示。

一般电动机励磁功率只有电机容量的 1%~5%,因此用于削弱磁场的并联电阻容量也很小。

如图2.20所示为串励电动机磁通减弱时的机械特性,在同样负载电流的情况下,磁场削弱后牵引电动机转速比满磁场时增高了。通过磁场削弱,可以扩大牵引电动机的调速范围,也可增加动车的调速范围。

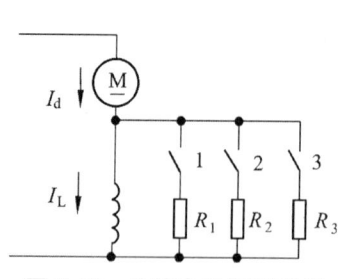

图 2.19 分路电阻削弱磁场

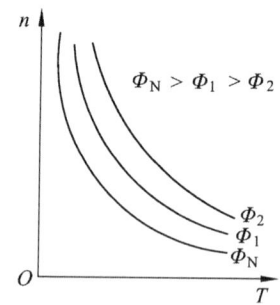

图 2.20 串励电动机磁通减弱时的机械特性

当动车牵引力不变进行磁场削弱时,牵引电动机的功率增加为 $1/\sqrt{\beta}$($\beta$ 为磁场削弱系数)倍;当动车上坡牵引并维持磁场削弱前的速度时,牵引电动机的功率增加 $1/\beta$ 倍。因此,串励牵引电动机采用磁场削弱时,不仅能发挥电动机的全功率,还能够提高动车的功率。根据不同的运行条件,磁场削弱所得的功率增量,既可用来提高动车的速度(在牵引力不变的平道上牵引),也可用来提高牵引力(恒速上坡牵引)。

直流串励电动机在恒电压下削弱磁场时,动车的功率的增量主要是由于磁场削弱后电动机的电枢电流增加,这时电动机将过载运行、发热加剧,同时动车主电路功率损耗增加。因此最好的办法是根据不同的运行条件,尽可能使磁场削弱后电枢电流变化不大。

这种调速方法设备简单、控制方便、功率损耗小,可以提高电机的转速,是直流牵引电机常用的调速方法之一。

直流串励牵引电动机,为扩大调速范围,常把几种方法配合使用。如地铁电动车组,常采用电枢串接电阻和弱磁调速,铁路电力电动车组和内燃电动车组,常采用改变电压和弱磁调速。

## 四、串励直流牵引电动机的电气制动

### (一)动车制动概念

人为地使运动的物体减速或阻止其加速称为制动。对于城市轨道交通车辆,为了使运行中列车尽快减速或停车,必须对它施行制动;为了防止列车在下坡时由于列车的重力作用导致列车速度增加,也需要对它进行制动。城轨车辆的制动采用最多的是踏面制动(闸瓦制动)与动力制动(电气制动)。

踏面制动(闸瓦制动)是指列车制动时将闸瓦压紧车轮踏面,使车轮踏面与闸瓦之间发生滑动摩擦产生制动转矩,将动能转化为热能,经车轮闸瓦和钢轨热导传递,散发到大气中去。闸瓦制动产生的灰尘与热量在地铁隧道内聚集,对环境造成严重污染。此外,过量的使用闸瓦制动,将使闸瓦更换频繁,车轮踏面的修正镟削增加,维修成本增高。

动力制动(电气制动)是指列车制动时将所有牵引电动机的电动机工况转变为发电机工况,将列车动能转化为电能,转化而来的电能以反馈给供电触网或消耗在电阻器上这两种方式消耗掉。通过转换电路和受电器(受电弓)将电能反馈给供电触网,提供本车辅助电源或在同一电网中相邻运行的列车使用的方式，称为再生制动，又叫反馈制动。如果触网电压太高，不能接受反馈电能，电能只能通过列车上的电阻器发热消耗，转变成热能散发到大气中去，这种方式就是电阻制动，又称为能耗制动。

由于现代城市轨道交通车辆一般都是电力牵引的动车组，采用直流或交流电动机作为牵引动力，因此牵引电动机的电气制动（动力制动）作为主要制动方式已成为潮流。电动车组中既有动车又有拖车，除了拖车没有电动机只能使用摩擦制动外，所有动车都可以进行动力制动（电气制动），并且还可以承担部分拖车的制动力。

## （二）牵引电动机的电气制动

电动车辆的电气制动是建立在电动机的工作可逆性基础上的。在牵引工况时，电动机从接触网吸收电能，将电能转换为机械能，产生牵引力，使列车加速或在上坡的线路上以一定的速度运行；在制动工况时，列车停止从接触网受电，电动机改为发电机工况，将列车运行的机械能转换为电能，产生制动力，使列车减速或在下坡线路上以一定的限速度运行。车辆进行电气制动时，首先应该是再生制动，即向供电网反馈电能。如果触网电压过高或同一供电区段无其他车辆吸收反馈能量，则电路转为电阻制动，把能量消耗在电阻器。直流牵引电机的电气制动可分为电阻制动（或能耗制动）和再生制动（或反馈制动）。

**1. 直流电阻制动（或能耗制动）**

串励直流牵引电机电阻制动是指电气制动时，将电枢绕组从电源断开并立即接到一个制动电阻上，把机械能转换为电能的过程。

串励直流牵引电机在进行电阻制动时，按其接线方式不同可分为两种。

1）他励式电阻制动

他励式电阻制动原理如图 2.21 所示。制动前电动机有励磁处于正向电动稳定运行状态，即电磁转矩 $T$ 与转速 $n$ 的方向相同（顺时针方向），如图 2.21（a）所示，为驱动转矩。断开电源，励磁绕组由单独的励磁电源供电，并保持励磁电流方向不变（磁通方向不变），将电枢绕组从电源上断开并立即接到一个制动电阻 $R_z$ 上，电动机进入电阻制动，如图 2.21（b）所示。把串励绕组改由另外的电源供电，电枢绕组与制动电阻 $R_z$ 相连接的方式叫他励式电阻制动，改变他励绕组的励磁电流和磁通，可以调节电机的制动电流和制动力。

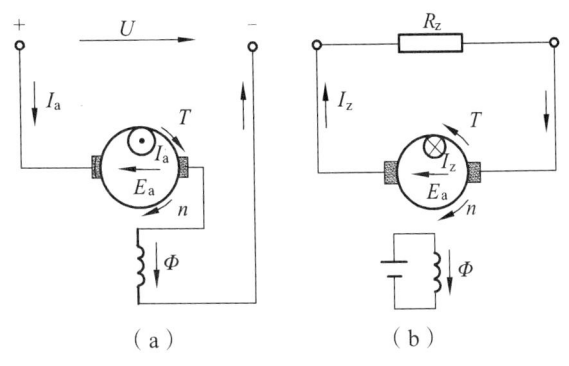

图 2.21 他励式电阻制动

电阻制动时，电动机励磁电流方向不变，电枢绕组外加电压 $U=0$，而电机转子靠惯性继续旋转，磁通切割方向未变，所感应的电势仍存在且方向不变，因此，产生的电枢电流（制动电流）为

$$I_Z = \frac{U - E_a}{R + R_Z} = -\frac{E_a}{R + R_Z} = -\frac{C_e \Phi n}{R + R_Z} \qquad (2.6)$$

由式 2.6 可知，电枢电流 $I_Z$ 改变了方向，而磁通 $\Phi$ 的方向未变，电磁转矩 $T = C_T \Phi I_a$ 则改变了方向。因此，$T$ 与 $n$ 的方向相反，$T$ 成为制动转矩，使电机转速很快下降。

在制动过程中，电机靠惯性继续旋转，在磁场不变情况下，产生感应电势方向不变并输出电流，变成一台他励发电机，把动车的动能转换成电能，消耗在制动电阻 $R_Z$，故又称为能耗制动。

调节制动电阻 $R_Z$ 或调节励磁电流改变磁通的大小，都可以改变制动电流的大小，以调节制动转矩的大小。另外，电机的转速越高，制动转矩越大，制动的效果越好；而低速时，制动转矩相应变小，需要配用机械制动，使电机迅速停转。

能耗制动所需设备简单，成本低，操作方便。不足之处是列车的动能转换为电能后消耗在制动电阻上，变成热能散发到大气中，没有被利用；不易迅速制停，因为当电机转速 $n$ 较小时，$E$ 较小，$I_Z$ 也较小，使制动转矩相应减小。此时，应采用减小制动电阻 $R_Z$ 来增大电枢电流 $I_Z$，以提高低速区的制动转矩。

2）串励式电阻制动

牵引电动机励磁绕组反向与电枢串联，再接到制动电阻 $R_Z$ 上，电机仍保持串励形式，如图 2.22 所示。这种方式虽不需要额外的磁场电源，但是需要改变 $R_Z$ 的大小来调节制动电流和制动力。城市轨道交通车辆采用斩波器与制动电阻并联，通过改变斩波器的导通比来调节电阻。

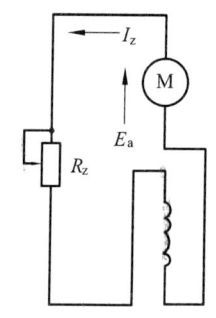

图 2.22 串励式电阻制动

**2. 直流再生制动**

电动机在电动运行状态下，由于某种条件的变化（如带位能性负载下降、降压调速等），使电枢转速超过理想空载转速，则进入再生制动。

电机作电动机运行时，电源电压 $U$ 大于反电势 $E_a$，电枢电流方向与 $U$ 同方向，电磁转矩方向与转向相同。若保持磁通方向不变，当转速升高到一定数值后，感应电势 $E_a$ 大于电源电压 $U$，电枢电流 $I_a = (U - E_a)/R < 0$ 反向，电磁转矩也反向，为制动转矩。制动时电路未断开，$U$ 也未改变方向，而 $I_a$ 已为负，电源输入功率 $P_1 = U I_a < 0$，而电磁功率 $P_{em} = E_a I_a < 0$，表明电机处于发电状态。电机作发电机运行，电磁转矩与转向相反起制动作用，发电机产生的电能送回到电网。这种制动方法又称为回馈制动。

地铁电动车组下坡时，重力加速度的作用使车速增高，牵引电机感应电势 $E_a$ 随之增大，若 $E_a = U$，则 $I_a = 0$，牵引电动机就不需要从电网输入电能，电动车由本身的位能自动滑行并继续加速。转速继续升高，将使 $E_a > U$，则 $I_a$ 反向，牵引电动机自动转换为发电机运行状态。此时，电动车下坡的位能，通过电机转换成电能，回馈给电网。由于电枢电流 $I_a$ 反向，电磁转矩也随之反向，起到制动作用，车速越高，制动转矩越大，如图 2.23 所示。转速增高

到一定程度，下坡时的位能产生的动力转矩与牵引电动机的制动转矩和摩擦转矩相平衡时，电动车将恒速稳定运行。

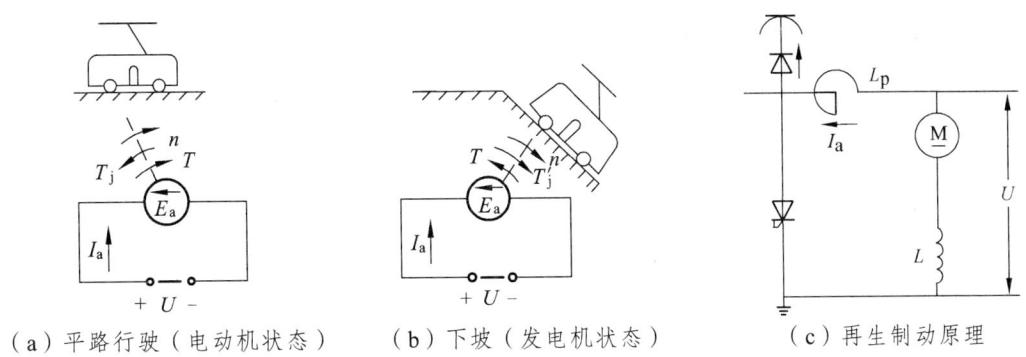

（a）平路行驶（电动机状态）　　（b）下坡（发电机状态）　　（c）再生制动原理

图 2.23　电动车下坡时的回馈制动

串励牵引电动机进行回馈制动时，采用 GTO 斩波装置，可以比较方便地实现再生制动。

## 五、串励牵引电动机在动车中的运用

以上海地铁 1 号线为例，图 2.24 所示为上海地铁 1 号线直流制列车的主电路示意图。

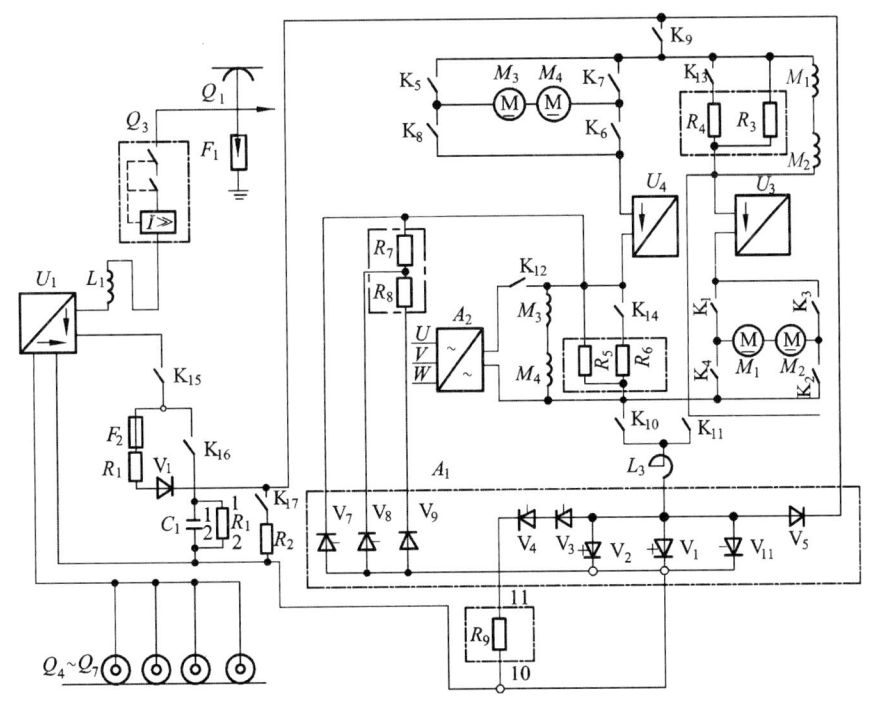

图 2.24　上海地铁 1 号线直流制列车的主电路原理图

$Q_1$—受电弓；$F_1$—避雷器；$Q_3$—高速断路器；$L_1$—滤波电感；$C_1$—滤波电容器；$U_1$—差动电流继电器；$Q_4 \sim Q_7$—接地装置；$F_2$—熔断器；$R_1$—限流电阻；$R_2$—放电电阻；$K_1 \sim K_{17}$—接触器；$U_3 \sim U_4$—电流互感器；$A_2$—预励磁装置；$M_1 \sim M_4$—牵引电动机；$R_3 \sim R_6$—磁场削弱电阻；$L_3$—平波电抗器；$R_7 \sim R_9$—制动电阻；$A_1$—斩波器；$V_1$、$V_2$—GTO（主管）；$V_3$、$V_4$—制动晶闸管；$V_7$、$V_8$—晶闸管；$V_5$—续流二极管；$V_9$—二极管；$V_{11}$—保护晶闸管

### 1. 牵引电动机技术参数说明

牵引电动机为 CUS5668B 型直流串励电动机,直流串励牵引电动机通过传动比为 5.95 的传动齿轮驱动,电机输出端与齿轮箱小齿轮间采用弹性联轴节联结。动轮直径为 840 mm,在牵引工况下,其额定功率为 207 kW,额定电流 302 A,额定电压为 750 V(电网电压为 1 500 V,一节车中 4 台牵引电动机固定为两串两并联结),额定转速为 1 470 r/min。在电阻制动工况下,最大制动电流为 360 A。

### 2. 牵引电动机的悬挂与结构

该地铁动车组直流牵引电机通过全悬挂的方式,悬挂在转向架上。由于它的自然特性具有良好的牵引性能,特别是斩波调速的控制方式,使地铁列车的运行性能有了很大的改善。但是其软特性使防空转性能较差。为了改善换向,在主磁极上设置补偿绕组;此外,紧圈式塑料换向器,缩短了换向器的长度,使转子铁芯长度增加,提高了电机的电磁转矩。

### 3. 牵引电动机的旋转方向

该地铁动车组采用单独改变牵引电动机电枢电流方向的方法改变动车的运行方向。

### 4. 直流斩波控制方式主电路

该主电路的原理接线图包括两部分:主传动输入滤波电路、牵引/制动电路。

1)主传动输入滤波电路。

主传动输入滤波电路包括网侧电路、滤波电路、启动限流环节、保护电路及接地装置。

网侧电路:由单臂受电弓 $Q_1$(安装在 B 车上)、避雷器 $F_1$、高速断路器 $Q_3$ 组成,用以是将接触网电压引入车内。

滤波电路:由主电容 $C_1$ 及限流电阻 $R_1$ 和二次放电接触器 $K_{17}$ 与放电电阻 $R_2$、电感 $L_1$ 组成。作用是为了克服浪涌电压及网压波动,同时将直流斩波器产生的谐波限制在主电路内,避免对地铁系统中其他电子设备造成干扰。

工作时接触网 DC1 500 V 电压→受电弓 $Q_1$→高速断路器 $Q_3$→滤波电感 $L_1$→差动电流继电器 $U_1$→启动限流环节 $K_{15}$→$F_2$→$R_1$→$V_1$//$K_{16}$→滤波电容器 $C_1$//$R_1$,输出稳定的馈电电压。

启动限流环节:作用是限制主电路启动电流过大,建立稳定的馈电电压。

保护电路:由差动电流继电器 $U_1$、1$Q_2$/1$R_4$ 固定接地装置、避雷器 1$F_1$ 构成。1$U_1$ 和 1$Q_2$/1$R_4$ 固定接地装置接在主电路的输入与接地端之间,用以对主电路进行过电流及接地保护,$F_1$ 对主电路大气过电压进行保护。当 $U_1$ 的 1、2 端电流差值超过 50 A 时,启动限流环节 $K_{15}$ 接触器断开。

避雷器 $F_1$ 对主电路大气过电压或操作过电压进行保护。

接地碳刷 $Q_4$~$Q_7$、车对和钢轨构成负极回路。

2)主传动牵引电路

地铁车辆动车调速以调压调速为主、磁削调速为辅,即采用直流斩波调压调速,通过主极磁通削磁扩展调速范围。牵引时四台牵引电机两串两并,电流路径(向前时)为:

第一、二电机支路:馈电正端→$K_9$→第一牵引电机励磁绕组 $M_1$→第二牵引电机励磁绕组 $M_2$→电流互感器 $U_3$→$K_1$→第一牵引电机电枢绕组 $M_1$→第二牵引电机电枢绕组 $M_2$→$K_2$→$K_{10}$

→平波电抗器 $L_3$→斩波器（$V_1 \sim V_2$）→$U_1$→接地碳刷 $Q_4 \sim Q_7$→钢轨回流。

第三、四电机支路：馈电正端→$K_9$→$K_5$→第三牵引电机电枢绕组 $M_3$→第四牵引电机电枢绕组 $M_4$→$K_6$→电流互感器 $U_4$→第三牵引电机励磁绕组 $M_3$→第四牵引电机励磁绕组 $M_4$→$K_{10}$→平波电抗器 $L_3$→斩波器（$V_1 \sim V_2$）→$U_1$→接地碳刷 $Q_4 \sim Q_7$→钢轨回流。

磁场削弱电路：当速度达到 36 km/h，斩波器 $\alpha$ 达到 0.95 时，闭合磁削接触器 $K_{13}$，磁削电阻 $R_3 // R_4$ 并入第一、二电机的励磁绕组支路；闭合磁削接触器 $K_{14}$，磁削电阻 $R_5 // R_6$ 并入第三、四电机的励磁绕组支路，实现磁场削弱级调速，磁场削弱系数为 50%。注意：电机励磁绕组上并联的电阻 $R_3 // R_4$、$R_5 // R_6$ 为固定分路电阻，用以改善牵引电机的换向，其固定磁削率为 93%。斩波器中 $V_{11}$ 与 $V_1/V_2$ 并联的作用是硬件过电流保护（平时不工作）。

3）主传动电制动电路

当一个直流斩波器控制的"两串两并"四个电机的主电路由牵引工况转换成电制动工况时，原先的各自电枢和励磁绕组串联的两个支路，现在转换成交叉励磁，也就是电机自己的励磁绕组去激励另一支路的电机电枢，而另一支路电机的励磁绕组来激励本机电枢。采用这种交叉励磁方法的目的是提高电路的电气稳定性。虽然这种交叉励磁电路看起来具有他励（对每一组的电枢绕组而言）的性质，但由于电机型号和参数相同，实际上还是具有串励的特性，因为励磁绕组与电枢还是串联连接，只不过不是同一电机的罢了。在制动回路中还需接入一个预励磁电路，因为当回路由牵引工况转为制动工况时，原先剩磁方向必须改变，为此必须对电机预先他激励磁，以便使电机建立起发电机工况的初始电压。

电阻制动时电流路径：

$U_4$→$K_6$→$M_4$ 电枢→$M_3$ 电枢→$K_5$→$M_1$ 励磁→$M_2$ 励磁→$K_{11}$→$L_3$→$V_1 // V_2$→$V_9$→$R_8$→$R_7 // V_8$→$R_7 / V_7$→$U_4$。

$U_3$→$K_{11}$→$L_3$→$V_1 // V_2$→$V_9$→$R_8$→$R_7 // V_8$→$R_7 / V_7$→$M_3$ 励磁→$M_4$ 励磁→$K_2$→$M_2$ 电枢→$M_1$ 电枢→$K_1$→$U_3$。

再生制动电路工作时，斩波器导通，制动电流流过各个电机电枢、励磁线圈、平波电抗器（$L_3$）和制动电阻，使电机建立起电枢电势，从而使平波电抗器也建立起感应电势；当斩波器关闭，电路通过二极管（$V_5$）续流，电枢电势与平波电抗器上的感应电势（此时感应电势的方向改变）叠加，向电网馈电。

再生制动时电流路径：

$U_4$→$K_6$→$M_4$ 电枢→$M_3$ 电枢→$K_5$→$M_1$ 励磁→$M_2$ 励磁→$K_{11}$→$L_3$→$V_7$→$U_4$→$V_5$→受电弓→其他车辆→接地装置→钢轨。

$U_3$→$K_{11}$→$L_3$→$V_7$→$M_3$ 励磁→$M_4$ 励磁→$K_2$→$M_2$ 电枢→$M_1$ 电枢→$K_1$→$U_3$→$V_5$→受电弓→其他车辆→接地装置→钢轨。

如果这时网上有负载（如本列车的辅助电源）或其他列车在附近，则可以作为负载吸收电能，再生制动成功；如果电网不吸收电能，网压太高，则再生制动失败，由制动电阻吸收电能，转为电阻制动。

由于城市轨道交通车辆乘坐舒适性的提高，列车客室空调消耗的能量已大大增加，客室内乘客服务设施（如报站显示器、广告电视屏）的耗能也日渐增多，使得列车辅助电源用量大为增加。因此，再生制动的能量被本车辅助电源消耗吸收的比例已占到 80% 左右，而反馈到电网上可供其他列车使用的能量已经很少了。这样一来，再生制动的节能效果非常明显，而由制动电阻消耗的能量也相对减少了。

从上述描述中可以看到，实施再生制动必须满足以下两个条件：

（1）再生（反馈）电压必须大于电网电压（网压低于 1 800 V）。

（2）再生电能可由本列车的辅助电源吸收，也可以由同一电网的其他列车吸收，这一条件不能由再生制动车辆自己创造，而取决于外界运行条件。

再生制动电路建立后，电机接通负载就会有制动电流。然后制动电流产生制动力使列车减速。但列车减速会使电机电枢转速下降，引起电机的电枢电势下降，从而使制动电和制动力下降。制动电流的下降还会使平波电抗器的感应电势减小，达不到再生制动的第一个条件。为了保证恒定的制动力矩和足够的反馈电压，在上述的直流制列车制动时，直流斩波器按列车控制单元及制动控制单元的指令，不断调节斩波器导通比，无级、均匀地控制制动电流，使制动力和再生制动电压持续保持恒定。当车速较高时，制动电流较大，再生制动电路需串入较大的电阻，并且将斩波器导通角控制得较小，以控制制动电流不能太大；当车速太低时，制动电流较小，再生制动电路会在调节过程中逐级切除电阻，并将斩波器全导通，以提高制动电流并维持反馈电压。理论上说，通过调节斩波器的导通比，再生制动也能使列车制停，实际电路设计成当车辆速度≤10 km/h，电制动将自动切除代之以摩擦制动，直至列车停车。

在列车进行再生制动时，再生制动产生的电能有时并不能完全反馈给电网，这时也需要将部分电能消耗在电阻器上，以保持制动恒定。也就是说，当电网没有能力或不能全部吸收再生制动的能量时，此时滤波电容器的电压将不断升高，一旦其值超过 1 800 V，列车主电路会自动切断反馈电路转入电阻制动电路。这时由列车运行动能转换成的电能将全部消耗在列车上的电阻器中，转变为热能散发到大气中去。斩波控制器（GTO）按制动控制指令不断改变导通角，调节制动电压和电流的大小。电路中的电阻（$R_7 \sim R_9$）也根据制动电流调节需要，按照车速的逐步减低而逐级短接，最后全部切除。

如图 2.25 所示为上海地铁列车在调试过程中得到的牵引曲线实例。牵引曲线是牵引制动最后结果。

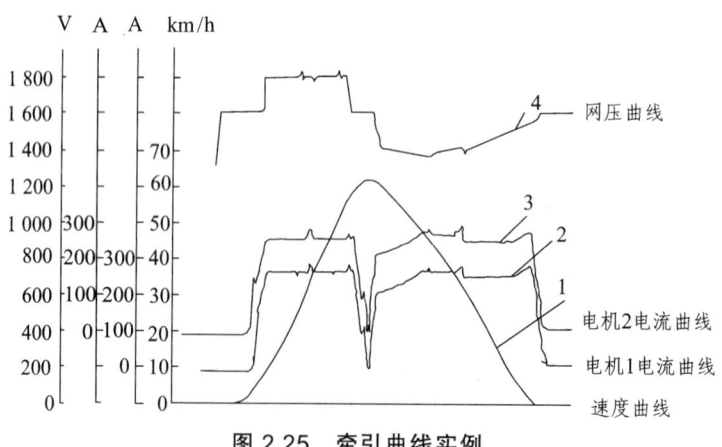

图 2.25 牵引曲线实例

1—速度曲线；2、3—两组电机上的电流曲线；4—网压曲线所有的曲线均来自牵引控制系统的测量模块，由记录仪绘出曲线。从牵引曲线看出，列车采用恒电流加速和恒电流制动的方式。在加速阶段，电机首先达到磁场自然特性的93%，然后进行50%的磁场削弱。

在整个制动阶段，都采用50%的磁场削弱。当车辆速度减小到10 km/h时，牵引控制系统切断电制动，由气制动代替电制动。

从电流曲线上可以看到，当速度低于10 km/h时制动电流减小。

# 练习题

### 一、填空题

1. 地铁动车组采用单独改变牵引电动机_____方向的方法改变动车的运行方向。
2. 调节直流串励牵引电动机的转速可有改变牵引电动机的_____调速；改变牵引电动机的_____调速。
3. 列车动力制动时，所有牵引电动机由_____工况转变为_____工况，将列车动能转化为电能。

### 二、选择题

1. 直流电动机弱磁调速瞬间，反电动势、电枢电流和电磁转矩的变化趋势是（　　）。
   A. 反电动势↓，电枢电流↓，电磁转矩↓
   B. 反电动势↓，电枢电流↑，电磁转矩↑
   C. 反电动势↑，电枢电流↑，电磁转矩↑
   D. 反电动势↑，电枢电流↓，电磁转矩↓
2. 欲使电动机能顺利启动达到额定转速，要求（　　）电磁转矩大于负载转矩。
   A. 平均　　　　　B. 瞬时　　　　　C. 额定　　　　　D. 启动

### 三、简答题

1. 简述直流串励牵引电动机的电阻制动原理。
2. 再生制动必须满足哪些条件？
3. 简述直流牵引电机机的调速方式。
4. 牵引电动机磁场削弱的作用是什么？

# 第四节　直流牵引电动机的维护

直流牵引电机的运行条件和使用环境十分恶劣，因此要使电机在使用过程中保持良好质量状态，必须进行正确的操作和维护，才可减少电动机的故障，延长使用寿命和获得电动车组的高运转率。

## 一、维护

牵引电动机在使用过程中定期进行检查时应特别注意下列事项：

### （一）牵引电动机的保养

牵引电动机周围应保持干燥，其内外部均不应放置其他物件。电动机的清洁工作每月不得少于一次，清洁时应以压缩空气吹净内部的灰尘，特别是换向器、线圈连接线盒引线。

### （二）换向器的保养

（1）换向器应是呈正圆柱形光洁表面，不应有机械烧损和烧焦痕迹。

（2）换向器在负载下长期无火花运转后，在表面呈现一层褐色有光泽薄膜，这是正常现象；若换向器表面有不正常状态和颜色，应分析原因，并及时处理。

（3）若换向器表面有明显烧损痕迹而用无毛抹布擦拭无效时，可用"0"号玻璃砂布进行清擦。特别严重的烧损或拉伤，需进行光刀处理。

（4）换向器经车削后云母片有凸出现象，应以铣刀将云母片下刻 1~1.5 mm。

### （三）电刷的使用

（1）电刷与换向器的工作面应有良好的接触，电刷压力正常，电刷在刷握内应能滑动自如。电刷磨损或损坏时，应以牌号及尺寸与原来相同的电刷更替。

（2）换电刷前，应先打磨电刷接触面，使其与换向器弧面贴合，以保证良好的换向。

### （四）轴承的保养

（1）经常检查电枢轴承的温升（允许温升 55 ℃）。

（2）检查电枢轴承密封情况是否良好。

（3）轴承的加油量必须适宜，一般电机轴承的加油量应占轴承空间的 2/3 为宜。

### （五）其他部件的维护与保养

（1）检查各绕组可见部分的绝缘膜有无变色或损伤现象。

（2）检查主极和换向极的气隙是否均匀，检查磁极的紧固状态。

（3）检查各绕组间连接线的固定情况。

（4）检查定子温升，判断通风系统是否良好，风量是否足够，如果温升超过允许值，应立即停车检查通风系统。

## 二、直流辅助电动机、直流牵引电动机常见故障及处理方法

### 1. 无法启动

可能原因：电源电路不通；启动时负载过大或传动机构卡死；励磁回路断路；启动电流太小。

排除方法：检查接线端子是否正确，电刷接触是否良好，熔断器是否完好，启动设备是否正常；减轻负载或消除机械故障；检查励磁绕组和磁场变阻器是否断路；检查电源电压是否过低，启动电阻是否过大。

### 2. 电动机转速不正常

可能原因：并励绕组（辅助电机）接线不良或断路；串励电动机轻载或空载；电刷位置不正确；电枢绕组存在匝间短路。

排除方法：找出故障点予以排除；增大负载；调整电刷位置使之位于几何中心线处；修理或更换电枢绕组。

### 3. 电刷下火花过大

可能原因：电刷与换向器接触不良；电刷磨损过短；电刷压力不当；电动机过载；换向器表面不干净；换向极绕组接反；电枢绕组有短路或断路。

排除方法：研磨电刷与换向器；更换电刷；调整弹簧压力；减轻负载；清洁换向器；检查换向极绕组极性后改正接法；修理电枢绕组。

### 4. 电动机温升过高

可能原因：长期过载；通风不良；电枢绕组或换向器有短路现象；定、转子相摩擦；电压过低或过高；并励绕组部分短路。

排除方法：减轻负载；检查风扇是否正常，风道是否畅通；检查电枢绕组是否有短路，观察换向器表面是否存在换向片间的短路现象；恢复电压额定值；用电桥找出电阻值低的绕组。

### 5. 电机振动过大

可能原因：电枢不平衡；风叶不平衡；转轴变形；联轴器未校正；紧固螺钉松动。

排除方法：重新校平衡；校正风叶平衡；修理或更换电枢；重新校正，使两轴在同一直线上；调整紧固螺钉。

### 6. 机座带电

可能原因：电机受潮；绝缘老化；引线碰壳。

排除方法：烘干或重新浸漆处理；用绝缘带包扎处理。

# 练习题

## 一、填空题

1. 换向器经车削后云母片有凸出现象，应以铣刀将云母片_____1~1.5 mm。
2. 同一电机电刷的型号必须_____。
3. 若换向器表面有明显烧损痕迹而用无毛抹布擦拭无效时，可用_____砂布进行清擦。

## 二、选择题

1. 动车在运用中,应经常检查牵引电动机电枢轴承的温升,其值不应超过(　　)。
   A. 55 °C    B. 65 °C    C. 75 °C

2. 一般电机轴承的加油量应占轴承空间的(　　)为宜。
   A. 1/3    B. 1/2    C. 2/3

## 三、简答题

1. 直流电动机需维护和保养的部件有哪些?
2. 试述直流电动机常见故障之原因及处理方法。

# 第三章 三相交流电机基础知识

交流电机是实现机械能与交流电能相互转换的电磁装置。和直流电机一样，由于电机工作状态的可逆性，同一台电机既可作发电机又可作电动机。交流电机按品种可分为同步电机与异步电机两大类。交流异步电动机按定子相数可分为单相和三相异步电动机。异步电动机按转子形式可分为鼠笼式和绕线式异步电动机。三相鼠笼式异步电机因其结构简单、维修方便、体积小、重量轻、转速高、功率大、能自动防滑等一系列优点，在城市轨道交通领域中得到广泛运用。本章主要介绍三相鼠笼式异步电机结构原理及特性。

## 第一节 三相交流异步电动机的基本结构

### 一、三相鼠笼式异步电动机的基本结构

三相鼠笼式异步电动机主要由定子和转子构成，定子是静止不动的部分，定子与转子之间有一定的气隙，如图 3.1 所示为鼠笼式异步电动机主要组成部件。

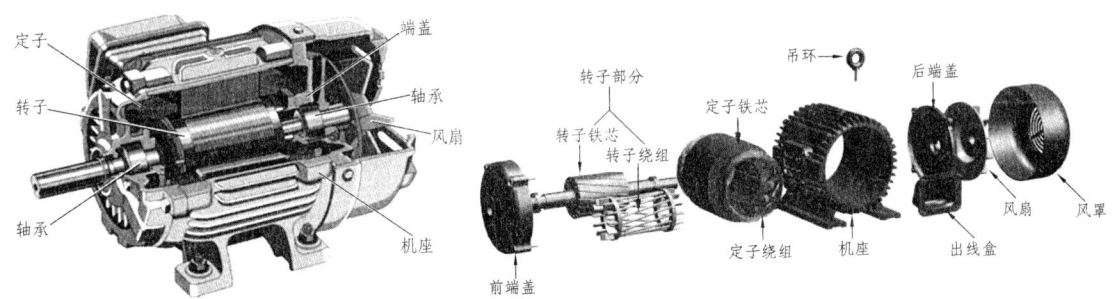

图 3.1 鼠笼式异步电动机主要组成部件

### （一）定子部分

定子由铁芯、绕组与机座三部分组成。

定子铁芯是磁路的一部分，它由 0.5 mm 的硅钢片叠压而成，片与片之间是绝缘的，以减少涡流损耗，定子铁芯的硅钢片的内圆冲有定子槽。如图 3.2 所示，槽中安放绕组，硅钢片铁芯在叠压后成为一个整体，固定于机座上。

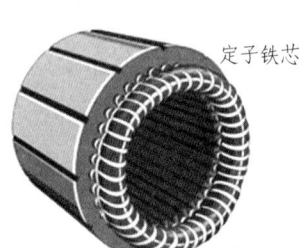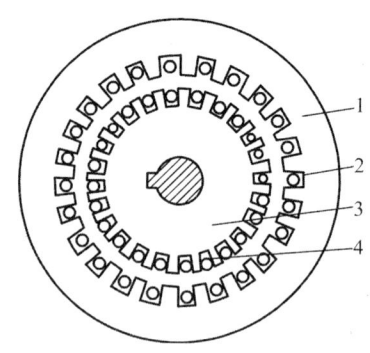

图 3.2 定子和转子的钢片

1—定子铁芯硅钢片；2—定子绕组；3—转子铁芯硅钢片；4—转子绕组

定子三相绕组是异步电动机的电路部分，在异步电动机的运行中起着重要的作用，是把电能转换机械能的关键部件。它由许多线圈连接而成，每个线圈有两个有效边，分别放在两个槽里。三相对称绕组 AX、BY、CZ 可连接成如图 3.3 所示的星形 Y 或三角形 △。

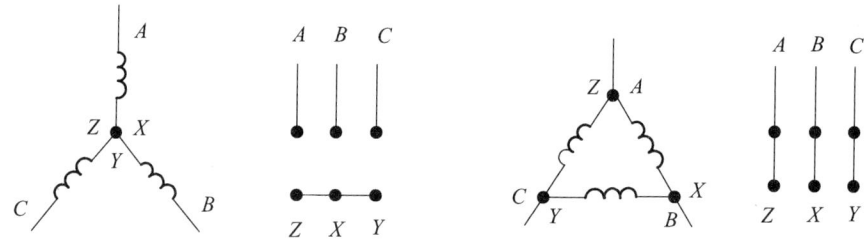

图 3.3 定子三相对称绕组联结方式

机座主要用于固定与支撑定子铁芯。小型异步电动机一般采用铸铁机座，也有铝合金铸成的机座；大型异步电动机机座多采用钢板焊成。根据不同的冷却方式采用不同的机座形式。

## （二）转子部分

转子由转轴、转子铁芯与转子绕组组成。

转轴是用来传递及支承转子的重量，一般都由中碳钢或合金钢制成。

转子铁芯也是电动机磁路的一部分，由硅钢片叠压而成。转子硅钢片冲片如图 3.2 所示，硅钢片外圆上有均匀分布的槽，其作用是嵌放转子三相绕组。转子、气隙与定子铁芯构成电动机的完整磁路。转子铁芯装在转轴上，如图 3.4（a）所示。

三相异步电动机的转子绕组可以是三相对称绕组（称为绕线式），也可以是多相对称绕组（称为鼠笼型）。这些绕组在工作时都是短路的。

鼠笼式异步电动机转子绕组是定子铁心上镶嵌或浇铸的对称绕组，镶嵌式绕组即在转子铁芯槽里插入铜条，再将全部铜条两端焊在两个铜端环上面组成，如图 3.4（b）所示，小型鼠笼式转子绕组多用铝离心浇铸而成，牵引电机一般用镶嵌式铜绕组。

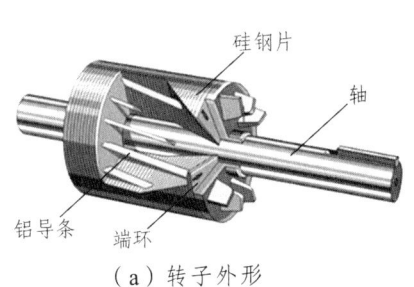
（a）转子外形

（b）鼠笼式绕组

图 3.4　鼠笼式转子

如图 3.4（b）所示的鼠笼有 16 根导体，可以把它们看成 16 相绕组作星形连接并短路。两个端环看成是星形的中点，只不过中点很大，而且中心挖出一块。

鼠笼绕组的极数是由定子旋转磁场感生的，因此自动地与定子绕组的磁极对数相同。

## （三）其他附件

（1）端盖：分别装在机座的两侧，起支撑转子的作用，一般为铸铁件。

（2）轴承：连接转动部分与不动部分，一般采用滚动轴承以减小摩擦，有的采用陶瓷轴承以减小电腐蚀。

（3）轴承端盖：保护轴承，使轴承内的润滑油不致溢出。

（4）风扇：冷却电动机。

# 二、绕线式异步电动机结构简介

绕线式异步电动机与鼠笼式异步电动机的差别在于转子绕组，绕线式转子槽内放置着与定子相类似的三相对称绕组，如图 3.5 所示。三相绕组尾端在内部接成星形，三相首端由转子轴中心引出接到集电环，其接线示意图如图 3.6 所示。集电环经电刷再串入外接电阻可改善电动机的启动和调速性能。有的绕线式电机还装设提刷装置，在串入的外接电阻启动完毕后，把电刷提起，三相集电环直接短路，减小运行中的阻力。绕线式异步电动机结构复杂、价格较贵、维护工作量较大；转子外加电阻可人为改变电动机的机械特性。

图 3.5　绕线式异步电动机

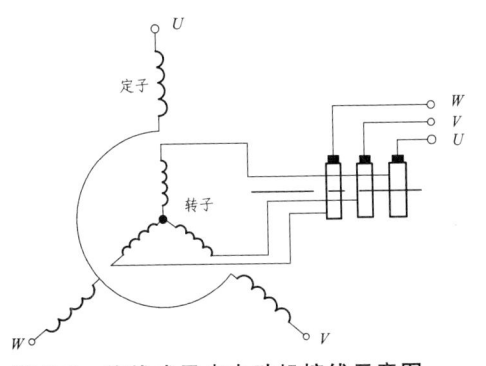

图 3.6　绕线式异步电动机接线示意图

## 三、三相异步电动机的铭牌上额定值

异步电动机的铭牌上标明了型号、额定值和主要技术参数。
北京城轨动车13号线牵引电动机技术参数见表3.1。

表3.1 某牵引电动机技术参数

| 项 目 | 额 定 值 | 项 目 | 额 定 值 |
|---|---|---|---|
| 型 号 | Y132S-6 | 转差率（%） | 1.4 |
| 电压（V） | 380 V | 功率 | 3 kW |
| 电流（A） | 7.2 A | 效率 | 90 |
| 频率（Hz） | 50 | 功率因数（%） | 85 |
| 转速（r/min） | 960 | 绝缘等级 | B |

（1）型号：Y132S-6，Y—系列异步机，机座中心高度132 mm，S—机座长度代号 $2p=6$，$n_1=1\ 000$ r/min。

（2）额定功率 $P_N$：转子轴上输出的机械功率。$P_N=3$ kW。

（3）额定电压 $U_N$：定子三相绕组应施加的线电压。$U_N=380$ V。

（4）额定电流 $I_N$：定子三相绕组的额定线电流。$I_N=7.2$ A。

（5）连接方式：通常三相异步电动机3 kW以下者，连接成星形，4 kW以上者，连接成三角形。

（6）额定转速 $n_N$：电机在额定电压、额定负载下运行时的转子转速。$n_N=960$ r/min。

（7）额定功率因数 $\cos\varphi_N$：额定负载时一般为0.7~0.9，空载时功率因数很低约为0.2~0.3。额定负载时，功率因数最大。实用中应选择合适容量的电机，防止"大马"拉"小车"的现象。

（8）绝缘等级：B级。

# 练习题

## 一、填空题

1. 定子三相绕组起_____作用，铁芯起_____作用，机座、端盖起_____作用。

2. 转子电磁部分绕组起_____作用，铁芯起_____作用。

3. 定子三相绕组可连接成_____或三角形。

4. 一台三相异步电动机的额定功率 $P_N$ 是指额定运行时的_____功率。

## 二、简答题

1. 定子三相绕组的连接方式有哪几种？试画图说明。

2. 三相鼠笼式异步电动机的定子与转子由哪些部件构成？各有何作用？

# 第二节 旋转磁场

## 一、旋转磁场的产生

当旋转电机定子三相对称绕组通以三相对称交流电时,各相绕组中的电流都将产生自己的磁场。由于电流随时间变化,它们产生的磁场也将随时间变化,而三相电流产生的总磁场(合成磁场)不仅随时间变化,而且是在空间旋转的,故称旋转磁场。

为了简便起见,假设每相绕组只有一个线匝,分别嵌放在定子铁芯内圆周的6个凹槽之中(见图3.7),图中 $A$,$B$,$C$ 和 $X$,$Y$,$Z$ 分别代表各相绕组的首端与末端。

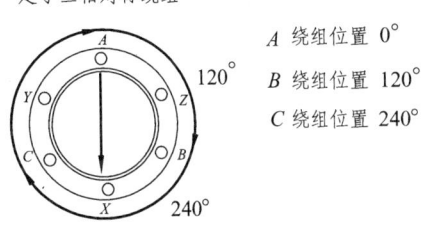

图 3.7 定子三相绕组

若把定子绕组中流过电流的正方向规定为自各相绕组由首端到它的末端,并取流过 $A$ 相绕组的电流 $I_U$ 作为参考正弦量,即 $I_U$ 的初相位为零,则各相电流的瞬时值可用下列三个方程式表示(相序为 $U$—$V$—$W$)。如图3.8所示为电流随时间变化的曲线。

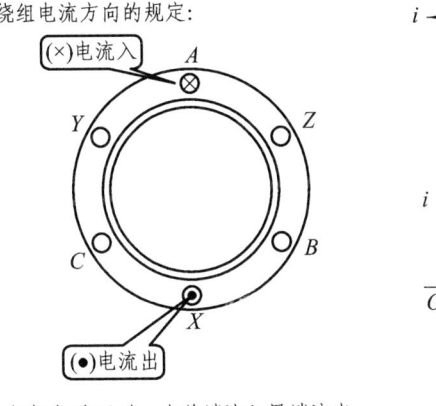
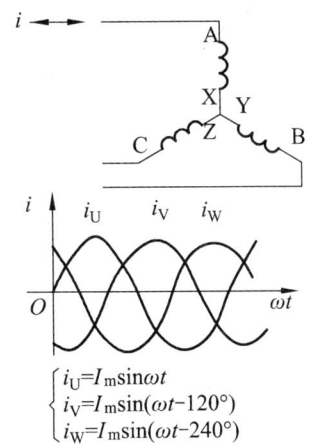

$$\begin{cases} i_U = I_m \sin\omega t \\ i_V = I_m \sin(\omega t - 120°) \\ i_W = I_m \sin(\omega t - 240°) \end{cases}$$

图 3.8 星形连接的三相绕组及三相对称电流波形图

下面分析不同时间的合成磁场。

(1) $\omega t = 0°$ 时,$i_U = 0$,$i_V$ 为负,电流实际方向与正方向相反,电流从 $Y$ 端流到 $B$ 端;$i_W$ 为正,电流实际方向与正方向一致,电流从 $C$ 端流到 $Z$ 端。按右手螺旋法则确定三相电流产生的合成磁场,如图3.9(a)箭头所示,合成磁势的轴线正好与 $A$ 相绕组的中心线重合。

(2) $\omega t = 120°$ 时,$i_V = 0$,$i_U$ 为正,电流从 $A$ 端流到 $X$ 端;$i_W$ 为负,电流从 $Z$ 端流到 $C$ 端,合成磁势的轴线正好与 $B$ 相绕组的中心线重合,如图3.9(b)箭头所示。

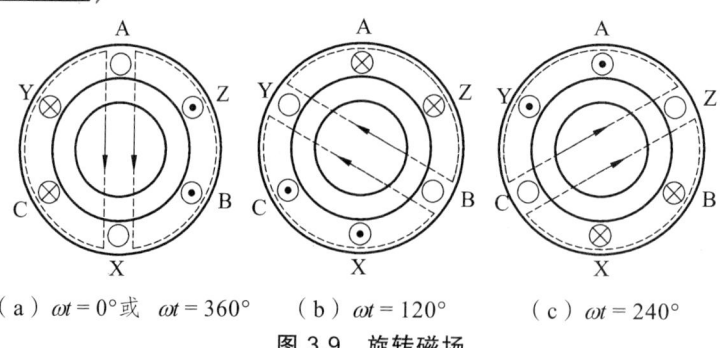

(a) $\omega t = 0°$ 或 $\omega t = 360°$　　(b) $\omega t = 120°$　　(c) $\omega t = 240°$

图 3.9　旋转磁场

（3）$\omega t = 240°$时，$i_W = 0$，$i_V$为正，电流从 $B$ 端流到 $Y$ 端；$i_U$为负，电流从 $X$ 端流到 $A$ 端。合成磁势的轴线正好与 $C$ 相绕组的中心线重合，如图 3.9（c）箭头所示。

（4）$\omega t = 360°$时，$i_U = 0$，$i_V$为负，电流从 $Y$ 端流到 $B$ 端；$i_W$为正，电流从 $C$ 端流到 $Z$ 端。合成磁势的轴线正好与 $A$ 相绕组的中心线重合，如图 3.9（a）箭头所示。

三相交流电按正序（$i_U \rightarrow i_V \rightarrow i_W$）电流分别输入三相对称绕组 $A$、$B$、$C$，旋转磁场在空间从 $A$ 相→$B$ 相→$C$ 相按顺时针方向旋转。

## 二、旋转磁场的方向

从图 3.8 可见，$A$ 相绕组内的电流（$i_U$）超前 $B$ 相绕组内的电流（$i_V$）120°，而 $B$ 相绕组内的电流又超前 $C$ 相绕组内的电流（$i_W$）120°，同时图 3.9 中所示旋转磁场的旋转方向也是从 $A$ 相→$B$ 相→$C$ 相，即顺时针方向旋转。所以，旋转磁场的旋转方向与三相电流的相序（$U \rightarrow V \rightarrow W$）一致。

如果将定子绕组接至电源的三根导线中的任意两根线对调，例如，将 B、C 两根线对调，如图 3.10 所示，即使 $B$ 相与 $C$ 相绕组中电流的相位对调，此时 $A$ 相绕组内的电流（$i_U$）超前 $C$ 相绕组内的电流（$i_W$）120°，$C$ 相绕组内的电流又超前 $B$ 相绕组内的电流（$i_W$）120°。因此，旋转磁场的旋转方向也将变为 $A$ 相→$C$ 相→$B$ 相，逆时针方向旋转，即与对调前的旋转方向相反。

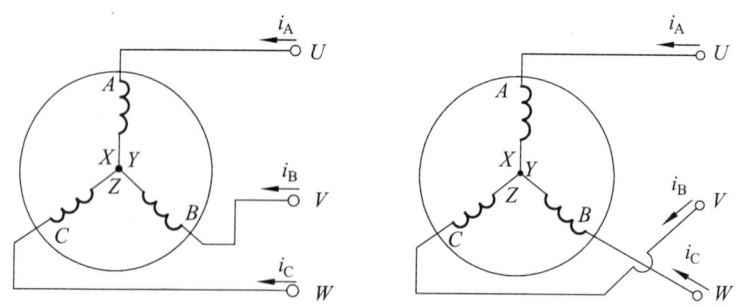

图 3.10　旋转磁场旋转方向的改变示意图

由此可见，要改变旋转磁场的旋转方向（亦即改变电动机的旋转方向）时，只要把定子绕组接到电源的三根导线中的任意两根对调即可。在城市轨道交通运载系统中，采用 VVVF 逆变器控制异步牵引电动机，VVVF 逆变器触发顺序的改变导致旋转磁场方向的改变，从而使异步电动机方向的改变。

## 三、旋转磁场的极数与转速

以上讨论的旋转磁场,具有一对磁极(磁极对数用 $p$ 表示),即 $p=1$。从上述分析可以看出,电源电流变化经过一个周期(变化 360°电角度),旋转磁场在空间也旋转了一圈(转了 360°机械角度),若电源电流的频率为 $f_1$,旋转磁场每分钟将旋转 $60f_1$ 转,以 $n_1$ 表示旋转磁场的速度,即 $n_1=60f_1$。

以 Y 型接法为例,将每相绕组都改用两个线圈串联组成。如果把定子铁芯的槽数增加 1 倍(12 个槽),制成如图 3.11 所示的三相绕组,其中,每相绕组由两个部分串联组成,再将这三相绕组接到对称三相电源上,便产生具有两对磁极的旋转磁场。

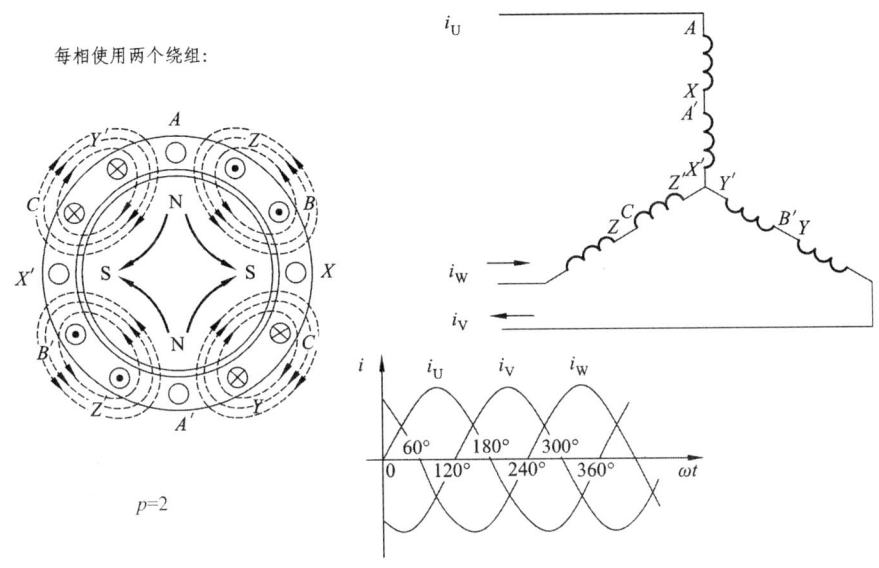

图 3.11 产生四极磁极的三相定子绕组

如图 3.12 所示,对应于不同时刻,旋转磁场在空间转到不同位置,此情况下电流变化 60°,旋转磁场在空间只转过了 30°;电流变化 120°,磁场旋转 60°;以此类推,电流变化一个周期,旋转磁场在空间只转了 1/2 转。

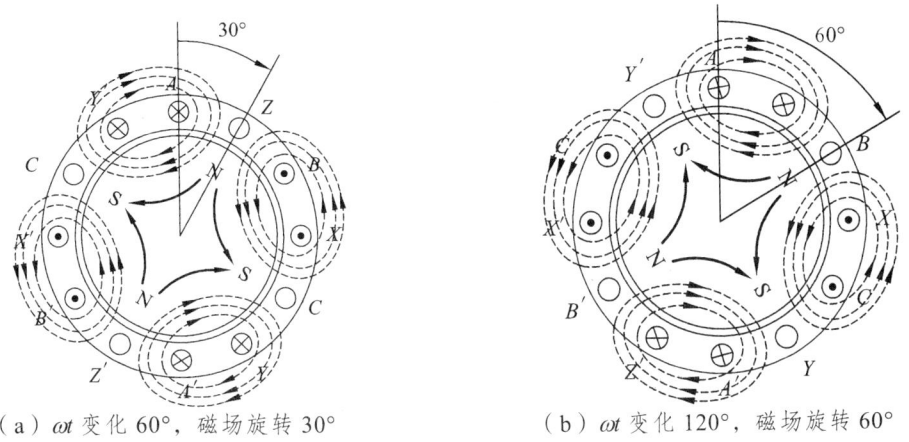

(a) $\omega t$ 变化 60°,磁场旋转 30°　　　(b) $\omega t$ 变化 120°,磁场旋转 60°

图 3.12 四极磁极的旋转

由此可知，当旋转磁场具有两对磁极（$p=2$）时，其转速仅为一对磁极时的一半，即每分钟 $60f_1/2$ 转。依此类推，当有 $p$ 对磁极时，其转速为

$$n_1 = \frac{60 f_1}{p} \tag{3.1}$$

旋转磁场的速度与电源频率成正比、与磁极对数成反比。如果交流电机发出的交流电势为工频 50 Hz，则电源旋转磁场的转速 $n_1$ 与极对数 $p$ 的对应关系如表 3.2 所示。

表 3.2　交流电机的旋转磁场转速 $n_1$

| $p$ | 1 | 2 | 3 | … |
|---|---|---|---|---|
| $n_1$（r/min） | 3 000 | 1 500 | 1 000 | … |

实际上，旋转磁场不仅可以由三相电流来获得，任何两相以上的多相电流，流过相应的多相绕组，都能产生旋转磁场。

## 四、三相定子绕组的电动势和磁势

### （一）三相定子绕组的电动势

交流电机的电动势是由气隙旋转磁场和定子绕组相对运动而产生的。旋转磁场可以是旋转着的有固定极性的转子磁极（如旋转磁极式同步电动机），也可以是三相对称绕组流过三相对称电流产生的旋转磁场，它们在导体中感生的电势是一样的。

为了使电动势的波形接近于正弦波，必须使转子磁极的磁通密度在气隙的分布接近于正弦波，而交流电机中气隙磁通密度沿空间的分布曲线，实际上不可能是理想的正弦波。对于非正弦波，可用傅里叶级数分解成基波和高次谐波。下面主要分析交流绕组基波电动势。

#### 1. 电动势的有效值

交流绕组电动势是指气隙基波磁场所感应的电动势。一般而言，旋转磁场按正弦规律随时间而变化，即

$$\phi = \Phi_m \sin \omega t \tag{3.2}$$

式中　$\omega$——角频率，$\omega = 2\pi f_1 = \dfrac{2\pi p n_1}{60}$。

一个单匝整距线圈中感应的电动势为

$$e = -\frac{d\phi}{dt} = -\omega \Phi_m \cos \omega t = \omega \Phi_m \sin(\omega t - 90°) \tag{3.3}$$

电动势的有效值为

$$E = \frac{\omega}{\sqrt{2}} \Phi_m = \sqrt{2} \pi f_1 \Phi_m \approx 4.44 f_1 \Phi_m \tag{3.4}$$

$N$ 匝整距线圈电动势有效值为

$$E_N = 4.44 f_1 N \Phi_m \tag{3.5}$$

当要计交流绕组、短距及分布的影响时，$N$ 匝交流线圈电动势有效值为

$$E_N = 4.44 f_1 N K_{W1} \Phi_m \tag{3.6}$$

式中　$K_{W1}$——绕组系数。

### 2. 定子旋转磁场电动势的频率

如图 3.9 所示的二极电机中，转子每转一周，在一对 N、S 磁极的切割作用下导体感生的电势就变化一个周期，转子转 $n$ 周，导体的电势就变化 $n$ 个周期。因此，导体电势每秒变化的次数，即导体电势的频率，等于转子每秒转过的圈数。如果 $n_1$ 是转子每分钟的转速，则导体感应电势的频率为

$$f_1 = \frac{n_1}{60} \tag{3.7}$$

如果电机有 $p$ 对极，转子转一圈，导体感应的电势变化 $p$ 个周期，因此，导体感应电势的频率为

$$f_1 = \frac{p n_1}{60} \tag{3.8}$$

## （二）三相定子绕组的磁势

### 1. 单相绕组的磁势

在三相定子绕组中通入三相正弦波的电流，则三相定子绕组中的每一个单相绕组所产生的磁势为脉动磁势。所谓脉动磁势，就是磁势的轴线（即磁势幅值所在的位置）在空间固定不动，但振幅不断随时间而变化的磁势。

可以证明，单相绕组脉动磁势 $F(x,t)$ 的数学表达式可以写成：

$$F(x,t) = F_{max} \cos x \cos \omega t \tag{3.9}$$

式中，$F_{max}$ 为磁势的幅值。

从式（3.9）可见，在任一瞬间，磁势的空间分布为一余弦波，但在空间任何一点的磁势，则又随时间作余弦变化。或者说，该磁势既是空间函数又是时间函数。

可以证明，单相绕组脉动磁势的幅值 $F_{max} = \dfrac{0.9 I N_1 K_w}{p}$，说明单相绕组脉动磁势的幅值与绕组中的电流 $I$ 成正比，与相绕组总的串联匝数 $N_1$ 成正比，与绕组因数 $K_w$ 成正比，与电机的极对数 $p$ 成反比。

### 2. 三相绕组的磁势

三相绕组由 3 个单相绕组组成，这三个单相绕组分别产生脉动磁势。在三相异步电动机中，3 个单相绕组是对称的，即 $U$、$V$、$W$ 三相绕组在空间互相间隔的距离为 120°电角度。

电机在对称运行时，通入三相绕组中的三相电流亦是对称的，即其幅值相等，在时间相位上互差120°电角度，即

$$i_U = \sqrt{2}I\cos\omega t \tag{3.10}$$

$$i_V = \sqrt{2}I\cos(\omega t - 120°) \tag{3.11}$$

$$i_W = \sqrt{2}I\cos(\omega t - 240°) \tag{3.12}$$

因此，$U$、$V$、$W$ 三相绕组的磁势分别为

$$F_U = F_{max}\cos x\cos\omega t \tag{3.13}$$

$$F_V = F_{max}\cos(x-120°)\cos(\omega t - 120°) \tag{3.14}$$

$$F_W = F_{max}\cos(x-120°)\cos(\omega t - 120°) \tag{3.15}$$

把 $F_U$、$F_V$、$F_W$ 分别进行分解

$$F_U = \frac{1}{2}F_{max}\cos(\omega t - x) + \frac{1}{2}F_m\cos(\omega t + x) \tag{3.16}$$

$$F_V = \frac{1}{2}F_{max}\cos(\omega t - x) + \frac{1}{2}F_m\cos(\omega t + x - 240°) \tag{3.17}$$

$$F_W = \frac{1}{2}F_{max}\cos(\omega t - x) + \frac{1}{2}F_m\cos(\omega t + x - 120°) \tag{3.18}$$

把上述 3 个公式相加，可知前三相为余弦互相叠加，后三相之和为零。故三相合成磁势为

$$F(x,t) = \frac{3}{2}F_{max}\cos(x - \omega t) \tag{3.19}$$

综上所述，三相绕组合成磁势具有以下性质：

（1）一个空间按余弦规律分布的脉振磁势，可以分解为两个转速相同、转向相反的旋转磁势。

（2）当三相对称电流流过三相对称绕组时，三相绕组的合成磁势为一个圆形旋转磁势。

（3）三相合成磁势在任何瞬间保持着恒定的振幅，它是单相脉振磁势振幅的 1.5 倍。

## 练习题

一、填空题

1. 获得旋转磁场的充分条件是三相绕组的首端或尾端在空间的位置必须互差_____。
2. 改变旋转磁场的转向只要改变电源的_____即可。

3. 旋转磁场的速度与_____成正比，与_____成反比。

4. 把三相笼型异步电动机接到三相对称电源上，现任意对调两相，电动机的转向将_____。

5. 当三相对称电流流过三相对称绕组时，三相绕组的合成磁势为一个圆形_____。

6. 三相合成磁势在任何瞬间保持着恒定的振幅，它是单相脉振磁势振幅的_____倍。

## 二、判断题

1. 三相对称定子绕组中，通以三相电流，合成一圆形的旋转磁场。（　　）
2. 三相异步电动机中，旋转磁场的转速仅决定于电流的频率与电机的极对数。（　　）

## 三、选择题

1. 在发电机的定子上相隔（　　）的电角度放三相绕组，这样的发电机叫三相交流发电机。

  A. 60°　　　　　　　B. 120°　　　　　　　C. 180°

2. 旋转磁场的旋转方向由三相绕组中三相电流的（　　）决定的。

  A. 大小　　　　　　B. 方向　　　　　　　C. 相序

3. 三相交流电机按 $U$-$W$-$V$ 接线，让电机反转，接线不正确的是（　　）。

  A. $W$-$U$-$V$　　　　B. $V$-$W$-$U$　　　　C. $U$-$V$-$W$

## 四、简答题

1. 什么叫旋转磁场？
2. 旋转磁场的转向与什么有关？如何改变旋转磁场的转向？
3. 三相绕组合成磁势具有哪些性质？

# 第三节　三相交流异步电动机工作原理

## 一、三相异步电动机工作原理

为了说明三相异步电动机的工作原理，我们做如下演示实验，如图 3.13（a）所示。

**1. 演示实验**

在装有手柄的蹄形磁铁的两极间放置一个闭合导体，当转动手柄带动蹄形磁铁旋转时，将发现导体也跟着旋转；若改变磁铁的转向，则导体的转向也跟着改变。

**2. 现象解释**

如图 3.13（b）所示为异步电动机的原理示意图。当定子三相绕组中通入三相对称电流，这时在电机气隙圆周上产生了一个旋转磁场（顺时针方向），如前所述，它的转速 $n_1$（即同步转速）与频率 $f_1$ 以及极对数 $p$ 满足式（3.1）的关系。当这个磁场旋转时，转子导体与旋转磁场之间存在相对运动，必在转子导体中产生感应电势，其方向可用右手定则确定，其上半部导体感应电势的方向是⊙，而下半部导体感应电势的方向是⊗。由于转子导体是短路的，则转子导体中有感应电流流过。转子导体中的感应电流与旋转磁场相互作用产生电磁力 $f$，其方向可用左手定则确定。电磁力 $f$ 作用在转子上形成电磁转矩，使转子按旋转磁场（顺时针方向）的旋转方向转动。为了在转子导体中产生感应电势和电流，转子与旋转磁场之间必须存在相对运动，则异步电机转子转速 $n$ 总是小于同步转速 $n_1$，故称异步电动机。

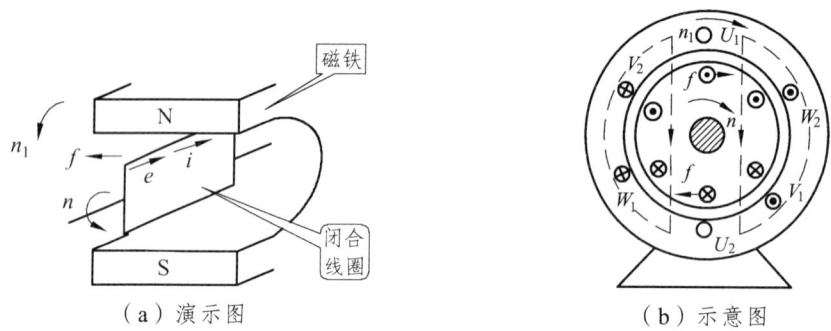

图 3.13 三相异步电动机工作原理

### 3. 结 论

欲使异步电动机旋转，必须有旋转的磁场和闭合的转子绕组。

此外，异步电动机运行时，定子绕组接到交流电源上，转子绕组自身短路，由于电磁感应的关系，在转子绕组中产生感应电动势、电流，从而产生电磁转矩，所以异步电动机又称为感应电动机。

## 二、三相异步电动机的转差率

由前面所学知识可知，三相异步电动机的工作原理是基于定子旋转磁场（定子绕组内三相电流所产生的合成磁场）和转子电流（转子绕组内的电流）的相互作用。转子和旋转磁场之间的转速差 $(\Delta n = n_1 - n)$ 是保证转子旋转的主要因素。

转速差与同步转速的比值称为异步电动机的转差率，用 $s$ 表示，转差率 $s$ 是分析异步电动机运行情况的主要参数。

$$s = \frac{n_1 - n}{n_1} \quad (3.20)$$

通常异步电动机在额定负载时，$n$ 接近于 $n_1$，转差率 $s$ 很小，约为 0.015~0.060。这就是说异步电动机的额定转速接近于同步转速。

三相异步电动机的转速可用转差率来计算，即

$$n = (1-s)n_1$$

【例 3.1】 一台十二极的三相异步电动机，额定频率 $f_N = 50$ Hz，满载时的转差率是 6%，求这台电机满载时的转速。

**解：**

同步转速　　　　　　　$n_1 = \dfrac{60 f_1}{p} = \dfrac{60 \times 50}{6} = 500$（r/min）

转速差　　　　　　　　$\Delta n = n_1 - n = s n_1 = 0.06 \times 500 = 30$（r/min）

转子满载时的转速　　　$n = n_1 - \Delta n = 500 - 30 = 470$（r/min）

## 三、三相异步电动机的运行状态

按三相异步电动机转差率的大小和正负符号的不同，异步电动机可分为三种方式，即电动机状态、发电机状态和反接制动状态，如图3.14所示。

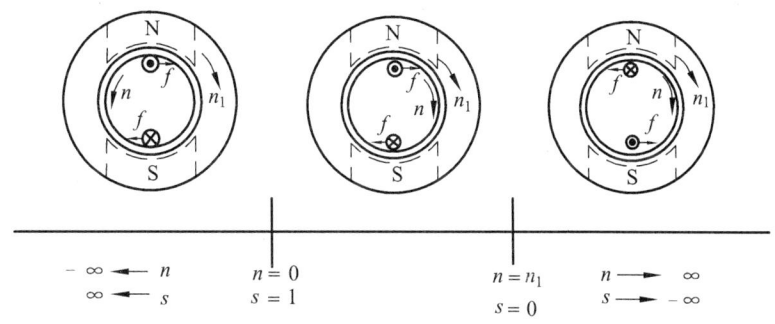

（a）电磁制动状态　（b）电动机运行状态　（c）发电机运行状态

图3.14　三相异步电动机的运行状态

### 1. 三相异步电动机作为电动机运行

当异步电动机作为电动机运行时，为了克服负载的阻力矩，三相异步电动机的转速 $n$ 总是小于同步转速 $n_1$。在这种情况下电机电磁转矩的方向是迫使转子与旋转磁场同方向旋转，如图3.14（b）所示。转矩与转速同方向，此时电机处于电动机状态。

转差率是异步电动机的一个基本变量，它可以表示异步电动机的各种运行状态。

下面根据公式 $s = (n_1 - n)/n_1$ 来分析三相异步电动机作为电动机运行的情况。

（1）在电动机刚启动时，转子转速 $n = 0$，则 $s = 1$，转子切割旋转磁场的相对速度为最大，转子中的电势及电流也最大。如果电动机的电磁转矩足以克服机械负载的阻力矩，转子就开始旋转，转速会不断上升。

（2）随着转子转速 $n$ 的上升，转差率 $s$ 减小，转子切割旋转磁场的相对速度减小，转子的电势及电流也减小。在额定状态下，转差率 $s$ 的数值通常都是很小的，转子转速与同步转速相差并不很大。而空载时，因阻力矩很小，转子的转速 $n$ 很高，转差率更小，接近同步转速。

（3）假设 $n = n_1$，则转差率 $s = 0$，此时转子导体不切割旋转磁场，转子中就没有感应电动势及感应电流，也不会产生电磁转矩。

可见，作为电动机运行时，转速 $n$ 在 $0 \sim n_1$ 的范围内变化，而转差率 $s$ 则在 $0 \sim 1$ 的范围内变化，即当 $0 < s < 1$ 时，电机处于电动机状态。

## 2. 三相异步电动机作为发电机运行

当 $s<0$ 时，转子转速 $n$ 高于同步转速 $n_1$，如图 3.14（c）所示，电机转子中即可感应相反方向的电压与电流。在定子中流过的用于平衡转子安匝的电流也是反向的，功率从电动机流向电源。而转子反向电流与旋转磁场作用产生与旋转方向相反的制动转矩。

对于干线电动车、地铁动车，电动机在正常运转时，突然降低定子电源频率，转子的机械惯性将使之维持在高于旋转磁场的转速上，这时转差率为负值，不论接到电动机端的是正序电压或是改变相序的电压，异步电动机都作为发电机工作，把机械能转变为电能，反馈到电源上去或消耗在制动电阻上。在动车下坡或高速运行需要制动时极易实现上述运行状态，称为再生制动或电阻制动。

## 3. 三相异步电机在电磁制动状态下运行

当 $s>1$ 时，转子转速 $n$ 与同步转速 $n_1$ 方向相反，如图 3.14（a）所示，如果电动机是正序电源电压供电的，就必须使电动机转子反转。此时，旋转磁场和转子之间的相对转速是正的，电动机转矩也是正的，从电源吸取功率。因为电动机沿反向旋转时，正向转矩将提供制动作用。由负载和惯性引起的机械功率变换所产生的电功率，以及从电源吸取的电功率都消耗在转子回路的电阻上，所以这种制动方式的效率极差。

对于干线电动车、地铁动车，电动机在正常运行时，倘若突然改变定子的相序即可获得这种运行状态，此时电动机将急剧趋于停转。而电源若不及时断开的话，转子将继续加速至相反的方向旋转，电机处于电磁制动状态下运行。

在上述三种运行状态下，转子转速总是与旋转磁场转速（同步转速）不同，因而称为异步电机。又由于异步电机的转子绕组并不直接与电源相接，而是依靠电磁感应的原理来产生感应电势和电流，从而产生电磁转矩使电动机旋转，因而异步电机又称为感应电机。

实际上，异步电机绝大多数都是作为电动机运行。异步发电机的性能不如同步发电机优越，因此仅用在特殊场合。

三相异步电机工作原理

## 一、填空题

1. 当 $s$ 在_____范围内，异步电动机运行于电动机状态，$s$ 在_____范围内，异步电动机运行于发电机状态，$s$ 在_____范围内，异步电动机运行于电磁制动状态。

2. 三相异步电动机在电磁制动状态下运行，电磁转矩方向与旋转磁场方向_____。

3. 对于干线电动车、地铁动车，如果电动机在正常运转时，突然降低_____的供电频率，即可实现三相异步电动机作为发电机运行状态。

4. 对于干线电动车、地铁动车，电动机在正常运行时，倘若突然改变定子的_____即可获得电磁制动运行状态。

## 二、选择题

1. 一台 50 Hz 三相异步电动机的转速 $n = 720$ r/min，该电动机的极数和同步转速(　　　)。
   A. 4 极，1 500 r/min　　　　　　B. 6 极，1 000 r/min
   C. 8 极，750 r/min　　　　　　　D. 10 极，600 r/min
2. 国产额定转速为 1 450 r/min 的三相异步电动机为 (　　　) 极电动机。
   A. 2　　　　　B. 4　　　　　C. 6　　　　　D. 8

## 三、简答题

1. 异步电动机为何又称为感应电动机？
2. 什么叫异步电动机的转差率？
3. 如何根据转差率的不同来区分电机不同运行状态？

# 第四节　三相异步电动机的运行特性分析

## 一、三相异步电动机运行时的物理状况

### 1. 负载运行时的物理状况

异步电动机的定子绕组接上三相对称电压，转子带上机械负载时的运行，称为负载运行。

当异步电动机拖动机械负载时，由于负载转矩的存在，电动机的转速将比空载时下降，转差率 $s$ 增大，使转子电动势、电流增大，相应的电磁转矩将增大，以平衡负载转矩。同时，从电源输入到定子的电流和电功率也会增加。

### 2. 三相异步电动机空载或转子不转时的物理状况

在实际运行过程中，会出现三相异步电动机空载或转子不转时的情况，这都可以看成异步电动机负载运行时的两种特殊状态。

当异步电动机的定子绕组接上三相对称电压上，转子正常旋转，且轴上不带机械负载时的运行状态，称之为空载运行状态。

在两种状态下，会发生异步电动机转子不转的情况：一是刚接通电动机电源，但电动机还未转动的瞬间；二是运行过程中因负载过重、电压过低或被异物卡住等原因，而使电动机停止转动，习惯称此现象为堵转。

和其他电机一样，异步电动机也是一种机电能量转换机械。这种转换是通过电机内部的电、磁和机械力三者的相互作用来进行的。异步电动机有各自独立的定、转子电路，它们本身的基本规律，要通过电势平衡关系表现出来；两个电路又处于统一的磁场之中，这种磁的耦合关系，将以特定的磁势平衡关系表现出来；转子绕组的载流导体在磁场中受力产生电磁转矩，它与转轴上机械负载构成统一的运动系统，这一系统的运动规律，将以转矩平衡关系表现出来；机械负载发生变化，又会影响转矩平衡关系、磁势平衡关系、电势平衡关系。这

些关系实质上都是能量守恒关系。我们先从分析电磁关系入手，再来分析电磁转矩和电机的运行特性。

## 二、转子开路时的电磁关系

以绕线式异步电动机为例，设定、转子都具有 $p$ 对极的三相绕组，转子三相绕组开路，转子电流 $\dot{I}_2$ 为 0，定、转子之间没有能量传递。

### 1. 定子磁场、主磁通与漏磁通

定子接三相对称电流，会在定子绕组中引起三相对称电流，用 $\dot{I}_{10}$ 表示。严格地说异步电动机的励磁电流是转子以同步速度旋转且定子加上额定电压时的定子电流。若忽略给定情况下（转子开路）的转子铁耗，可以认为这时的 $\dot{I}_{10}$ 就是励磁电流。与 $\dot{I}_{10}$ 对应的气隙旋转磁势就是励磁磁势，用 $\overline{F_{10}}$ 表示，它是空间向量。显然这时气隙中只有定子磁势 $\overline{F_{10}}$ 的作用。

异步电动机中，以同步速度在气隙中旋转，同时铰链定子的各相绕组，并在其中感应电势，这部分磁通参与电机机电能量的转换，是主要的一部分磁通，称为主磁通 $\dot{\Phi}_m$（气隙磁通）。定、转子电流除产生主磁通外，还会产生漏磁通 $\dot{\Phi}_\sigma$。主磁通由气隙合成磁势产生，同时铰链定、转子各相绕组，磁路包括定、转子铁芯在内的主磁路，易受磁路饱和的影响；漏磁通不参与机电能量的转换，磁路主要由导磁性材料组成，不易受磁路饱和的影响。

### 2. 电动势平衡方程式

旋转磁场的磁感应强度沿定子与转子间空气隙的分布是近于按正弦规律分布的，因此，当其旋转时，通过定子每相绕相的磁通也是随时间按正弦规律变化的，定子每相绕组中产生的感应电动势大小为 $E_N = 4.44 f_1 N K_{w1} \Phi_m$（$N$ 为交流线圈匝数）。由于转子速度 $n = 0$，定、转子绕组中感应电动势的频率相等，皆为电源频率 $f_1$，定、转子绕组中感应电动势 $\dot{E}_1$、$\dot{E}_{20}$ 有效值为

$$E_1 = 4.44 K_{w1} N_1 f_1 \Phi_m \tag{3.21}$$

$$E_{20} = 4.44 K_{w2} N_2 f_1 \Phi_m \tag{3.22}$$

式中　$K_{w2}$——转子绕组的绕组系数；

$N_2$——转子每相绕组的匝数。

漏磁通 $\dot{\Phi}_{1\sigma}$ 在定子绕组产生漏电动势 $\dot{E}_{1\sigma}$，漏电动势用漏电抗压降表示为

$$\dot{E}_{1\sigma} = -j\dot{I}_{10} x_1 \tag{3.23}$$

由于电抗与频率成正比，故定子电路的漏电抗为

$$x_1 = 2\pi f_1 L_1$$

式中　$x_1$——定子每相绕组的漏电抗；

$L_1$——定子每相绕组的漏电感。

由于漏磁通的磁路主要是空气，故漏电抗 $x_1$ 为常数。

定子绕组加上电压后，定子绕组中除了感应电动势 $\dot{E}_1$ 和漏电动势 $\dot{E}_{1\sigma}$ 外，定子电流还会在定子绕组电阻上造成电压降 $\dot{I}_{10}r_1$。此时主磁通还会在转子绕组中感应电势 $\dot{E}_{20}$。这样的物理过程用图 3.15 来模拟。由于通常情况下异步电动机定子是从电网吸收电能的，故在图 3.7（a）中用电动机惯例设出各量的正方向，这样可以写出定子电路的电势平衡方程式

$$\dot{U}_1 = -\dot{E}_1 + \mathrm{j}\dot{I}_{10}x_1 + \dot{I}_{10}r_1 = -\dot{E}_1 + \dot{I}_{10}Z_1 \tag{3.24}$$

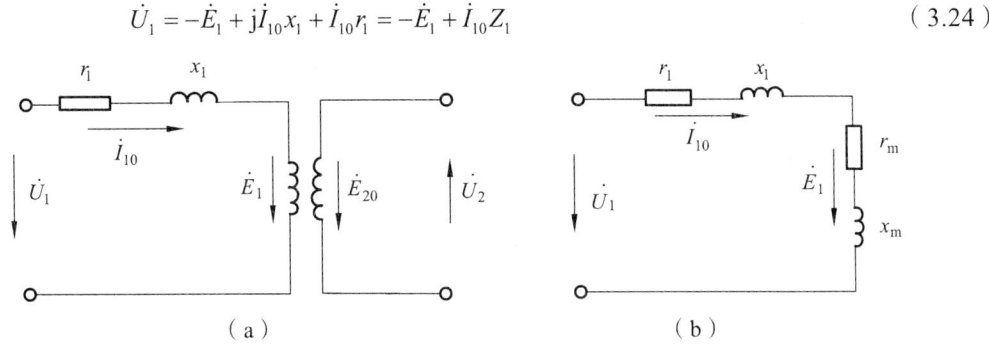

图 3.15　转子开路时定子等效电路

其中 $Z_1 = r_1 + \mathrm{j}x_1$，称为定子相绕组的漏阻抗。$-\dot{E}_1$ 可以看出是 $\dot{I}_{10}$ 在励磁阻抗 $Z_\mathrm{m} = r_\mathrm{m} + \mathrm{j}x_\mathrm{m}$ 上的压降，这里 $r_\mathrm{m}$ 是励磁阻抗，$x_\mathrm{m}$ 是励磁电抗。这样图 3.15（a）定子等值电路也可以画为图 3.15（b）的形式，相应的定子电势平衡方程式为

$$\dot{U}_1 = \dot{I}_{10}(r_\mathrm{m} + \mathrm{j}x_\mathrm{m}) + \dot{I}_{10}(r_1 + \mathrm{j}x_1) = \dot{I}_{10}(Z_\mathrm{m} + Z_1) \tag{3.25}$$

由图 3.15（a）还可以写出

$$\dot{U}_2 = \dot{E}_{20}$$

#### 3. 恒压系统的概念

工业用异步电动机，电网容量通常较大，可以假定电网电压 $U_1$ 和电网频率 $f_1$ 恒定，亦即可以认为这时的电网为所谓无穷大电网。

由于定子绕组本身漏电抗以及电阻产生的电压降之和远较反电动势 $\dot{E}_1$ 小得多，可以认为电源的电压 $\dot{U}_1$ 近似等于感应电动势 $\dot{E}_1$，即

$$U_1 \approx E_1 = 4.44 K_{\mathrm{w}1} N_1 f_1 \Phi_\mathrm{m} \tag{3.26}$$

在正常负载范围内，三相异步电动机的反电动势 $\dot{E}_1$ 接近于外加电压 $U_1$，对异步电动机来讲，$K_{\mathrm{w}1}$ 和 $N_1$ 都是定值，若 $f_1$ 不变，产生反电动势的主磁通 $\Phi_\mathrm{m}$ 必然恒定。主磁通 $\Phi_\mathrm{m}$ 是定、转子合成磁势产生的，所以合成磁势的幅值也是一个常数。这是分析异步电动机电磁关系的一个重要理论依据，亦即所谓恒压系统的概念。

## 三、转子堵转时的电磁关系

转子堵转是转子不转的一种情况。绕线式异步电动机转子经三相对称电阻接通，且转子被堵住，不允许转动。

1. 磁动势平衡方程式

定、转子间能量的传递是通过气隙磁场进行的，而气隙磁场又是气隙磁势产生的。基于第三章的分析结论，由于电流按正弦规律变化，定子三相绕组的合成磁势为一个圆形旋转磁势 $\overline{F_1}$。

转子接通之后，$I_2$ 不再是零，出现了转子磁势 $\overline{F_2}$。而转子被堵住 $n=0$，转子三相对称绕组中将感应三相对称电势，从而引起三相对称电流。在转子的三相对称绕组中通有三相对称电流必然形成三相合成旋转磁势，也就是说转子磁势 $\overline{F_2}$ 是一个旋转磁势。转子被堵住不转，转子电流频率与定子频率相同，皆为 $f_1$，又转子与定子极对数严格相等，故转子在空间的转速是 $n_1 = 60f_1/p$，为同步转速。可见，$\overline{F_1}$ 与 $\overline{F_2}$ 同极数、同转向、同转速。即定、转子磁势在空间相对静止，这是一切电机都必须遵循的普遍规律，因为定、转子磁势在空间相对静止是产生平均转矩维持电机稳定运行的必要条件。形象地看，如果两个磁极之间有相对运动，时而N和S相遇，互相吸引；时而N和N相遇，又互相排斥，平均转矩为零。

当转子磁势 $\overline{F_2}$ 出现之后，气隙中真实存在的磁势既不是定子磁势也不是转子磁势 $\overline{F_2}$，而应该是定、转子的合成，称为气隙合成磁势 $\sum \overline{F}$。既然定、转子磁势相对静止，两者的合成磁势也应与它们保持相对静止的关系，亦即 $\sum \overline{F}$ 在空间的转速也应是同步转速 $n_1$。由于 $\overline{F_2}$ 的作用，定子磁势的幅值和相位都会较转子开路时有很大的变化，不再是励磁磁势 $\overline{F_{10}}$，而是一个新的定子磁势，用 $\overline{F_1}$ 表示。

$$\sum \overline{F} = \overline{F_1} + \overline{F_2} \tag{3.27}$$

式（3.27）称为异步电动机的磁动势平衡方程式。在异步电动机施加的电源电压不变时，可认为气隙磁通 $\Phi_m$ 基本不变，则空载时由励磁磁势 $\overline{F_{10}}$ 单独建立的气隙磁通与 $\overline{F_1}$ 和 $\overline{F_2}$ 共同建立的气隙磁通基本相同。

基于磁势和相应的电流在相位上的对应关系，把（3.27）的空间向量关系代之以时间向量关系。同时把多相交流绕组磁动势的一般表达式 $\overline{F} = \dfrac{m}{2} \times 0.9 \dfrac{NK_w}{p} \dot{i}$ 代入式（3.27），即

$$\frac{m_1}{2} \times 0.9 \frac{N_1 K_{w1}}{p} \dot{I}_{10} = \frac{m_1}{2} \times 0.9 \frac{N_1 K_{w1}}{p} \dot{I}_1 + \left(-\frac{m_2}{2} \times 0.9 \frac{N_2 K_{w2}}{p}\right) \dot{I}_2 \tag{3.28}$$

式中　$\dot{I}_{10}$——励磁电流；

$m_1$、$m_2$——定子、转子绕组的相数。

将式（3.28）两边同时除以 $\dfrac{m_1}{2} \times 0.9 \dfrac{N_1 K_{w1}}{p}$，整理得

$$\dot{I}_{10} = \dot{I}_1 + \left(-\frac{1}{k_i}\right)\dot{I}_2 = \dot{I}_1 + \dot{I}'_2 \tag{3.29}$$

式中　$k_i$——异步电动机电流变比，$k_i = \dfrac{m_1 N_1 K_{w1}}{m_2 N_2 K_{w2}}$

$\dot{I}'_2$——定子绕组电流的负载分量，$\dot{I}'_2 = -\dfrac{\dot{I}_2}{K_i}$

若把式（3.29）改写为如下形式

$$\dot{I}_1 = \dot{I}_{10} + (-\dot{I}'_2) \tag{3.30}$$

则磁势平衡可以这样理解，当异步电动机转子经负载电阻闭合并堵转（相当于加了负载）后，定子电流 $\dot{I}_1$（实质是定子磁势的旋转磁势 $\overline{F_1}$）可以分解成两个分量：第一个分量用于产生主磁通，称为励磁电流分量 $\dot{I}_{10}$，它的幅值由反电动势 $\dot{E}_1$ 决定，通常变化不大；第二个分量用来克服转子磁势 $\overline{F_2}$ 产生的反作用负载电流 $-\dot{I}'_2$，它的幅值随转子电流成正比变化。

由上述分析可知，转子回路所消耗的能量是以磁势平衡的形式反映到定子侧。磁动势平衡方程式为异步电动机的运行情况提供了一个重要的概念：转子的存在是以磁动势 $\overline{F_2}$ 的形式反映到定子侧的，转子的影响就是磁动势 $\overline{F_2}$ 的影响，至于转子本身是什么样子反而无关紧要。不管是鼠笼转子还是绕线转子，不管转子是多少相和每相有多少有效匝数，也不管转子是在转或不转，只要磁动势 $\overline{F_2}$ 不变，对定子的磁效应就一样。这就允许用等效的假转子去取代真实存在的转子，取代的条件就是保持转子磁动势 $\overline{F_2}$ 不变。

### 2. 电动势平衡方程式

现在分析转子经负载电阻接通之后并且堵住情况下的等值电路。由前面的分析知道电机气隙中存在一个统一的合成磁动势 $\sum \overline{F}$，$\sum \overline{F}$ 产生主磁通 $\dot{\Phi}_m$，$\dot{\Phi}_m$ 铰链转子绕组感应电动势 $\dot{E}_{20}$，在转子电路引起电流 $\dot{I}_2$。由于转子堵住不转，转子电势和转子处在开路工况时电势相同，为 $E_{20} = 4.44 K_{w2} N_2 f_1 \Phi_m$。设转子电阻为 $r_2$，负载电阻为 $r_{fz}$，转子漏抗为 $x_{20}$（它与转子漏磁通 $\dot{\Phi}_{20}$ 相对应），则转子电流可以写为

$$\dot{I}_2 = \dfrac{\dot{E}_{20}}{r_2 + jx_{20} + r_{fz}} \tag{3.31}$$

如图 3.16 所示为转子堵转时定、转子等效电路。

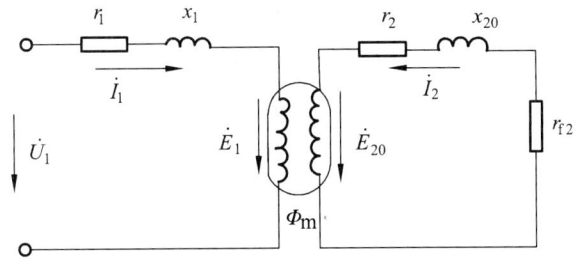

图 3.16　转子堵转时定、转子等效电路

转子堵转时定子电势平衡方程式为

$$\dot{U}_1 = -\dot{E}_1 + j\dot{I}_1 x_1 + \dot{I}_1 r_1 \tag{3.32}$$

图 3.16 中定、转子间磁的耦合关系变换为定、转子等值电路之间电的联系。用折算的办法推导出一个能对异步电动机进行模拟的 T 形等值电路。对鼠笼异步电动机说来，定、转子的相

数及有效匝数都不相同，因此在进行折算时，就是想用一个相数及有效匝数和定子完全相同的等效转子绕组，去代替相数为 $m_2$ 有效匝数为 $N_2K_{w2}$ 的实际转子绕组。显然折算的原则应当是保证在折算前后转子磁势 $\overline{F_2}$ 的幅值和在空间的相位都保持不变，通常把这种折算称为绕组折算。折算值仍然用原来转子各物理量符号右上角加一撇"′"来表示。

（1）电流的折算值。据折算前后转子磁动势幅值不变的原则有

$$\frac{m_2}{2}\times 0.9\frac{N_2 K_{w2}}{p}I_2 = \frac{m_1}{2}\times 0.9\frac{N_1 K_{w1}}{p}I'_2$$

得折算后的转子电流

$$I'_2 = \frac{m_2 N_2 K_{w2}}{m_1 N_1 K_{w1}}I_2 = \frac{1}{K_i}I_2 \tag{3.33}$$

（2）电动势的折算值。据折算前、后转子磁动势不变的原则，气隙磁通也将不变，且 $N'_2 = N_1$，$K'_{w2} = K_{w1}$，故折算后转子静止时的电动势 $E'_2$ 与定子电动势 $E_1$ 相等，即

$$E'_2 = E_1 = 4.44 f_1 N_1 K_{w1} \Phi_m \tag{3.34}$$

因折算前转子静止时的电动势 $E_{20}$ 为

$$E_{20} = 4.44 f_1 N_2 K_{w2} \Phi_m \tag{3.35}$$

将式（3.33）和式（3.35）相比较，得

$$E'_2 = \frac{N_1 K_{w1}}{N_2 K_{w2}} E_{20} = K_e E_{20} \tag{3.36}$$

式中 $K_e$——电动势变比，$K_e = \frac{N_1 K_{w1}}{N_2 K_{w2}}$。

（3）漏阻抗的折算值。据折算前、后转子的电阻上所消耗的损耗不变的原则，可得

$$m_1 I'^2_2 r'_w = m_2 I^2_2 r_2$$

即

$$r'_2 = \frac{m_2 I^2_2}{m_1 I'^2_2}r_2 = \frac{m_2}{m_1}\left(\frac{m_1 N_1 K_{w1}}{m_2 N_2 K_{w2}}\right)^2 r_2 = K_e K_i r_2 \tag{3.37}$$

据折算前、后转子的漏电抗上所消耗的无功功率不变的原则，可得

$$m_1 I'^2_2 x'_2 = m_2 I^2_2 x_{20}$$

即

$$x'_2 = \frac{m_2 I^2_2}{m_1 I'^2_2}x_{20} = \frac{m_2}{m_1}\left(\frac{m_1 N_1 K_{w1}}{m_2 N_2 K_{w2}}\right)^2 x_{20} = K_e K_i x_{20} \tag{3.38}$$

（4）转子回路阻抗角。

$$\varphi_2' = \arctan\frac{x_2'}{r_2'} = \arctan\frac{K_e K_i x_{20}}{K_e K_i r_2} = \varphi_2 \tag{3.39}$$

式（3.39）表明转子回路阻抗角不变，折算满足了$\overline{F_2}$的幅值和空间相位保持不变的原则。

综上所述，将转子各物理量折算到定子时，转子电动势乘以电动势变比$K_e$；转子电流除以电流变比$K_i$；转子电阻和漏电抗乘以$K_e K_i$，转子回路阻抗角不变。经折算之后得到如图3.17所示的T形等值电路。它对应着转子经负载接通并且堵转的运行情况。与T形等值电路对应的基本方程式为

$$\begin{aligned}
\dot{U}_1 &= -\dot{E}_1 + j\dot{I}_1 x_1 + \dot{I}_1 r_1 \\
-\dot{E}_1 &= \dot{I}_{10}(r_m + jx_m) \\
\dot{E}_1 &= \dot{E}_2' \\
\dot{I}_1 &= \dot{I}_{10} + (-\dot{I}_2') \\
\dot{E}_2' &= \dot{I}_2'(r_2' + jx_2' + r_{fz}')
\end{aligned} \tag{3.40}$$

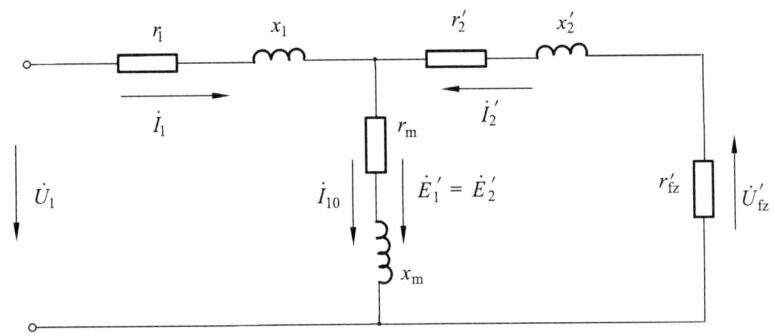

图3.17 转子不转并向电阻供电时的等值电路

## 四、转子转动时的电磁关系

对异步电动机而言，转子旋转与转子不转的一个巨大差别就是转子旋转后，异步电动机开始输出功率。转子短路并转动是异步电动机最常见的一种运行状态。下面以转子转速略小于同步转速$n_1$的电动运行状态为例，介绍转子转动后异步电动机的物理过程及其分析方法。电动运行状态是异步电动机一种最基本的运行状态。

### （一）转子转动时的物理情况

**1. 转子电动势的频率$f_2$、转子绕组感应电动势$E_{2s}$**

转子以$n$速度转动，转子绕组电流变化的速度为旋转磁场速度$n_1$与转动转子的速度差

$$\Delta n = n_1 - n = s n_1$$

转子绕组中感应电动势的频率和转子绕组感应电流的频率都将变为

$$f_2 = p\frac{\Delta n}{60} = s\frac{pn_1}{60} = sf_1 \tag{3.41}$$

式中，$f_2$ 与转差率 $s$ 成正比，所以又称它为转差频率。

转子绕组感应电动势 $E_{2s}$ 的大小为

$$E_{2s} = 4.44K_{w2}N_2f_2\Phi_m = 4.44K_{w2}N_2sf_1\Phi_m = sE_{20} \tag{3.42}$$

式中　$K_{w2}$——转子绕组的绕组系数；
　　　$N_2$——转子每相绕组的匝数。

由于电抗与频率成正比，故转子旋转时转子电路的电抗和阻抗分别为

$$x_{2s} = 2\pi f_2 L_2 = 2\pi sf_1 L_2 = sx_{20} \tag{3.43}$$

式中　$x_{2s}$——转子每相绕组的漏电抗；
　　　$L_2$——转子每相绕组的漏电感。

$$Z_2 = \sqrt{r_2^2 + x_2^2} \tag{3.44}$$

式中　$Z_2$——转子每相绕组的阻抗；
　　　$r_2$——转子每相绕组的电阻。

转子阻抗角 $\varphi_2$ 为

$$\varphi_2 = \arctan\frac{sx_{20}}{r_2} \tag{3.45}$$

不计集肤效应和温度变化的影响，可以认为 $r_2$ 是一个常数，则 $\varphi_2$ 是转差率 $s$ 的函数。随着 $s$ 的改变，$\varphi_2$ 将发生变化。只要 $s$ 不变，$\varphi_2$ 就不变。在稳态运行时，定、转子间磁势相位关系并不随时间变化。

**2. 转子旋转时磁动势平衡方程式**

转子旋转时，定子磁动势 $\overline{F_1}$ 相对定子的转速仍为 $n_1$，而频率为 $f_2 = sf_1$ 的转子电流产生的转子旋转磁动势 $\overline{F_2}$ 的转速 $n_2 = 60f_2/p = 60sf_1/p = sn_1$，是否此时 $\overline{F_1}$ 与 $\overline{F_2}$ 不再相对静止呢？已经知道，定子、转子磁动势相对静止是电动机此时恒定电磁转矩的必要条件，若 $\overline{F_1}$ 与 $\overline{F_2}$ 有相对运动，则电动机将不能正常运行。

在地铁动车车辆中采用的矢量控制，实际上就是设法控制定子磁势的幅值和相位，使得合成磁势 $\sum\overline{F}$ 的幅值和相位按给定的最优规律变化，所以磁势平衡这一基本概念是矢量控制的重要基础。

应该注意的是，运行时 $\overline{F_2}$ 的转速 $n_2$ 是相对于转子而言的，而转子本身又以 $n$ 的转速旋转。所以，相对于定子而言，$\overline{F_2}$ 的转速应为转子转速 $n$ 加上 $n_2$，即 $\overline{F_2}$ 相当于定子的转速为 $n + n_2 = (1-s)n_1 + sn_1 = n_1$。由此可见，定子磁动势 $\overline{F_1}$ 和转子磁动势 $\overline{F_2}$ 在任何转速下都是相对静止的。转子旋转时，$\overline{F_1}$ 与 $\overline{F_2}$ 仍保持相对静止，说明转子旋转时内部的电磁过程和转子不动时相似，不同的是转子回路的频率，由 $f_1$ 变为 $f_2$，且 $f_2 = sf_1$。

转子旋转时的磁动势平衡方程式仍可写成式 $\sum \overline{F} = \overline{F_1} + \overline{F_2}$，也可以写成其电流表达式 $\dot{I}_{10} = \dot{I}_1 + \left(-\dfrac{1}{k_i}\right)\dot{I}_2 = \dot{I}_1 + \dot{I}'_2$。和转子不动时一样，转子旋转时定子电流可分为两个分量，即产生主磁通的励磁分量 $\dot{I}_{10}$ 和抵偿转子磁动势的负载分量 $\dot{I}'_2$。因此，在转子电流发生变化时，定子电流也会发生相应的变化。例如，当转轴上负载增加，$\dot{I}_2$ 和 $\overline{F_2}$ 增加时，使 $\dot{I}_1$ 和 $\overline{F_1}$ 也相应增加。因此，通过磁动势平衡关系实现了异步电动机内机电能量转换和传递。

## （二）转子电路的频率折算

转子绕组中除了有漏电抗 $x_2$ 外，还存在电阻 $r_2$，由于异步电动机的转子绕组正常运行时处于短接状态，其端电压 $U_2 = 0$，转子回路电势平衡方程式为

$$\dot{E}_{2s} = \dot{I}_{2s}(r_2 + jx_2) \tag{3.46}$$

其相应的转子等值电路如图 3.18 所示。该电路中只包含转子铜耗，并不包含机械功率，所以从能量看是不完整的。另一方面，该电路的频率是 $f_2$，和定子电路不同频，不可能把它们合并成一个统一的等值电路。为了获得异步电动机的等值电路，需要进行所谓的频率折算。

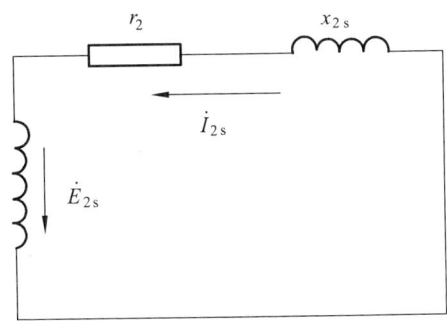

**图 3.18　旋转转子等值电路**

所谓频率折算，就是要用一个等值的转子绕组代替实际旋转的转子绕组，而且等值转子绕组的频率为 $f_1$，与定子绕组有相同的频率。从前面分析可知，把旋转的异步电动机折算为转子不动时的异步电动机，定、转子就有相同的频率 $f_1$。在频率折算时，从机电能量传递的角度看，折算前后的转子磁动势 $\overline{F_2}$ 不能改变，即静止的等值转子应和实际的旋转转子具有同样的转子磁动势 $\overline{F_2}$（同转速、同转向、同幅值、同相位）。前已证明无论转子转动还是静止状态，定、转子的磁动势 $\overline{F_1}$、$\overline{F_2}$ 之间相对静止，有相同的转速和转向。这样，频率折算时只需考虑折算前后转子磁动势 $\overline{F_2}$ 的幅值和相位相同即可。

转子磁动势 $\overline{F_2}$ 是由转子导条电流 $\dot{I}_2$ 产生，$\overline{F_2}$ 与 $\overline{F_1}$ 的空间相位关系仅取决于转子回路的阻抗角 $\varphi_2$。若能找到这样一个静止的转子，其转子电流有效值及阻抗角与实际转动着的转子电流有效值及阻抗角完全一样，问题就解决了。由式（3.46）并考虑到式（3.42）及（3.43），可得

$$\dot{I}_{2s} = \dfrac{\dot{E}_{2s}}{r_2 + jx_{2s}} = \dfrac{sE_{20}}{r_2 + jx_{2s}} = \dfrac{E_{20}}{r_2/s + jx_{20}} = \dot{I}_2 \tag{3.47}$$

式（3.47）是一种简单的恒等变换，但物理意义却根本不相同。从方程式的左端看，$\dot{I}_{2s}$ 的频率为 $f_2$，代表实际转动转子电流；从右端看 $\dot{I}_2$ 的频率为 $f_1$，代表等效静止转子电流。恰到好处，一方面两者大小相等，另一方面转子阻抗角 $\varphi_2$ 经恒等变换后并不改变：

$$\varphi_2 = \arctan\frac{sx_{20}}{r_2} = \arctan\frac{x_{20}}{r_2/s} \tag{3.48}$$

因此，式（3.48）右端的关系，可由图 3.19 所示的等值电路表示。用这个静止转子的等值电路完全可以取代图 3.18 所示转动转子的等值电路，因为它遵守转子磁势 $\overline{F_2}$ 不变的原则。将转子等值电路从转（频率为 $f_2$）折算成不转（频率与定子频率 $f_1$ 相同）后，电路的分析与转子堵转电路相同。

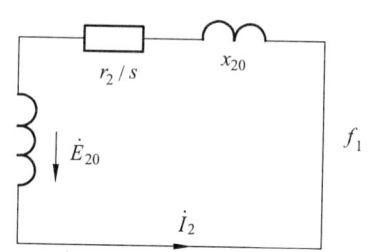
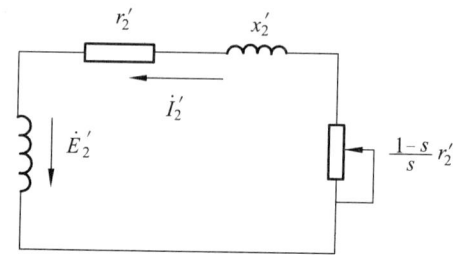

图 3.19 等效静止转子的等值电路（频率为 $f_1$）　　图 3.20 经两次折算后的转子等值电路

经过两次折算后得到的转子等值电路如图 3.20 所示。图中把 $r_2/s$ 的折算值 $r_2'/s$ 写成

$$\frac{r_2'}{s} = r_2' + \frac{(1-s)r_2'}{s} \tag{3.49}$$

从形式上看，$(1-s)r_2'/s$ 是一个等值电阻，与图 3.17 中 $r_{fz}'$ 完全一样，但物理意义上它们有本质的差别。现在分析的情况是转子短路并转动，并没有人为地在转子回路里接负载电阻。短路的转子转动后，如果人为地把它看成静止，就会在等值电路中多出一个有功元件 $(1-s)r_2'/x$，并且这个电阻与转差 $s$（即转速 $n$）有关。这是因为转子转动之后，开始有机械功率输出，它以电阻的形式出现并且与机械量 $s$（即转速 $n$）有关，是十分自然的。转子电流在这个电阻上造成的功率 $m_1 I_2'^2(1-s)r_2'/s$，就是透过气隙传到转子的电磁功率 $P_{dc}$ 转化成机械功率的部分，称之为总机械功率 $P_J$。

到此为止，我们已经对转子转动后的电路作了比较透彻的分析。至于定子电路的电磁过程，由于转子已经等效成不转的转子，与转子不动的情况完全相同。直接写出定子电动势平衡方程式

$$\dot{U}_1 = -\dot{E}_1 + \dot{I}_1(r_1 + jx_1) \tag{3.50}$$

$$-\dot{E}_1 = \dot{I}_{10}(r_m + jx_m) \tag{3.51}$$

转子电路进行了两次折算，故有

$$\dot{E}_1 = \dot{E}_2' \tag{3.52}$$

由式（3.26）很容易得到

$$\dot{I}_1 = \dot{I}_{10} + (-\dot{I}_2') \tag{3.53}$$

由图 3.20 得

$$E_2' = I_2'\left(r_2' + jx_2' + \frac{1-s}{s}r_2'\right) \tag{3.54}$$

对应于上述基本方程式的 T 型等值电路如图 3.21 所示。

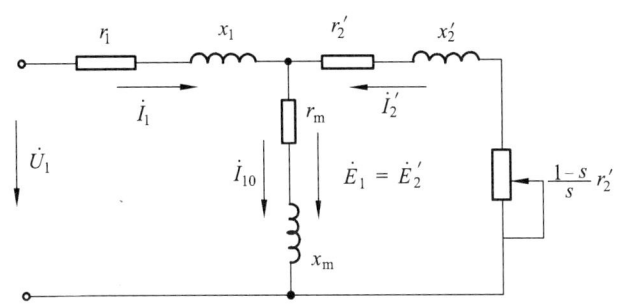

图 3.21 异步电动机的 T 形等值电路

### (三) 功率平衡和转矩平衡关系

下面根据图 3.21 所示 T 形等值电路分析异步电动机功率平衡关系。从电源输送到定子电路的电功率为

$$P_1 = m_1 U_1 I_1 \cos\varphi_1 \tag{3.55}$$

式中，$\varphi_1$ 为异步电动机定子电流滞后于定子电压的相角。

输入功率 $P_1$ 的一小部分变成定子绕组的铜耗 $p_{Cu1}$。另一小部分变成定子铁芯的铁耗 $p_{Fe}$。剩下的大部分输入功率借助于气隙旋转磁场从定子电路传递到转子电路，这部分功率称为电磁功率 $P_{dc}$。

从电磁功率中减去转子绕组的铜损 $p_{Cu2}$（正常运行时，转子频率 $sf_1$ 很低，转子铁芯中磁通交变的频率也很低，故 $p_{Fe}$ 很小，转子铁损忽略不计）后，剩下的即转换为电动机的机械功率 $P_J$。

总的机械功率 $P_J$ 不会全部由轴上输出，在机械功率中减去机械损耗和杂散损耗功率之和 $p_J$ 后，即为电动机的输出（机械）功率 $P_2$，异步电动机的铭牌上所标的就是 $P_2$ 的额定值。

铁耗 $p_{Fe}$、定子绕组铜耗 $p_{Cu1}$、转子绕组铜耗 $p_{Cu2}$ 都属于电磁损耗，这三项损耗主要与电机的电磁负荷有关，即与电机中的磁场强度、绕组中的电流大小、铁芯和绕组的几何尺寸等有关。机械损耗 $p_J$ 主要与电机的转速、摩擦系数等因素有关。以上四项损耗属于电机的基本损耗。杂散损耗 $P_s$ 的值很小，一般可以忽略不计。

与直流电动机一样，输出功率与输入功率的比值，称为电动机的效率，即

$$\eta = \frac{P_2}{P_1} = \frac{P_1 - \sum \Delta P}{P_1}$$

式中 $\sum \Delta P$——电动机的总功率损失。

电动机在轻载时效率很低，随着负载的增大，效率逐渐增高，通常在接近额定负载时，效率达到最高值。一般异步电动机在额定负载时的效率为 0.7～0.9。容量愈大，其效率也愈高。

三相异步电动机运行时，定子从电网吸收电功率，通过转子向拖动的负载输出机械功率。异步电动机实现机、电能量转换的过程中，必然会产生各种损耗。三相异步电动机的功率和损耗可用图 3.22 所示的功率流程图来说明。

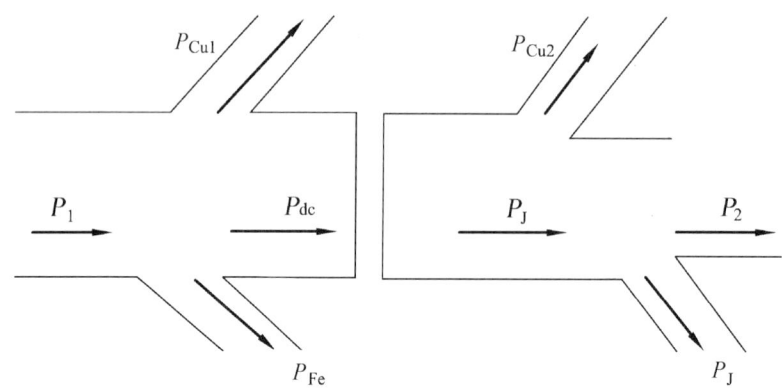

图 3.22　三相异步电动机的功率流程图

从动力学知道，作用在旋转体上的转矩等于旋转体的机械功率除以它的机械角速度。从转子本身产生机械功率的概念出发，当电机旋转角速度为 $\Omega$ 时，电磁转矩应为 $T=\dfrac{P_J}{\Omega}$，令电机同步角速度为 $\Omega_1$，则 $\Omega=(1-s)\Omega_1$，那么

$$T=\frac{P_J}{\Omega}=\frac{(1-s)P_{dc}}{(1-s)\Omega_1}=\frac{P_{dc}}{\Omega_1} \tag{3.56}$$

可见电磁转矩等于总机械功率与转子角速度之比，同时也等于电磁功率与同步角速度之比。异步电动机所产生的电磁转矩 $T$，在和定子作用时涉及同步角速度为 $\Omega_1$，而在和转子发生作用时所涉及的是转子角速度 $\Omega$。从力学的观点看定子承受的电磁转矩必须等于转子承受的电磁转矩；从能量的观点看，定子输出的是电磁功率 $P_{dc}$，转子输出的是总机械功率 $P_J$，有一部分能量在转子绕组中以转子铜耗的形式损耗掉，所以转子角速度 $\Omega$ 应小于同步角速度 $\Omega_1$，即遵循能量守恒定律。

式（3.55）中 $\Omega_1$ 为常数，可见异步电动机的电磁转矩与通过气隙传到转子的电磁功率 $P_{dc}$ 成正比。

我们把电磁功率 $P_{dc}$ 对应的电磁转矩 $T$，电动机的输出（机械）功率 $P_2$ 对应的输出转矩 $T_2$ 及机械损耗 $P_J$ 对应的机械损耗转矩 $T_0$（也叫空载转矩）用式 $P_{dc}=P_J+P_2$ 综合起来有

$$\frac{P_{dc}}{\Omega_1}=\frac{P_J}{\Omega}+\frac{P_2}{\Omega}$$

得到异步电动机的转矩平衡方程

$$T=T_0+T_2 \tag{3.57}$$

三相异步电动机的转矩平衡方程表明，电动机稳定运行时，电磁转矩减去空载转矩后，才是电动机转轴上的输出转矩。

# 练习题

## 一、填空题

1. 异步电动机运行过程中因负载过重、电压过低或被异物卡住等原因，而使电动机停止转动，习惯称此现象为_____。

2. 当三相异步电动机定子绕组接于 50 Hz 的电源上作电动机运行时，定子电流的频率为_____，定子绕组感应电动势的频率为_____，如转差率为 $s$，此时转子绕组感应电动势的频率为_____，转子电流的频率为_____。

3. 一台三相 8 极异步电动机运行时的电网频率为 50 Hz，空载运行时转速为 735 r/min，此时转差率为_____，转子电动势的频率为_____。当转差率为 0.04 时，转子的转速为_____，转子的电动势频率为_____。

## 二、选择题

三相异步电动机转子为不同转速时，定、转子合成磁场转速（　　）。
  A. 不变    B. 变化    C. 可能变化可能不变    D. 不能确定

## 三、简答题

1. 异步电动机运行时，定子电流的频率是多少？定子电动势的频率是多少？转子电流的频率是多少？转子电动势的频率是多少？它们由什么因数决定？

2. 电源频率一定，转子转速发生变化，转子电流产生的旋转磁场在空间的转速有无变化？为什么？

# 第五节　三相异步旋转电动机的转矩特性与机械特性

在参数齐全的条件下，实用时一般不采用 T 形等值电路，而是将它简化成如图 3.23 所示的简化等值电路。

考虑到异步电动机空载电流较大，故在励磁支路中串入定子的漏阻抗。这样简化也会造成一定的误差，但在工程上还是允许的。既可以使分析、计算简化，又可以得到比较满意的精度。

异步电动机输出的机械功率主要表现在输出转矩与转速上，因此转速或转差率是异步电动机的基本变量之一。当三相异步电动机的外加定子电压及频率不变，转差率 $s$ 变化时，电磁转矩 $T$ 的变化规律曲线 $T = f(s)$ 称为机械特性。

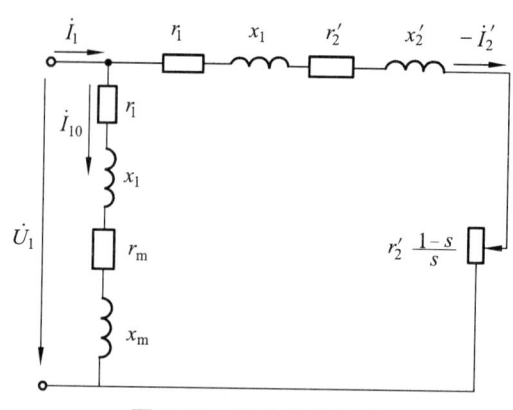

图 3.23 简化等值电路

下面推导异步电动机的机械特性,其中包括机械特性的三种表达式,并分析各种参数对异步电动机机械特性的影响。

## 一、机械特性的参数方程式

根据图 3.23 的简化等值电路得定子电流的负载分量 $\dot{I}'_1$ 为

$$I'_1 = \frac{U_1}{\sqrt{(r_1 + r'_2/s)^2 + (x_1 + x'_2)^2}} = I'_2 \tag{3.58}$$

通常情况下,除转差率 $s$ 外,电源电压 $U_1$、电源频率 $f_1$、定子电阻 $r_1$、定子电抗 $x_1$、转子电阻折算值 $x'_2$ 都是常数,则定子电流的负载分量 $\dot{I}'_1$ 是转差率 $s$ 的函数,又 $\dot{I}_1 = \dot{I}_{10} + (-\dot{I}'_2) = \dot{I}_{10} + \dot{I}'_1$,图 3.24 中示出了 $I'_1 = f(s)$ 及 $I_1 = f(s)$ 的函数关系,称为转速特性。

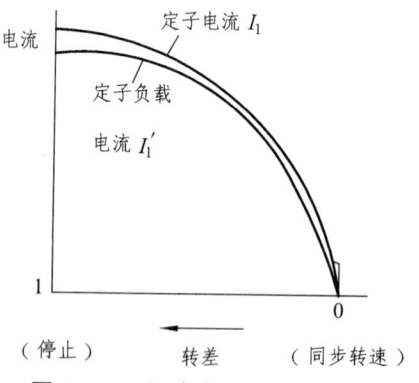

图 3.24 异步电动机转速特性

根据电机原理与等值电路可知,通过空气隙传入转子的电磁功率为

$$P_{dc} = m_1 I'^2_2 \frac{r'_2}{s} = T\Omega_1 \tag{3.59}$$

异步电动机的电磁转矩为

$$T = \frac{P_{dc}}{\Omega_1} = \frac{m_1 p I_2'^2 r_2'}{2\pi f_1 s} \quad (3.60)$$

将式（3.58）代入式（3.60）得

$$T = \frac{m_1 p U_1^2 r_2'/x}{2\pi f_1 \left[ (r_1 + r_2'/s)^2 + (x_1 + x_2')^2 \right]} \quad (3.61)$$

这就是异步电动机转矩特性的参数方程。当电源电压、电源频率一定，并且没有人为地改变异步电动机的极数及各参数时得到的转矩特性曲线 $T = f(s)$，如图 3.25 所示。

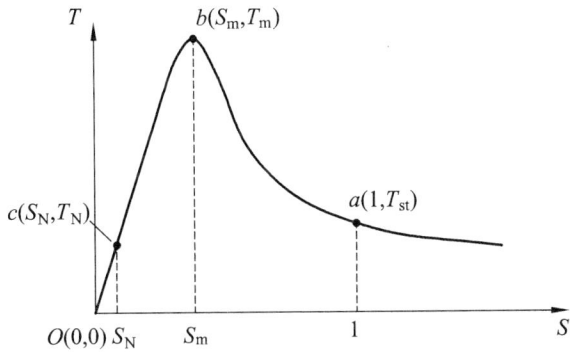

**图 3.25 一定频率和电压下异步电动机的转矩特性**

$T = f(s)$ 曲线的形状可由式（3.61）解释。当 $s(s \approx 1)$ 值较大时，$r_2'/s$ 的值较小，式（3.61）分母中 $x_2' \gg (r_1 + r_2'/s)$，即 $(r_1 + r_2'/s)$ 可以忽略，电磁转矩 $T$ 近似地与转差率 $s$ 成反比；当 $s(s \approx 0)$ 值很小时，$r_2'/s$ 的值很大，式（3.61）分母中 $r_1$ 和 $x_2'$ 都可以忽略，此时电磁转矩 $T$ 近似地与转差率 $s$ 成正比。

当同步转速 $n_1$ 不变（$f_1$ 不变）时，由 $n = (1 - s)n_1$，很容易将图 3.25 所示的转矩特性曲线 $T = f(s)$ 转换为常用的机械特性曲线 $T = f(n)$，如图 3.26 所示。

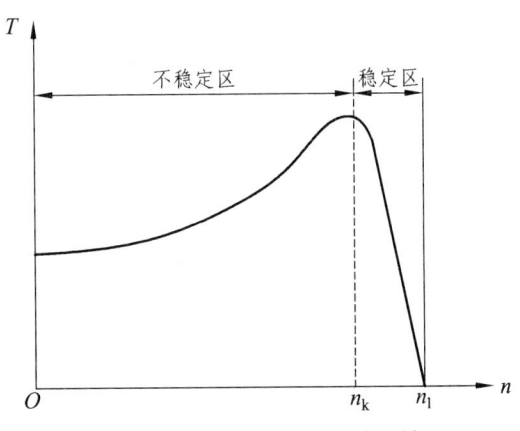

**图 3.26 异步电动机机械特性**

## 二、三个重要转矩和四个特殊点

从特性曲线上可以看出，有三个重要转矩，此外还有四个特殊点可以决定特性曲线的基本形状和异步电动机的运行性能。

### 1. 三个重要转矩

1）额定转矩 $T_N$

异步电动机带额定负载时的输出转矩，用字母 $T_N$ 表示，此时的转差率为额定转差率 $s_N$。$T_N$ 可由铭牌上的额定功率 $P_N$（kW）和额定转速来确定。

$$T_N = 9\,550 \frac{P_N}{n_N} \tag{3.62}$$

2）最大转矩 $T_{max}$

当 $s$ 达到临界转差率 $s_m$ 时，电磁转矩达到最大值 $T_{max}$，称为最大电磁转矩。它也是异步电机带动最大负载的能力。最大电磁转矩与额定转矩之比称为电动机的过载能力 $k_\lambda$，即 $k_\lambda = T_{max}/T_N$，它是衡量电动机过载能力的一个重要指标。最大电磁转矩越大，短时过载能力越强。根据数学分析，对于一定结构的电机，最大值 $T_{max}$ 为

$$T_{max} = \frac{pm_1 U_1^2}{4\pi f_1 (r_1 + \sqrt{r_1^2 + (x_1 + x_2')^2})} \tag{3.63}$$

三相异步电动机的 $T_{max}$ 和电压的平方成正比，所以三相异步电动机对电压的波动很敏感，使用时要注意电压的变化；三相异步电动机转子轴上机械负载转矩 $T_2$ 不能大于 $T_{max}$，否则将造成堵转（停车），异步电动机堵转时转子转速 $n$ 为零，转子电流 $I_2'$ 增大，定子电流 $I_1$ 急剧增大，电机严重过热而烧损。

3）启动转矩 $T_{st}$

电机在启动的瞬间，即 $s=1$ 时的电磁转矩为启动转矩 $T_{st}$（又称堵转转矩）。把 $s=1$ 代入式（3.61），启动转矩 $T_{st}$ 为

$$T_{st} = \frac{m_1 p U_1^2 r_2'}{2\pi f_1 [(r_1 + r_2')^2 + (x_1 + x_2')^2]} \tag{3.64}$$

当施加在定子每相绕组上的电压降低时，启动转矩会明显减小。

$T_{st}$ 体现了电动机带载启动的能力，若 $T_{st} \geq T_N$，电机能启动，否则不能启动。通常把在固有机械特性上启动转矩 $T_{st}$ 与额定转矩 $T_N$ 之比 $\lambda_{st} = T_{st}/T_N$ 作为衡量异步电动机启动能力的一个重要数据。一般启动转矩倍数 $\lambda_{st} = 1.0 \sim 1.2$。

### 2. 四个特殊点

1）启动点

当异步电动机接入电网，$n=0$，$s=1$，电磁转矩 $T = T_{st}$，如图 3.25 中的 $a$ 点所示，启动点的启动电流（堵转电流）很大，但由于转子绕组的功率因素 $\cos\varphi_2$ 很小，故启动转矩 $T_{st}$ 并不很大。

2)临界点

如果启动转矩大于轴上的阻转矩,那么电机将加速。随着转速的上升,转差率 $s$ 减小。在 $s > s_m$ 范围内,随着 $s$ 减小转矩 $T$ 是逐渐增大的。当 $s = s_m$ 时,转矩达到 $T_{max}$,出现了图中 $b$ 点所示的最大值。我们把这一点称为机械特性曲线的临界点,$s_m$ 称为临界转差率,转矩 $T_{max}$ 称为临界转矩(又为最大转矩)。

3)额定点

转速继续上升,转差率 $s$ 减小。在 $s < s_m$ 范围内,随着 $s$ 减小转矩 $T$ 是逐渐减小的。当 $s = s_N$ 时,如图中 $c$ 点所示,转矩 $T = T_N$,这一点称为额定工作点。不改变电机的参数,当电源电压、电网频率和轴上输出功率都为额定值时,电机运行在这一点上。

4)同步转速点

如果轴上的外加转矩与电磁转矩的方向相同,帮助异步电动机克服空载转矩,电磁转矩 $T = 0$,$n = n_1$,$s = 0$。我们称这点($s = 0$,$T = 0$)为同步转速点。显然当轴上没有外转矩时,靠电机本身的力量不可能在这一点上运行。参见图 3.14,可知这一点是电动工作状态与发电(制动)工作状态的分界点。

### 3. 三相异步电动机稳定运行区

一般地,电动机具有转速增加时转矩减小,转速减小时转矩增大的特性才能稳定运行。根据图 3.26 机械特性曲线可知,异步电动机不能稳定地运行在 $0 < n < n_k$ 区间,当负载转矩小于电机转矩时,电机很快加速进入稳定运行区,电动机的电磁转矩可以随负载的变化而自动调整(这种能力称为自适应负载能力);当负载转矩大于电机转矩时,电机很快减速而堵转。在 $n_k < n < n_1$ 的稳定区段(最大转矩点到同步转速之间,转差率为 0~10%的狭小区域)内,转矩特性比较陡峭,转速变化范围不大,所以电机正常运行时的转速 $n$ 很接近于同步转速 $n_1$,特性硬,使异步电动机自动调速困难,也正是由于这种硬特性,作为牵引电动机使用时具有良好的防空转性能,从而可以充分利用电动车的黏着重量。

## 三、电磁转矩物理表达式

根据电机原理与等值电路可知,通过空气隙传入转子的电磁功率为

$$P_{dc} = m_1 E_2' I_2' \cos \varphi_2 \tag{3.65}$$

异步电动机的电磁转矩为

$$T = \frac{P_{dc}}{\Omega_1} = \frac{m_1 E_2' I_2' \cos \varphi_2}{\frac{2\pi n_1}{60}} = \frac{m_1 p}{2\pi f_1} E_2' I_2' \cos \varphi_2 \tag{3.66}$$

根据等值电路图 3.21 可得

$$E_2' = E_1 = 4.44 f_1 N K_{w1} \Phi_m = C_E f_1 \Phi_m \tag{3.67}$$

式中 $C_E$——异步电机电势常数,$C_E = 4.44 N_1 K_{w1}$。

将式(3.67)代入式(3.66)可得

$$T = \frac{p}{2\pi} m_1 C_E \Phi_m I_2' \cos\varphi_2 = C_T \Phi_m I_2' \cos\varphi_2 \quad (3.68)$$

式中  $C_T$——转矩常数，$C_T = \frac{m_1 p}{2\pi} C_E$。

式（3.68）表明，电磁转矩是转子电流的有功分量与气隙主磁通相互作用产生的；正常运行时，电源电压 $U_1$ 为额定电压，气隙主磁通基本不变，所以电磁转矩与转子电流的有功分量的乘积成正比。

### 四、转矩实用表达式

转矩的参数方程式（3.61）用来精确计算和评价各个参数对机械特性的影响是十分有用的，但是对于使用异步电动机的人来说，在有些情况下，找不到所需要的全部参数，只能从产品的目录中查到电机的技术数据：额定功率 $P_N$（kW）、额定转速 $n_N$（r/min）及过载能力 $k_\lambda$ 等，故而一般采用异步电动机的使用表达式，即

$$\frac{T}{T_m} = \frac{2}{s/s_m + s_m/s} \quad (3.69)$$

由式（3.62）可知 $T_N = 9\,550 \frac{P_N}{n_N}$，而 $T_m = \lambda_k T_N$，故可将式（3.69）改写为

$$\frac{1}{\lambda_k} = \frac{2}{s_N/s_m + s_m/s_N}$$

此外，将 $s_N = (n_1 - n_N)/n_1$ 代入上式即可求得 $s_m$。可见利用异步电动机的技术参数可以求出 $s_m$ 和 $T_m$。将 $s_m$ 和 $T_m$ 代入式（3.69）就可得到机械特性曲线 $T = f(s)$。

## 练习题

### 一、填空题

1. 当三相异步电动机的外加定子电压及频率不变，转差率 $s$ 变化时，电磁转矩的变化规律曲线 $T = f(s)$ 称为_____。

2. 一台三相异步电动机，当_____（$0 < s < s_m$ 与 $s_m < s < 1$）时，电磁转矩随转差率 $s$ 的增大而增大。

### 二、判断题

1. 异步电动机的负载转矩在任何时候都绝不可能大于额定转矩。（    ）
2. 三相异步电动机启动电流越大，启动转矩也越大。（    ）

### 三、简答题

1. 为什么电动机的空载转速稍高于额定转速？
2. 画出异步电动机四个特殊工作点及稳定运行区。

# 第六节　三相异步电动机的启动与运行

## 一、三相异步电动机的启动

三相异步电动机的启动是指异步电动机接通电源后，其转速从零上升到稳定转速的过程。

由异步电动机的电磁转矩物理表达式 $T = C_T \Phi_m I_2' \cos\varphi_2$ 可知，异步电动机的启动电流很大（启动电流大的原因：此时处于短路），但由于转子绕组的功率因素 $\cos\varphi_2$ 在启动时很小，故启动转矩 $T_{st}$ 并不很大。频繁启动时将造成热量积累，使电机过热，大电流使电网电压降低，影响邻近负载的工作。

启动要求：

（1）启动电流尽量小，以减小对电网的冲击；

（2）启动转矩尽量大，以缩短启动时间；

（3）启动设备简单、可靠。

地铁动车车辆中采用的异步电动机主要是三相鼠笼式异步电动机，本节主要介绍鼠笼式异步电动机的启动。

鼠笼异步电动机由于转子结构已经固定，不能改变转子的参数，只能通过定子侧来改善其启动性能。鼠笼式异步电动机在启动方法中以直接启动最为简单，因为只要用一个三相刀开关或者接触器将电机投入电网就可以了。只要条件允许就应当采用直接启动。但是，在很多情况下直接启动是无法采用的，它要受到各方面条件的限制。在无法采用直接启动的条件下，可以采用降压启动，例如定子串电阻或电抗器启动和自耦变压器启动等。每一种启动方法都有各自的优缺点，采用哪一种方案启动，需要具体分析。下面介绍几种比较常用的启动方法。

### 1. 直接启动

异步电机能否采用直接启动要考虑三方面的问题：一是电机本身是否允许；二是供电电网是否允许；三是生产机械是否允许。

对于某些大型电机，为了降低制造成本和减小电机体积，制造厂家规定只能用降压启动方法。这种电机的机械强度适应不了直接启动电流所引起的应力冲击，必须根据产品目录上的规定进行降压启动。

直接启动的巨大电流将引起电网电压的突然波动。有些电网要求电网电压比较平稳，例如照明和数控设备所用的电网，有些电网的要求则稍差一些。电力部门通常规定：对于频繁启动的异步电机，启动时造成电网的瞬时压降不应大于额定电压的10%；对于不经常启动的异步电机，可以放宽到15%。根据电网的条件，有一个最大允许冲击电流，超过这个电流时会引起同一电网上的其他用电设备工作不正常，甚至造成事故。因此，选择启动方法时应考虑电网的具体条件。

生产机械的要求更为复杂，有的要求启动快；有的却要求启动平稳；有的在启动时静阻转矩较大，例如起重机；有的在启动时静阻转矩不大，例如风机、泵类。我们在考虑电网要求的同时，还应考虑满足机械负载对电机启动转矩提出的要求。

当负载不是很重，电机的容量与电网容量相比不是很大时，可以采用直接启动方法启动。这样既不会引起电网电压的严重波动，还可以在电机的启动转矩倍数$\lambda_{st}$不是很大（甚至$\lambda_{st}$小于1）的情况下满足生产机械对启动转矩的要求。

如果是小容量重载启动，则应校核启动转矩是否满足负载的要求。采用普通鼠笼电机不能满足要求时，则应考虑采用启动转矩大的专用电机。目前生产的各种形式的专用异步电机，型号较多，选用时应特别注意专用电机的具体用途。

### 2. 定子串电阻或电抗启动

当电机容量较大，并且轻载启动时，满足电网的要求成了主要矛盾。在这种情形下可以采用降压启动的方法。下面谈到的几种启动方法都属于降压启动。

定子串电阻或电抗时，异步电机具有相同的人为机械特性。采用这两种方式启动，其效果是一样的，都能起到减小冲击电流和增加启动平稳性的作用。但是定子串电阻启动时电能损耗较大，只在容量较小时采用。大中型电机可以采用定子串电抗启动。如图3.27所示为定子串电阻启动的电路图。开始启动时接触器KM先闭合，电机启动电流减小，当速度上升到接近运转速度时让接触器1KM闭合，使电机在全压下正常工作。改变启动电阻的大小可以得到合适的启动电流以满足电网提出的要求。采用定子串电抗方式启动时，只要用电抗器代替图3.27中的电阻即可。

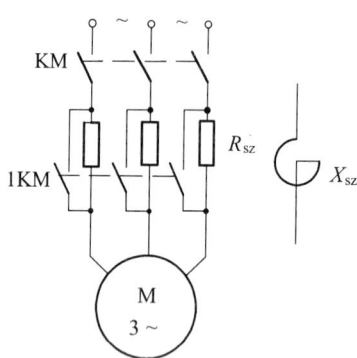 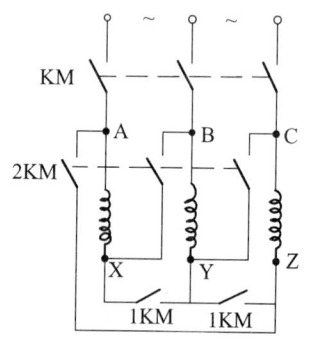

图3.27 电阻或电抗器降压启动　　　　　图3.28 Y/△降压启动接线图

定子串电阻或者串电抗启动，都属于降压启动，可以起到减小启动电流，减轻对电网的冲击作用。采用降压措施，可以使电网电流减小。我们把降压启动和全压启动得到的两个启动电流相除，得到一个小于1的比例系数，用$\alpha$表示，称为电网电流减小倍数。同理，用启动转矩减小倍数代表降压后的启动转矩和全压启动转矩的比值。于是可以证明定子串电阻或电抗启动时，如果电网电流减小倍数为$\alpha$，则启动转矩减小倍数将为$\alpha^2$。例如$\alpha=1/2$，则降压后的启动转矩只有全压启动时的1/4。启动转矩较小是定子串电阻或电抗启动的主要缺点，由于启动转矩较小，这种启动方法仅限于空载启动或轻载启动。

## 3. 星形/三角形启动（Y/△启动）

这也是一种降压启动，启动时电机定子绕组为 Y 接线，而运行时改为△接线。可见启动时电机的相电压下降为正常运行时的 $1/\sqrt{3}$。

如图 3.28 所示为 Y/△启动的原理接线图。异步机的定子需要有 6 个出线端子，这是对电机提出的第一个要求。对于高压电机这是有一定困难的。因此 Y/△启动仅限于 500 V 以下的低压电机。

启动时首先将 KM 和 1 KM 合上，定子绕组呈星形接法。电机定子绕组的相电压是电源线电压 $U_1$ 的 $1/\sqrt{3}$。转子速度升到额定值附近时，断开接触器 1 KM，同时合上接触器 2 KM。定子绕组呈三角形接法，电机定子相电压提高到电源线电压 $U_1$，电机恢复全压运行，启动结束。所以 Y/△启动对电机的第二个要求是在额定电压下必须是三角形接法。这种启动方法把定子电压降低一个固定比例，即 $1/\sqrt{3}$，因此电网电流减小倍数 $\alpha$ 也是一个固定值，无法改变。Y/△启动和定子串电阻启动不同，启动转矩与电网电流减小的是一个相同的倍数，都是直接启动时的 1/3。可见在相同的电网电流减小倍数下，即 $\alpha = 1/3$，Y/△启动时的转矩减小倍数为 1/3，串电阻启动时只有 1/9，前者提供的启动转矩要大得多。但 Y/△启动的缺点是启动转矩减小倍数只能是 1/3，当负载转矩大于 $T_N/3$ 时，将无法带负载启动。

【例 3.2】 三相异步电动机，电源电压 $U_1 = 380$ V，三相定子绕组△接法运行，额定电流 $I_N = 20$ A，启动电流 $I_{st}/I_N = 7$。求：（1）△接法时的启动电流 $I_{st_\triangle}$；（2）若启动时改为 Y 接法的 $I_{st_Y}$。

解 （1）△接法时的启动电流 $I_{st_\triangle} = 7I_N = 7 \times 20 = 140$ (A)

（2）因为 $I_{st_Y} = \dfrac{I_{st_\triangle}}{3}$，则

$$I_{st_Y} = \frac{I_{st_\triangle}}{3} = \frac{140}{3} \approx 47 \text{ (A)}$$

## 4. 自耦变压器启动

如图 3.29 所示为自耦变压器启动的具体线路，这也是一种降压启动方法，是利用自耦变压器来进行降压启动。在图 3.29 的线路图中，首先将接触器 1 KM 和 2 KM 合上，电机端电压是自耦变压器的副边电压 $U_2$。转速升起来之后再将接触器 2 KM 断开，变成定子串电抗启动；然后再合上线路接触器 KM 把电机变成满压供电；最后断开接触器 1 KM，启动过程结束。

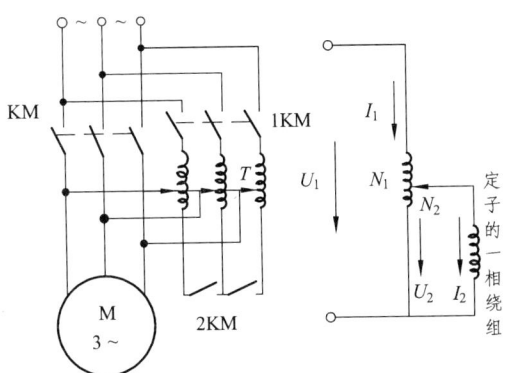

图 3.29 自耦变压器降压启动

用于启动的自耦变压器习惯上叫启动补偿器，通常具有若干个分接头，其变比可以根据需要进行调整，这是它比 Y/△ 启动灵活的地方。可以证明，在一定的变比之下，启动转矩减小倍数与电网电流减小倍数相同。与 Y/△ 启动方法一样，在同样的电网电流减小倍数下，采用自耦变压器启动比采用定子串电阻启动可以提供更大的启动转矩。自耦变压器启动可以提供较好的启动性能，但这种启动方式设备复杂，造价较高，而可靠性又较差，一般是不采用的。

## 二、三相异步电动机的调速

人为地改变电动机的转速，称为调速。

一般的，异步电动机的调速可以从定子和转子两方面采取措施。

从转子方面采取的措施有：变更转子电路中的电阻；调节转子相电压和电机定子电流；电路中串联一个或几个附加电阻，实行所谓的串级调速。地铁电动车组通常采用结构非常简单的鼠笼式异步电动机作为牵引电动机，由于这种电机的转子绕组是"短路绕组"，无法再在转子上采取调速措施。

根据异步电动机的转速公式 $n = (1-s)60f_1/p$ 可知，从定子方面采取的措施有：变极调速 $p$；改变转差率 $s$ 调速；变频调速 $f_1$。

### 1. 变极调速（有级调速）

变极调速是通过改变电动机定子绕组的接线方式以改变电机极数实现调速，这种调速方法是有级调速，不能平滑调速，而且只适用于鼠笼电动机。因为鼠笼式异步电动机的磁极对数能自动地随着定子磁极对数的变化而变化，从而保证定、转子磁极对数相等，以便转子产生恒定的电磁转矩。

变极调速通常采用的方法是单绕组变极调速，即在定子铁芯中装一套绕组，通过改变定子绕组的连接方式，使部分绕组中电流的方向改变，来实现电动机的磁极对数和转速的改变。变极调速接线原理如图 3.30 所示。

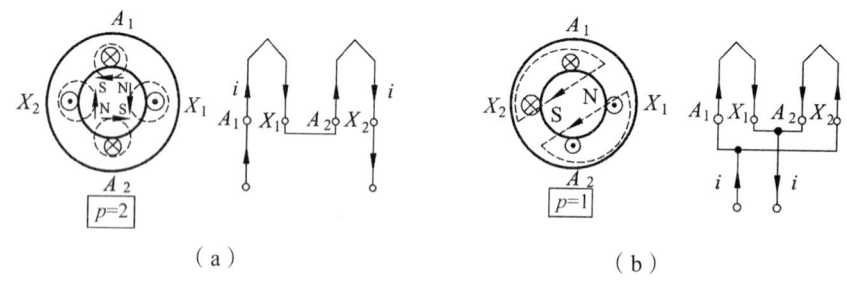

图 3.30 变极调速

设异步电动机每相有相同的线圈组，当这两个线圈组"首-尾"正向串联后，则此时气隙中形成四个磁极，如图 3.30（a）所示；当采用 3.30（b）所示的反向并联时，此时气隙中形成两个磁极，即磁极对数减少了一半。由此可见，只要让定子每相的一半绕组中电流的方向改变，就可以改变磁极对数。

这种调速方法其特点为：具有较硬的机械特性，稳定性良好；无转差损耗，效率高；接线简单、控制方便、价格低;有级调速,级差较大,不能获得平滑调速;可以与调压调速、电磁转差离合器配合使用,获得较高效率的平滑调速特性;变极调速适用于不需要无级调速的生产机械,如风机等。

### 2. 变转差率调速(无级调速)

变转差率调速可以通过调节定子电压、转子电阻(适应于绕线式异步电动机)、转差电压(适应于绕线式异步电动机)等方法来实现。改变外加定子电源电压来改变转差率 $s$,这种调速方式可用于鼠笼式异步电动机的调速。如图 3.31 所示为改变定子电压调速。

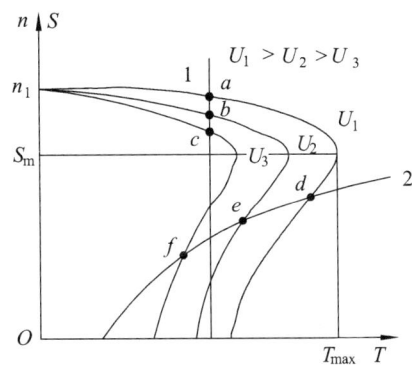

图 3.31 鼠笼式异步电动机变转差率调速(改变定子电压)

由负载特性曲线 1 与不同电压下电动机的机械特性的交点,可以有 $a$、$b$、$c$ 点所决定的速度,其调速范围很小,负载曲线 2 与不同电压下机械特性的交点为 $d$、$e$、$f$,可以看出,调速范围稍大。这种调速方法能够无级调速,但当降低定子电压时,转矩也按电压的平方比例减小,所以调速范围不大。为了扩大调速范围,调压调速应采用转子电阻值大的笼型电动机。

目前常用的调压方式有串联饱和电抗器、自耦变压器以及晶闸管调压等几种。晶闸管调压方式为最佳。其特点为:调压调速线路简单,易实现自动控制;调压过程中转差功率以发热形式消耗在转子电阻中,效率较低;调压调速一般适用于 100 kW 以下的生产机械。

### 3. 变频调速(无级调速)

变频调速通过改变电机定子的供电频率,以改变电机的同步转速达到调速的目的,其调速性能优越,调速范围宽,能实现无级调速。进行变频调速时,为使电机得到满意的性能,通常应保持气隙磁通 $\Phi_m$ 不变,即可保持铁芯磁路的饱和程度。励磁电流和电动机的功率因数基本不变。这样,此种调速方法不仅调速范围大,效果好而且效率亦较高。如略去异步电动机定子阻抗压降,则 $U_1 \approx E_1 = 4.44 K_1 N_1 f_1 \Phi_m$,为使 $\Phi_m$ 保持不变,应使电压 $U_1$ 随频率按正比例变化,即

$$\frac{U_1}{f_1} \approx \frac{E_1}{f_1} = 4.44 K_1 N_1 \Phi_m = \text{const}$$

也就是说,在改变频率的同时,必须相应调节电压,这种变频调速常用英文 VVVF(Variable Voltage Variable Frequency)来表示。

利用 VVVF 调速,也可用于异步电动机的启动。异步电动机启动时,按负载的要求选择

合适的启动频率，获得所需的启动转矩，然后随着电机转速的上升相应地升高电源的频率，这种方式称为软启动。

从调速范围、平滑性以及调速过程中电动机的性能等方面来看，变频调速很优越，可以和直流电动机相媲美。但需要专门的变频变压电源，控制城轨动车异步电动机的变频变压装置通常采用脉冲宽度调制器，亦称PWM（Pulse Width Modulation）变频器。变频调速其特点为：效率高，调速过程中没有附加损耗；应用范围广，可用于鼠笼型异步电动机；调速范围大，特性硬，精度高；技术复杂，造价高，维护检修困难。

变频调速适用于要求精度高、调速性能较好的场合，如干线铁路电力电动车组与内燃动车组、城市轨道电力电动车组等。

综合所述三种调速方式可以看出，异步电动机的调速性能不如直流电动机的调速性能好。这是因为，异步电动机的运行特点就是在接近同步转速工作时（即转差率 $s$ 较小时），机械性能较硬，效率和功率因数都较高。如果远低于同步转速（即转差率 $s$ 较大），各方面的性能都要变差。因此改变转差率 $s$ 不是理想的调速方法，而变极调速和变频调速又不像直流电动机改变电枢电压那么方便。

## 三、三相异步电动机的反转

三相异步电动机的旋转方向取决于定子旋转磁场的旋转方向，并且两者的方向相同。只要改变旋转磁场的方向，就能使三相异步电动机反转。因此，将三相接线端中的任意两相接线端对调，改变三相电源顺序，就改变了旋转磁场的方向，从而使三相异步电动机反转；在逆变电路中，改变半导体开关的触发顺序，即改变三相交流电的相序就可以使旋转磁场反向，从而使三相异步电动机反转。

## 四、三相异步电动机的制动

### （一）三相异步电动机的制动

三相异步电动机的制动是指加上一个与电动机转向相反的转矩来使电动机迅速停转或限制电动机的转速。电动机在下属情况下运行时属于制动状态。一种情况是在负载转矩为势能转矩的机械设备中（例如起重机下放重物，电力动车下坡运行）使设备保持一定的运行速度。另一种情况是在机械设备需要减速或停止转动时，电动机能实现减速或停止转动。

三相异步电动机的制动方法有两种：机械制动和电气制动。机械制动是利用机械装置（如电磁抱闸机构）来使电动机迅速停止转动，常用于起重机械设备上。电气制动是使异步电动机所产生的电磁转矩的方向和电动机转子的旋转方向相反，电气制动通常可分为反接制动、再生制动和电阻制动。

**1. 异步电动机反接制动**

三相异步电动机反接制动就是在分析异步电机工作原理时指出的制动状态（ $n<0$，$s>1$），此时转子的转向与定子旋转磁场的转向相反。

如图 3.32 所示为反接制动接线原理图。将正在电动机状态下运行的异步电动机的定子绕组三根供电线任意对调两根，则定子电流的相序改变，其相应的旋转磁场立即反转，从原来与转子转向一致变为与转子转向相反，于是电机立即进入 $s>1$ 时的制动状态。当电动机转速下降至零时，必须立即切断定子电源，否则电动机将向相反方向旋转。

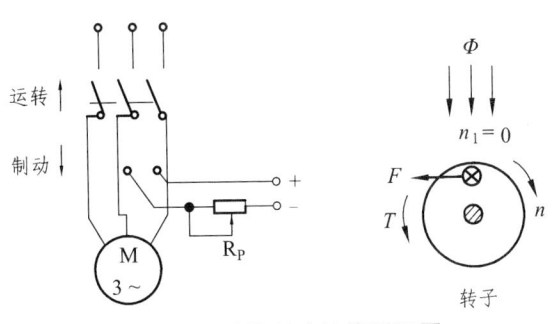

图 3.32　反接制动接线原理图

反接制动方法简单，制动迅速，效果较好；但制动过程冲击强烈，能量消耗较大。

### 2. 再生制动

如图 3.33 所示为回馈制动接线原理图。当异步电机作电动机运行时，如果由于外在因素，使转子加速到超过同步转速，则异步电动机进入回馈制动（发电机运行）状态。例如前述的起重机放下重物时，如果仍按电动机状态运行，即转子转向和定子旋转磁场转向相同，则在电动机的电磁转矩和重物的重力产生的转矩共同作用下，重物以越来越快的速度下降，当转子转速由于重力的作用超过同步转速，即 $n>n_1$ 时，异步电机就进入发电机制动状态运行，电磁转矩方向立即改变，一直到电磁转矩与重力转矩平衡时，转子转速以及重物下降速度才稳定不变，使重物恒速下降。这时重物下降减少的位能转换为电能送给电机所接的电网，因此称回馈制动。

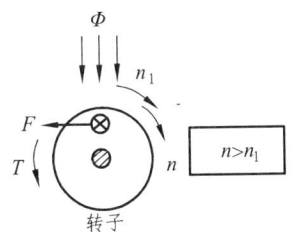

图 3.33　再生制动接线原理图

回馈制动的优点是经济性能好，可将负载的机械能变为电能返送回电网。缺点是应用范围窄，只有在电动机转速大于同步转速时才能实现。回馈制动主要用在电车下坡或鼠笼式异步电动机变频调速由高速调为低速的时候。

### 3. 电阻制动（能耗制动）

如图 3.34 所示，将正在运行中的异步电动机的定子绕组从电网断开，而接到一个直流电源上，由直流电流励磁在气隙中建立一个静止的磁场。于是，从正在旋转的转子上来看此磁场将是向后旋转的，因此由它感应于转子中的电流所产生的电磁转矩的方向应为向后转，即对转子起制动作用。这种制动方法是利用转子旋转时的惯性，使转子导体切割静止磁场的磁通而产生制动转矩，把转子的动能消耗于转子回路的电阻上成为铜耗，故又称能耗制动。

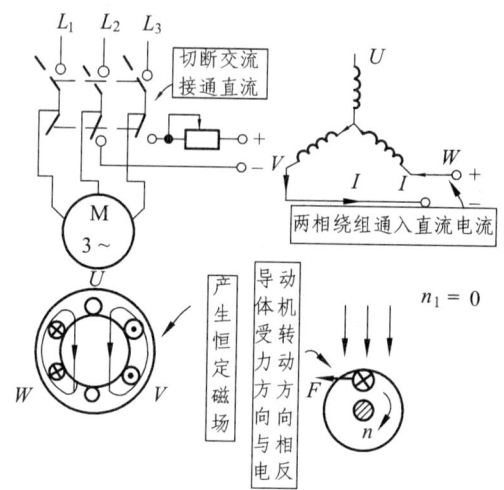

图 3.34　电阻制动接线原理图

电阻制动中，制动转矩的大小与直流电流的大小有关，在鼠笼式异步电动机中，可以通过调节直流电流的大小来控制制动转矩的大小。

这种制动方法能量消耗小，制动平稳，但需要直流电源，低速时制动转矩小。

## 一、填空题

1. 鼠笼异步电动机的启动方式有＿＿＿＿、＿＿＿＿、＿＿＿＿和＿＿＿＿。
2. 异步电机能否采用直接启动要考虑三方面的问题：一是电机本身是否允许；二是＿＿＿＿是否允许；三是＿＿＿＿是否允许。
3. 定子串电阻或者串电抗启动方法仅限于＿＿＿＿启动或轻载启动。
4. 异步电动机 Y/△ 换接启动适用于定子为＿＿＿＿连接的异步电动机＿＿＿＿。
5. 异步电动机的调速方法有＿＿＿＿、＿＿＿＿、＿＿＿＿。
6. 把三相笼型异步电动机接到三相对称电源上，现任意对调＿＿＿＿相，电动机的转向将反转。

## 二、判断题

1. 三相异步电动机的启动电流很大，所以其启动转矩也很大。（　　）
2. 三相异步电动机的启动电流和启动转矩都与电动机所加的电源电压成正比。（　　）
3. 交流制列车进行再生制动时，主电路连接方式不需改变。（　　）

### 三、简答题

1. 鼠笼异步电动机的启动方式有哪几种方式？各有何特点？
2. 为什么说一般的电动机不适用于需要在宽广范围内进行调速的场合，简述异步电动机有哪几种主要的调速方法？
3. 简述直-交电路的再生与电阻制动原理。

# 第七节　单相异步电动机

单相异步电动机是利用单相交流电源供电的一种小容量交流电机。它具有结构简单、成本低廉、运行可靠、维修方便等优点，可以直接在单相 220 V 交流电源上使用，因此在家用电器（电扇、洗衣机、电冰箱、空调器等）及轻工业装置上得到了广泛的应用。当然，与同容量的三相异步电动机比较，单相异步电动机的体积大，运行性能较差，效率较低。因此，单相异步电动机只能做成小容量的，从几瓦到几百瓦。

单相异步电动机的类型很多，但除罩极电动机的定子具有凸出的磁极外，其余各类的定子铁芯和普通三相异步电动机的相似。一般情况，定子铁芯上有两个绕组：一个称为工作绕组或主绕组，用以产生主磁场和从电源吸收电功率输入给电机；另外一个称为启动绕组或辅助绕组，用来启动电动机。单相异步电动机的转子是普通的鼠笼形转子。

## 一、单相异步电动机结构

与三相感应电动机相似，包括定子和转子两大部分。转子结构都是笼型的，定子铁芯由硅钢片叠压而成，定子铁芯上嵌有定子绕组，如图 3.35 所示。

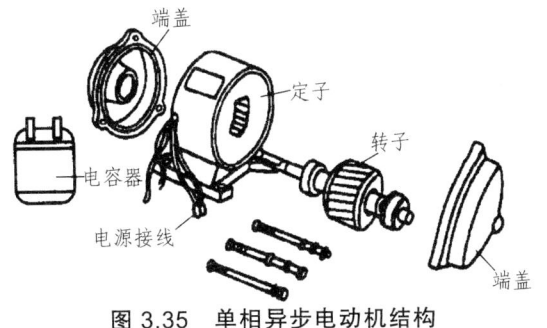

**图 3.35　单相异步电动机结构**

单相感应电动机正常工作时，一般只需要单相绕组即可，但单相绕组通以单相交流电时产生的磁场是脉动磁场，单相运行的电动机没有启动转矩。为使电动机能自行启动和改善运行性能，除工作绕组（又称主绕组）外，在定子上还安装一个辅助的启动绕组（又称副绕组）。两个绕组在空间相距 90°或一定的电角度。

## 二、单相脉振磁场——双旋转磁场理论

单相异步电动机接在单相电源上运行,单相绕组会产生单相脉振磁场,单相绕组脉振磁势可以分解成波幅恒定、转速为同步转速但转向相反的两个旋转磁势,即所谓的双旋转磁势理论。

## 三、单相异步电动机的工作原理

单相异步电动机定子绕组(工作绕组)接通电源,根据双旋转磁场理论,设 $F_{1+}$ 和 $F_{1-}$ 分别表示定子绕组的正向和反向旋转磁势,它们将分别在气隙内产生正向和反向旋转磁场。这两个大小相等、转向相反的旋转磁场切割转子导条后,将在导条中分别感应出相应的电动势和电流。正向磁场与转子正向电流作用产生正向电磁转矩 $T_{m+}$,它企图使转子顺着正向磁场旋转的方向转动;反向磁场与转子反向电流作用产生反向电磁转矩 $T_{m-}$,它企图使转子顺着反向磁场旋转的方向转动,如图 3.36 所示。

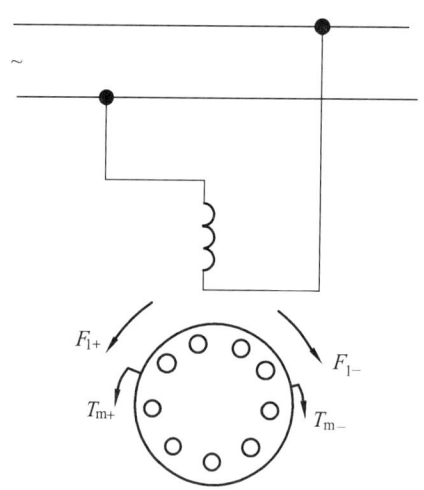

图 3.36 单相异步电动机示意图

当电动机静止不动时,转子对正向和反向磁场的转差率都等于 1,电磁转矩 $T_{m+}$ 和 $T_{m-}$ 大小相等、方向相反。因此,合成电磁转矩为零,电动机不能自己启动。

如果借助外力使电动机的转子向某一方向(如正向磁势 $F_{1+}$ 的方向)转动,那么正向和反向旋转磁场切割转子导条的速度将不同,因此转子的反应也将不同。若转子转速为 $n$,则对正向磁场(即与转子同方向旋转的磁场)而言,转子的转差率 $s_+$ 应为

$$s_+ = \frac{n_1 - n}{n_1} \tag{3.70}$$

对反向磁场,由于其转速为 $-n_1$,故转子对它的转差率 $s_-$ 应为

$$s_- = \frac{-n_1 - n}{-n_1} = 2 - \frac{n_1 - n}{n_1} = 2 - s \tag{3.71}$$

转矩 $T_{m+}$ 和 $T_{m-}$ 与转差率的关系和普通三相异步电动机相似。在 $0 < s < 1$ 时,正向磁场所

产生的电磁转矩 $T_{m+}$ 大于反向旋转磁场所产生的电磁转矩 $T_{m-}$，于是转子就受到一个合成电磁转矩 $T_m$ 的作用。因为 $T_{m-}$ 是反向转矩，对转子起制动作用，所以合成转矩 $T_m$ 小于 $T_{m+}$。如图 3.37 所示表示单相异步电动机的机械特性曲线。

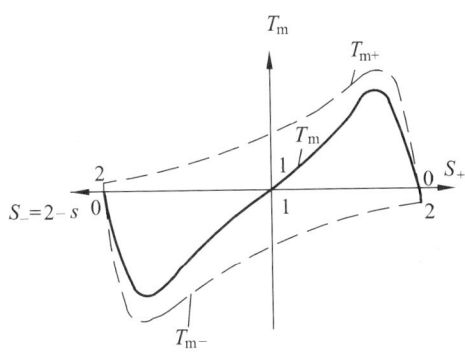

图 3.37　单相异步电动机的机械特性曲线

综上所述单相异步电动机无启动转矩，因此必须采取措施使之产生必要的启动转矩。此外，$s=1$ 的两边，合成转矩是对称的，因此单相异步电动机没有固定的转向，在两个方向都可以旋转，运行时的旋转方向由启动时的转动方向而定。只要外力把转子向任一方向驱动，转子就将沿着该方向继续旋转，直到接近同步转速。

由于在单相异步电动机中始终存在着一个反向旋转磁场，因此单相异步电动机的损耗较大、效率较低，功率因数也较低，这样就使得单相异步电动机的性能总是较次于三相异步电动机。

## 四、单相异步电动机的分类和启动方法

由于单相异步电动机转子不能自行启动，为了解决启动问题，应设法加大正向磁场，抑制反向磁场，使在启动时电动机气隙中能够形成一个旋转磁场。例如在定子上另装一个空间和时间上与工作绕组都不同相的启动绕组。

根据启动方法或运行方法的不同，单相异步电动机可分为单相电容启动电动机、单相电容运行电动机、单相电阻启动电动机、单相罩极启动电动机等几类，下面介绍单相电容启动电动机、单相电容运行电动机和单相电阻启动电动机的启动方法。

### 1. 单相电容启动电动机

单相电容启动电动机的接线原理图如图 3.38 所示。装在定子铁芯上的启动绕组 $Z_1Z_2$（又称副绕组）与工作绕组 $U_1U_2$（又称主绕组）在空间互差 90°电角度。启动绕组 $Z_1Z_2$ 与电容器 C 串联后，通过离心开关或继电器点 S 与工作绕组 $U_1U_2$ 一起并接到同一电源上。

采用分析三相旋转磁势的方法，可以得到如下结论：向空间位置互差 90°电角度的两相定子绕组内通入在时间上互差 90°的两相电流，产生的磁势也是沿定子内圆旋转的旋转磁势。

适当地选择电容器值，使启动绕组中的电流超前工作绕组中的电流约 90°相角，则在定子内圆气隙中就会产生一个旋转磁势，相应地产生旋转磁场，在该磁场的作用下，能产生较大的启动转矩，使电动机转动起来。

启动绕组是按照短时运行方式设计的,如果长期通过电流,会因过热而损坏。因此,当电动机的转速达到同步转速的 70%~80% 时,由离心开关 S 把启动绕组从电源断开,电动机便作为单相异步电动机运行。

单相电容启动电动机有较大的启动转矩,但启动电流也较大,适用于各种满载启动的机械,如小型空气压缩机。

### 2. 单相电容运行电动机

如果启动绕组不仅供启动用,而且允许长期接在电源上工作,这种电动机称为单相电容运行电动机,如图 3.39 所示。

单相电容运行电动机实质上是一台两相异步电动机,其两个绕组在空间相隔 90°电角度,绕组中的电流也相差约 90°相角。单相电容运行电动机的性能有较大的改善,其功率因数、效率及最大转矩都比普通单相异步电动机高。

单相电容运行电动机结构简单,使用维护方便,只要任意改变工作绕组(或启动绕组)的首端、末端与电源的接线,即可改变旋转磁场的转向,使电动机反转。这类电动机常用于吊扇、台扇、洗衣机、吸尘器等。

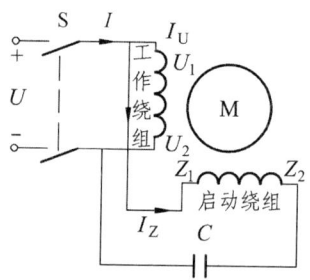
图 3.38 单相电容启动电动机

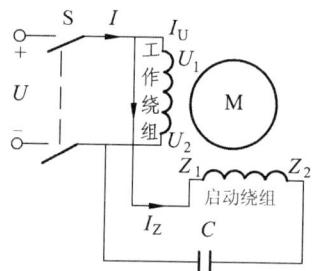
图 3.39 单相电容运行电动机

### 3. 单相电阻启动电动机

将图 3.38 中的电容器换成电阻就构成单相电阻启动电动机,如图 3.40 所示。这种电动机的特点是启动绕组 $Z_1Z_2$ 的导线直径较细,匝数少且又与启动电阻串联,则该支路的总电阻远大于感抗,可近似看做流过绕组中的电流与电源电压同相位;工作绕组 $U_1U_2$ 的导线直径较粗,匝数较多,则感抗远大于绕组中的直流电阻,可近似看做流过绕组中的电流滞后电源电压约 90°电角度。

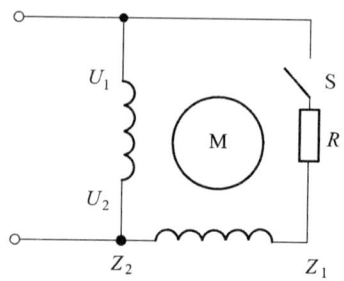
图 3.40 单相电阻启动电动机

因此，可近似看做启动绕组中的电流与工作绕组中的电流相差 90°电角度，从而在定子与转子气隙中产生旋转磁场，使转子获得转矩而旋转。这种电动机启动转矩不大，宜于空载启动。

## 练习题

### 一、填空题

1. 单相异步电动机接在单相电源上，产生_____磁场。
2. 单相异步电动机无_____转矩。
3. 牵引系统辅助电机在地铁车辆上起到_____和_____的作用，是车辆正常运行不可缺少的设备。

### 二、简答题

1. 单相电容启动电动机中的启动绕组的作用是什么？
2. 单相电阻启动电动机的工作绕组和启动绕组有什么区别？

# 第四章　三相鼠笼式异步牵引电动机

## 第一节　三相异步牵引电动机概述

由前面几章的知识可知，直流牵引电动机的优点是具有优良的牵引和制动性能，调节端电压和励磁就可以方便地进行调速；缺点是电机换向困难和电位条件恶化、结构复杂、工作可靠性较差、制造成本高、维修麻烦。交流牵引电动机的优点是没有换向器，结构简单、维修方便、体积小、重量轻、转速高、单位功率大、能自动防滑。

城市地铁牵引电机地铁牵引电机普遍采用的是三相鼠笼式异步牵引电动机。绕线式异步电机一般不作为地铁动车牵引电机，本章介绍的三相异步牵引电机特指鼠笼式异步牵引电机。

一般来说，采用三相异步牵引电动机具有以下优点：

（1）单位比功率大、体积小、重量轻。与带换向器的电动机相比，在相同的输出功率下，异步电动机和直流电动机两者的重量比为 1：1.6。这主要是由于异步电动机没有换向器，可以以更高的圆周速度运转，而不受换向器电机中所谓电抗电势及片间电压等的限制。

（2）结构简单、牢固，维修工作量大大减少。因为三相交流牵引电动机没有换向器和电刷装置，故无需检查换向器和更换电刷，电机的故障率亦大大降低。特别是鼠笼式异步牵引电动机，转子无绝缘，除去轴承的润滑之外，几乎不需要做经常的维护。上海地铁一号线将原有的直流牵引传动系统升级改造为交流传动系统，不仅动力提高 30%，使用寿命也延长 30 年。

（3）有良好的牵引性能。合理地设计三相交流牵引电动机的调频、调压特性，可以实现大范围的平滑调速，充分满足动车运行的需要。同时其硬的机械特性有自然防空转的性能，使黏着性能提高。另外，三相交流牵引电动机对瞬时过电压和过电流很不敏感（不存在换向器的环火问题），它在启动时能在更长的时间内发出大的启动力矩。

（4）在电动车上可以节省若干电器，并有利于实现自动控制。三相交流牵引电动机转向的改变以及从牵引到电制动状态的转换，不需要变换动车的主电路，而仅仅通过控制系统改变变频器任意两相可控硅元件的触发顺序即可使电动机反转。当动车进入电制动状态时，对于异步电动机，此时无需转换主回路，只是通过控制逆变器的频率，使电动机超同步状态运行即实现了电制动，以上为无接点转换，所以原来转换主电路的反向器和牵引制动转换开关就可以省掉，其他有些接触器、开关等亦可用固定元件代替。

（5）采用直-交传动的电动列车，可以采用所谓 VVVF 牵引逆变器控制地铁车辆。它可以使电动机从电网所取的电流十分接近于正弦波形，在广泛的负载范围内使动车的功率系数接近于1。在减小对于通信信号的谐波干扰和充分利用电网的传输功率方面是有很大意义的。

三相鼠笼式异步牵引电动机采用 VVVF 控制，即直流电通过逆变器变为三相交流电，用电压和频率的变化来控制异步电动机，获得最佳的调速性能，并实现再生制动。VVVF 控制技术是指通过改变交流电动机定子绕组的供电频率，在改变频率的同时也改变电压，从而达到调节电动机转速的目的。目前的变频器系统还采用微机控制技术，它可根据电动机负载的变化实现自动、平滑地增速或减速。牵引逆变器控制轨道车辆有以下主要优点：

① 采用异步电动机，VVVF无接点控制，维修作业显著减小；
② 牵引系统小型化；
③ 再生率高达35%，节电效果显著；
④ 黏着性能提高，可充分利用黏着性能。

目前采用牵引逆变器控制的变压变频调速系统由于其效率高、性能好，调速时同时调节电压和频率，电动机的机械特性基本平行移动，而转差率不变，成为当前交流调速系统的主要发展方向，我国的地铁和轻轨车辆基本上采用VVVF变压变频调速方式。

1. 三相异步牵引电动机与直流牵引电动机及同步牵引电动机相比有何优点？
2. 牵引逆变器控制轨道车辆有哪些主要优点？

# 第二节  三相鼠笼式异步牵引电动机的基本结构

## 一、三相鼠笼式异步牵引电动机的安装

地铁动车牵引电机为三相四线制鼠笼式电动机。每两台牵引电机分别横向安装于同一转向架的两轴上。南京地铁1号线车辆驱动装置介绍如图4.1所示。

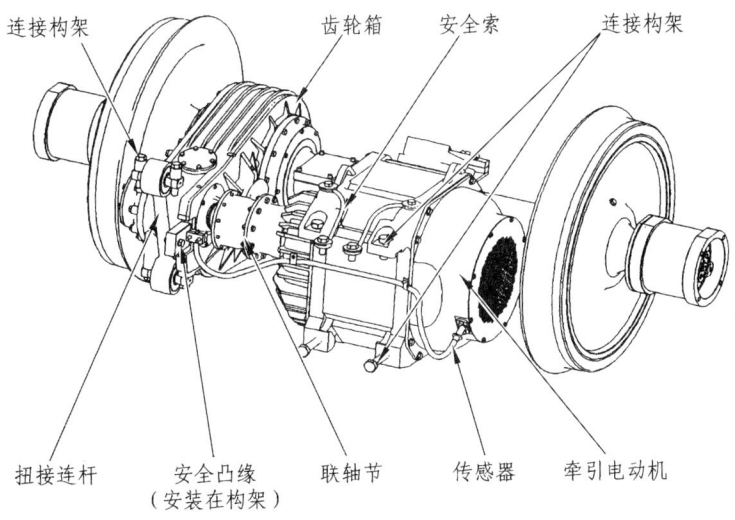

图 4.1  南京地铁1号线车辆驱动装置

### 1. 牵引电机悬挂

每个动力转向架都配备有两个牵引电动机,这两个牵引电机采用架悬,横向安装在转向架构架横向构件上。如果连接件发生故障,连接转向架横向构件的两根安全索和牵引电机上的安全凸缘则防止电动机下落到轨道上。

### 2. 牵引电机技术参数

| | |
|---|---|
| 铭牌 | 4LCA2138 |
| 产品类型 | 异步,四极,鼠笼 |
| 连续功率 | 185 kW |
| 电压 | 675 V/1 170 V(相与相-到-相电压) |
| 电流 | 116 A |
| 转速 | 2 000 r/min |
| 频率 | 67.4 Hz |
| 转速范围 | 0 到 3 660 r/min |
| 风冷 | 自动通风 |
| 电源 | 用 3 根电缆,经过端子箱连接到发动机 |
| 传输 | 经过齿轮耦合安装 |
| 安装布置 | 平行安装到轮轴上,用 4 个螺丝固定到转向架构架上 |
| 定子构架子 | 位于两个铸钢构架间,用叠层磁回路制成多角焊接结构 |
| 端罩—驱动端 | 滚柱轴承 |
| 端罩—非驱动端 | 滚珠轴承 |

### 3. 速度传感器

牵引电机配备了传感器将电动机速度数据传输到车身内的控制和监视系统。

### 4. 联轴节

动力通过挠性联轴节从牵引电机传输给齿轮箱。联轴节包括两个半联轴节,每个半联轴节都通过压力安装在牵引电机或齿轮箱的锥轴上。

### 5. 齿轮箱

齿轮箱是两级减速齿轮箱,一个输入轴装有一级小齿轮(27 齿),一个中间轴装有一级齿轮(78 齿)、二级小齿轮(27 齿)和装有一二级齿轮(65 齿)的输出轴。传动比为(65×78)/(27×27)= 6.954 7。

齿轮由调质钢制成,并采用圆柱形螺旋齿形结构以减少齿轮箱的噪声。齿轮箱安装在车轴,它通过配备两个弹性末端轴承的扭接连杆连接转向架横向构件。

## 二、三相鼠笼式异步牵引电动机部件构成

地铁动车中的异步牵引电动机的外形结构与一般的直流牵引电动机相近,所不同的是异步牵引电动机不需要换相器观察孔,如图 4.2 所示。

图4.2 地铁动车车辆牵引电动机外形结构

### 1. 定子部分与转子部分

转向架上的电机支座由三个压入电机支座的弹性支撑组成,机座多采用钢板焊接结构。电机采用自通风并配有空气过滤器和消音器。

定子被设计为没有外壳的结构。牵引电机钢条束通过在DE(驱动端)和ND(非驱动端)侧的绕环以及4个纵向牵引杆被焊接为防自身扭转的结构。轴向冷却通风排直接布置在定子钢条上,可起到迅速驱散热量的作用。端板被栓接到定子进气口处,位于DE侧。两个用于过滤冷空气的滤波器,通过一个快速缓解阀被安装到端板上。空气过滤器可以保护电机,防止危险异物进入。一个适配凸缘、端板ND和消音器被安装在ND侧。

固定轴承DE圆柱形滚筒轴承安装在端板上,活动式轴承圆柱形滚筒轴承位于端板上的侧。用重新润滑的方式来处理旧的润滑剂,其的目的是避免形成空隙。

定、转子铁芯冲片选用0.5 mm厚的高导磁、低损耗的冷轧硅钢片,要求内、外圆同时落料,以保证气隙的均匀度。转子铁芯内孔与轴用热套固定,取消键槽配合,以满足牵引电机频繁正反启动的要求。定子由硅钢片堆叠而成并与刚性端面板焊接在一起,定子铁芯固定在钢制机架中。

定子槽型一般采用开口型,这样可以用成型绕组以获得良好的绝缘性能,增加运行的可靠性。对于选用气隙较小的电机,可在定子槽口开通风槽口,这样可增加通风效果,同时还可以增加电机漏抗,减小谐波电流的影响。

定子线圈的绝缘等级为200,它们由绝缘矩形侧断面的圆边铜导线缠绕,再捆扎上一根附加绝缘线圈,一并插入到与绝热箔平行的凹槽中。定子线圈连接电路与Y形连接点构成无驱动端的端部绕组。所有连接都是硬焊,绝缘端部绕组交织有大量的玻璃纤维束,同样,线圈连接点及其分支都连接到线圈接线片上。在注入和硬化后,线圈耐用力会增强,可排斥因冲击和短路而造成形变。

转子铁芯末端有两个鼠笼端环和两个用于固定层压片的转子缠绕环。转子层压片也配有用于散热的轴向通风孔。配有内螺纹的孔,用来紧固起到平衡转子作用的转子缠绕环D和N的平衡锤。

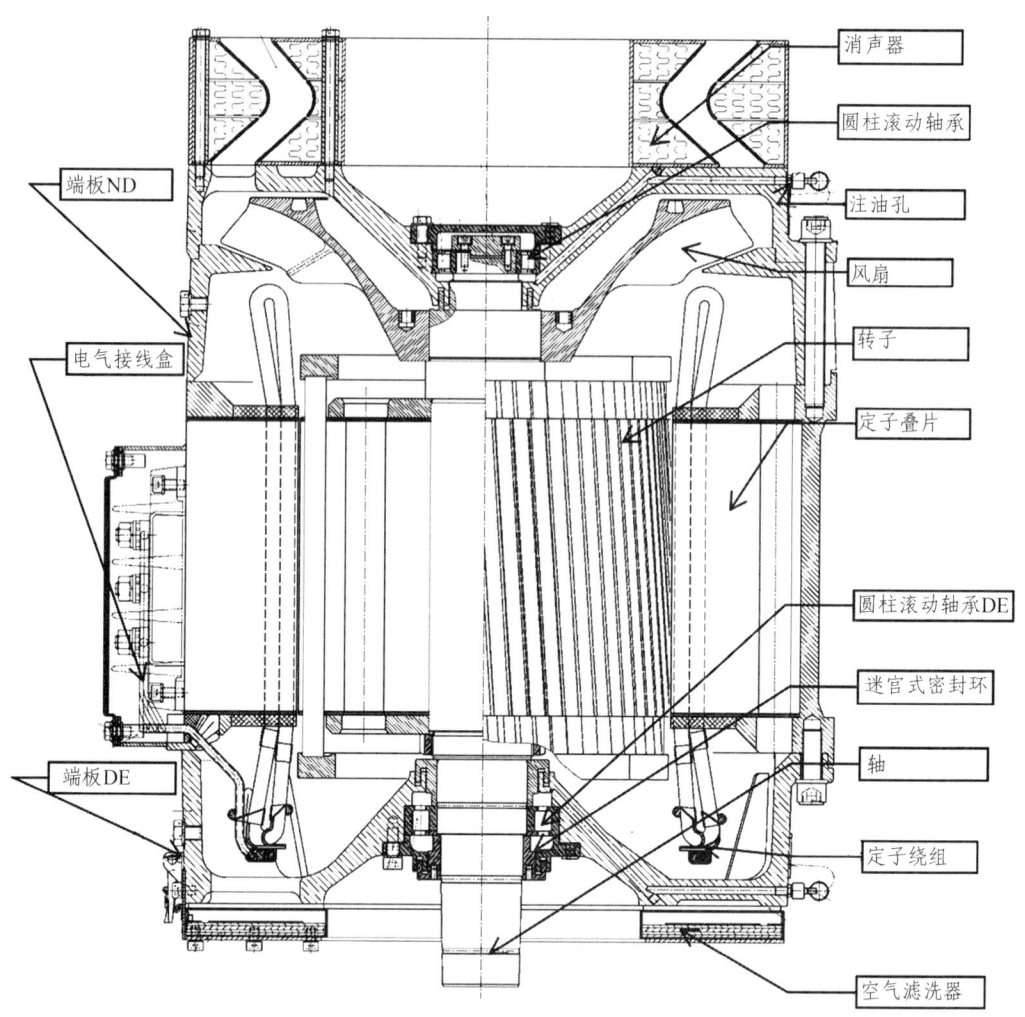

图 4.3　三相鼠笼式异步牵引电动机的基本结构（DE—驱动端；ND—非驱动端）

坚固的鼠笼形转子采用热叠压工艺制成，在端环的外围设有套环，提高了转子的强度和可靠性，转子导条由铜合金制成，它楔入铁芯中将锁定其位置。转子导条和铁芯进行树脂造型，提高导条的冷却效果。转子导条采用高频感应加热，硬焊在端翼上。端翼的设计能够承受最大运行速度 1.2 倍的超速运转。

为了改善启动性能，转子槽有时做成深槽式，但由于变频调节的异步牵引电动机都采用低频启动，实际上启动时的集肤效应很小，这时转子绕组有效电阻的增加和漏电感的减小作用已极不明显，故从磁路饱和及结构简单的角度考虑，多采用一般的矩形（或槽底为半圆形的矩形）槽。当电动机的功率较大时也采用梯形槽。异步电动机一般不采用斜槽转子。

开始使用绝缘轴承，阻止由于三相电流不平衡时产生的轴电流流过轴承，避免轴承受到电腐蚀，保证轴承寿命。轴承由高强钢制成，轴承部位设有注油口，做成能够中间加油（一次）的方式。

在电机反相输出端有一个润滑轴。每 3 年需要用油枪对其充油一次，电机每 6 年需进行一次大修。

轴承周边采用密封方式，可以长期不加油、不检查。封入轴承盖里的润滑脂构成没有磨耗部位、完全接触的油封，具有防尘、防水功能。设有加油口，可以中间加油。

风扇由铸铝合金制成，安装在轴上，用螺栓紧固于驱动端转子端面板上。冷却空气可通过电机机架上的内置式过滤孔进入。

### 2. 速度测量

为配合变频调速系统进行转速（差）闭环控制和提高控制精度，在电机内部应考虑装设非接触式转速检测器（脉冲发射机）。电机的旋转速度和方向可通过脉冲发射机来测量，其安装在齿轮箱的传动装置上。

### 3. 牵引电机温度监测

电机温度是通过两个冗余设计 PT-100 的温度监控器测量，其位于排气孔侧的定子缠绕环上。

### 4. 牵引电机的防腐保护

电机表面覆盖了一层由两种成分构成的氧化材料底漆，中间喷涂和最外层饰面材料为含有带两种成分的聚亚安酯清漆。

### 5. 牵引电机的悬挂

为适应高速列车运行需要，异步牵引电动机大多采用全悬挂方式（或称架承式悬挂），利用实心轴传动球形万向联轴节，置于轴伸和小齿轮中间，以补偿运行中轮对和电机间相对垂直位移，避免电机承受弯矩和轴向力，延长轴承寿命。

# 第三节　三相异步牵引电动机的变频运行方式及其特性

三相异步牵引电动机工作原理与其他笼型异步电动机工作原理一样。当定子绕组中输入三相交流电产生旋转磁场，鼠笼型导条切割旋转磁场，产生感应电流，于是转子产生电磁转矩，驱动电动机运转。

## 一、变频调速异步电机转矩公式

### 1. 用 $U_1$ 和 $f_1$ 表示的转矩公式

三相异步电动机正常运行时（在一般的工程计算中由于 $x_m \gg r_m$，故在等值电路中往往将 $r_m$ 忽略），根据第三章等值电路图 3.21 及数学分析解出转子电流 $I_2'$ 的有效值为

$$I_2' = \frac{U_1}{\sqrt{\left[\dfrac{r_2'(x_1+x_m)+sr_1(x_2'+x_m)}{sx_m}\right]^2 + \left[\dfrac{s(x_1 x_m + x_2' x_m + x_1 x_2') - r_1 r_2'}{sx_m}\right]^2}}$$

电磁转矩的参数表达式

$$T = \frac{pm_1}{2\pi}\left[\frac{U_1}{f_1}\right]^2 \cdot \frac{f_2 x_m^2 / r_2'}{\left[r_1 + \frac{f_2}{f_1 r_2'}(x_m^2 - x_{11}x_{22})\right]^2 + \left[x_{11} + \frac{f_2 r_1 x_{22}}{f_1 r_2'}\right]^2} \quad (4.1)$$

式（4.1）清楚地反映出电磁转矩 $T$ 与电源电压 $U_1$ 和频率 $f_1$、$f_2$ 的函数关系。

**2. 用 $E_1$ 和 $f_1$ 表示的转矩公式**

由图 3.21 所示的等值电路（$r_m$ 忽略），可得转子电流 $I_2'$ 的数值为

$$I_2' = \frac{E_1}{\sqrt{(r_2'/s)^2 + x_2'^2}} \quad (4.2)$$

将该式与式 $s = \frac{f_1}{f_2}$ 与 $x_2' = 2\pi f_2 L_2'$ 代入式 $T = \frac{m_1 p I_2'^2 r_2'}{2\pi f_1 s}$，可得到以下转矩表达式

$$T = \frac{pm_1}{2\pi}\left[\frac{E_1}{f_1}\right]^2\left[\frac{f_2 r_2'}{r_2'^2 + (2\pi f_2 L_2')^2}\right] \quad (4.3)$$

式中　$L_2'$——转子绕组归算到定子边的漏电感，$L_2'$ 为常数，故 $x_2'$ 与 $f_1$ 成正比。

**3. 用 $E_2'$ 和 $f_1$ 表示的转矩公式**

由图 3.21 的等值电路（$r_m$ 忽略）可得转子电流 $I_2'$ 的数值为

$$I_2' = \frac{E_2'}{r_2'/s} \quad (4.4)$$

电磁功率公式 $P_e = m(I_2')^2 \cdot r_2'/s$，转矩公式为 $T = \frac{P_e \cdot p}{2\pi f_1}$，将式（4.4）代入上两式可得

$$T = \frac{mp}{2\pi}\left(\frac{E_2'}{f_1}\right)^2 \frac{sf_1}{r_2'} = \frac{mp}{2\pi}\left(\frac{E_2'}{f_1}\right)^2 \frac{f_2}{r_2'} \quad (4.5)$$

根据变频系统设计的需要和传动负载的要求，可由 $E_1$、$\varPhi_m$、$I_2'$、$\frac{U_1}{f_1}$ 等参数作为系统的给定值或系统的控制值来得到转矩的不同控制方式。

## 二、变频调速控制方式

根据式（4.1）可以绘出一定频率和电压下异步电动机的转矩特性，如图 4.4 所示。

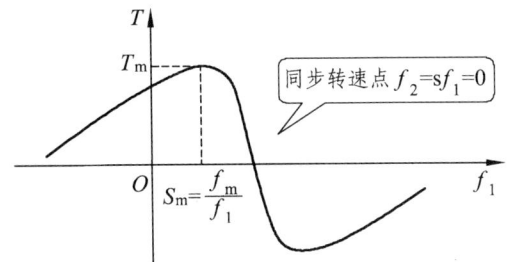

图 4.4　一定频率和电压下异步电动机的转矩特性

异步牵引电动机具有以同步转速为中心的大致对称的转矩曲线。

启动异步牵引电动机时，就会产生启动转矩而旋转。若负载转矩小于电机转矩则加速，在初始阶段转矩随转数增大，当超过极点（最大转矩）后，转矩急剧减小。然后在最大转矩点的速度和同步速度之间与负载转矩的交点上电机的速度得到平衡。一般来说，电动机具有转速增加时力矩减少、转速减小时力矩增大的特性才能稳定地运行，稳定状态下的转速要比最大力矩转速稍大。

假定加速后达到同步速度，则转矩变为 0 而不稳定，此时若没有外力支持，则速度将减小，又回到平衡点。假如强制地使电机加速，超过同步速度，则会产生制动转矩，如果没有外力来维持这个速度，则会很快制动，使电机的速度回到原来的平衡点。就是说，异步牵引电动机本身具有恒速电机的性质。

由异步电机原理可知，通常运行于固定频率下的鼠笼式异步电动机，其启动电流约为额定电流的 5～6 倍。但是由于此时转子的频率高、漏抗大、功率因数 $\cos\varphi_2$ 很低，所以启动力矩实际上是不大的。而用变频调节时，可以使电动机在较低的频率下启动，从而可以改善转子的功率因数，增大启动时单位电流的转矩。一般来说，可以在启动电流大致为二倍额定电流的情况下，利用变频调节获得重载下的良好的启动性能。

由静止逆变器向电动机提供变频功率时，为了使电动机的铁磁材料得到充分利用，电动机应维持在适当的磁状态，即接近于饱和的状态。这就是说应当使气隙磁通维持为常值。在这种情况下，变频调速是在 $(E_1/f_1)$ 为常数条件下进行，则变频调节过程中 $T_{max}$ 是一个常数，即转速特性几乎随 $f_1$ 的变化而平移。显然，这种特性对于拖动转矩不变而速度要变的负载是很适宜的。

倘若定子的供电频率发生变化而电压保持不变，即在恒电压下进行变频调节，则气隙磁通和最大转矩随着频率的上升而下降。显然，这种特性适合于动车牵引性能的要求，它在启动和低速时有较大的转矩，而在高速时转矩较小。

由上可见，对于异步电动机的变频调节应当依照电动机本身的特点和负载的要求来进行，当然，也要考虑到控制手段的难易程度而遵循一定的规律。下面对不同调节方式下异步电动机的运行特性分别予以讨论。

**1. 恒磁通运行及其机械特性**

为了获得不变的气隙磁通，需要对电动机按照比值 $E_1/f_1$ 不变进行调节。现在首先分析一下这种调节方式下的转矩特性。

由式（4.3） $T = \dfrac{pm_1}{2\pi}\left[\dfrac{E_1}{f_1}\right]^2\left[\dfrac{f_2 r_2'}{r_2'^2 + (2\pi f_2 L_2')^2}\right]$

当 $s$ 很小时，$f_2$ 很小，此时

$$T \approx \dfrac{pm_1}{2\pi}\left[\dfrac{E_1}{f_1}\right]^2\left[\dfrac{f_2}{r_2'}\right] = \dfrac{pm_1}{2\pi}\left[\dfrac{E_1}{f_1}\right]^2\dfrac{sf_1}{r_2'} \tag{4.6}$$

这说明 $s$ 很小时机械特性近似为直线，在此直线上带负载后产生的转速降为

$$\Delta n = sn_1 = s\dfrac{60}{p}f_1 = \dfrac{60}{p^2}\cdot\dfrac{2\pi r_2' T}{m_1(E_1/f_1)^2} \tag{4.7}$$

式（4.7）表明，保持 $E_1/f_1$ 恒定进行变频调速时，对应于同一转矩 $T$，转速降 $\Delta n$ 基本不变，也即直线部分斜率不变（硬度相同），机械特性平行地移动，如图 4.5 所示。

由于 $\dfrac{E_1}{f_1} = C_E \varPhi_m$，所以式（4.3）又可写成

$$T = \dfrac{pm_1}{2\pi}C_E^2 \varPhi_m^2 \left[\dfrac{f_2 r_2'}{r_2'^2 + (2\pi f_2 L_2')^2}\right] \tag{4.8}$$

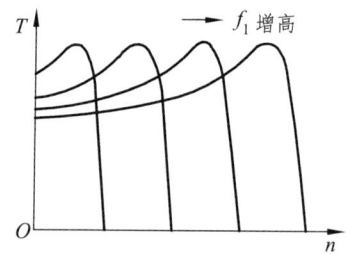

图 4.5 一定气隙磁通、不同频率时异步电动机的机械性能

式（4.8）表明，电磁转矩正比于气隙磁通的平方。若在调节时维持 $E_1/f_1$ 不变，亦即 $\varPhi_m$ 为常数，则电磁转矩完全由转子的转差频率 $f_2$ 所决定，而与定子频率无关。

将式（4.3）对 $f_2$ 求导并令其等于 0，可得到转子的临界转差频率为

$$f_m = \dfrac{r_2'}{2\pi L_2'} \tag{4.9}$$

将该式代入（4.3），可得到电动机的最大转矩为

$$T_{\max} = \dfrac{pm_1}{2\pi}\left[\dfrac{E_1}{f_1}\right]^2\left[\dfrac{1}{4\pi L_2'}\right] \tag{4.10}$$

式（4.10）表明，$T_{\max}$ 的数值与 $T$ 一样正比于气隙磁通的平方。但是，最大转矩的大小却与转子电阻无关，而仅反比于转子的漏电感。就给定的电机来说，$L_2'$ 可视为常数，故在按恒定的比值 $E_1/f_1$ 进行调节时，电动机在不同频率 $f_1$ 下其最大转矩的数值保持不变，如图 4.5 所示。至于最大转矩所对应的转差频率 $f_m$，由式（4.9）可见，将受转子电阻的影响，但对鼠笼式异步电动机来说转子电阻不能调节，若忽略集肤效应，$r_2'$ 也是常数，因而临界转差频率 $f_m$ 也是定值，不同频率 $f_1$ 的 $f_m$ 值实际上是相同的。

在变频调速过程中，即频率变化前后，电动机的过载能力应相等。根据第三章异步电动机知识，过载能力为 $\lambda_k = T_{max}/T_N$，保持 $E_1/f_1$ 恒定时，即最大电磁转矩 $T_{max}$ 调速前后不变，则输出转矩 $T_N$ 不变，属于恒转矩调速。

在恒磁通运行时，定子电流可从等值电路图 3.21 中得出

$$\dot{I}_1 = \dot{I}_m - \dot{I}'_2 = \frac{-\dot{E}_1}{jx_m} - \frac{\dot{E}_1}{r'_2/s - jx'_2} = \left[\frac{-\dot{E}_1}{f_1}\right]\left[\frac{1}{j2\pi L_m} + \frac{f_2}{r'_2 + j2\pi L'_2 f_2}\right]$$

$$= \left[\frac{-\dot{E}_1}{f_1}\right]\left[\frac{r'_2 + j(2\pi L_{22})f_2}{(2\pi L_m)^2 f_2 - (2\pi L_m)(2\pi L_{22})f_2 + j(2\pi L_m)r'_2}\right] \quad (4.11)$$

式（4.11）表明，由于 $E_1/f_1$ 为常数，所以定子电流只决定于转差频率 $f_2$，而与定子频率 $f_1$ 无关。倘若调节时保持 $f_2$ 不变，则在不同的定子频率 $f_1$ 下 $\dot{I}_1$ 的大小及相位都是固定不变的。

对应于一定的转差频率 $f_2$，可以求出电机端电压 $\dot{U}_1$ 与定子频率 $f_1$ 的函数关系，如图 4.6 中的实线所示。图中虚线表示 $U_1/f_1$ 为常数，实线与虚线相比，可以看出电动机在低频时为保持磁通一定时需要增高的电压。

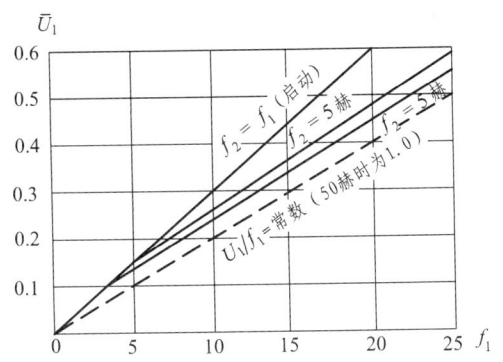

图 4.6　恒磁通运行时电动机端电压与频率 $f_1$ 的关系

**2. 恒电压/频率（$U_1/f_1$）运行及其机械特性**

前已指出，电动机的每极磁通 $\Phi_m$ 正比于比值 $E_1/f_1$。在进行频率调节时，若能维持比值 $E_1/f_1$ 不变，则可得到恒定的气隙磁通，也即在任何频率下，可以保持磁路具有一定的饱和程度。从电机材料有效利用的观点来看，这是通常所希望的。由于在一般情况下，定子绕组的漏阻抗所引起的电压降与电机的端电压相比可以忽略，亦即 $U_1$ 和 $E_1$ 可认为近似相等，因而可按照不变的比值 $U_1/f_1$ 进行调节，这就是所谓的恒电压/频率比的运行方式。这种调节方式只需要由静止变频器提供线性的电压-频率输出特性，从控制技术上很容易实现，故它被较多地应用于简单的开环调速系统中。

在这种运行方式下，转矩公式（4.1）中的比值 $U_1/f_1$ 成为常数，可以写成

$$T = A \cdot \frac{f_2 x_m^2 / r'_2}{\left[r_1 + \frac{f_2}{f_1 r'_2}(x_m^2 - x_{11}x_{22})\right]^2 + \left[x_{11} + \frac{f_2 r_1 x_{22}}{f_1 r'_2}\right]^2} \quad (4.12)$$

式中　$A = \frac{pm_1}{2\pi}[U_1/f_1]^2$ ——常数。

当电动机的参数已知时，对应于某一定子频率，利用该式可以计算出 $T$ 与 $f_2$ 的关系，如图 4.7 所示，图中转矩以标幺值（额定转矩为基值）表示，转子频率为正时，即转差率为正值，表示转子转速低于同步转速，为电动机运行状态；转子频率为负时，则表示转子转速高于同步转速，作发电机运行。

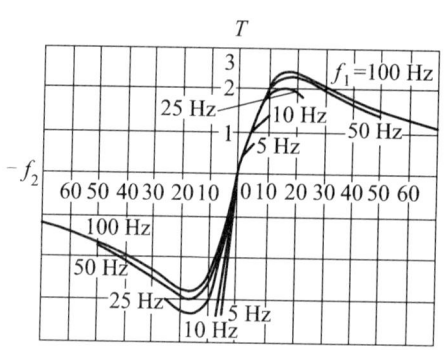

图 4.7 恒电压/频率比下异步电动机的转矩特

在较高的定子频率范围内（如 50～100 Hz），电动机发出较大的转矩，且随着频率 $f_1$ 的降低，转矩的下降甚微。而当频率 $f_1$ 较低时，转矩却急剧下降。这是由于高频范围内相应有较高的定子电压，而定子的阻抗电压降相对可以忽略，气隙磁通近乎不变。然而在低频范围内，虽然定子的漏电抗正比于频率 $f_1$ 而降低，但定子电阻却不随频率变化，这部分电阻压降在低频时实际上构成了电机端电压不可忽略的一部分，使得气隙磁通迅速减少，因而转矩急剧下降。

图 4.7 的转矩特性可以延伸到发电机的运行范围。在该范围内，电机的电流反向，并要求发出一个增大的感应电势 $E_1$ 以克服反向的定子电压降，这就迫使气隙磁通增加并产生一个大的发电机反力矩。类似于上述的原因，低频时该反力矩变大，若不采取适当的限制措施（如限制电机的电流），则会引起电机的机械损坏。当然，由于磁路的饱和，实际的发电机反力矩小于图中所示的数值。

将式（4.12）对 $f_2$ 求导并令其等于 0，可以得到临界的转差频率 $f_m$，即

$$\frac{dT}{df_2} = 0$$

由此可得

$$f_m = \pm \frac{f_1 r_2' \sqrt{r_1^2 + x_{11}^2}}{\sqrt{(x_m^2 - x_{11} x_{22})^2 + (r_1 x_{22})^2}} \quad (4.13)$$

将 $f_m$ 值代入式（4.12）便可求出不同频率 $f_1$ 时的最大转矩为

$$T_m = \pm \frac{pm_1}{2\pi} \left[\frac{U_1}{f_1}\right]^2 \cdot \frac{f_1}{2\left[\pm r_1 + \frac{\sqrt{r_1^2 + x_{11}^2}}{x_m^2} \sqrt{(x_m^2 - x_{11} x_{22})^2 + (r_1 x_{22})^2}\right]} \quad (4.14)$$

以上两式中"+"号对应于电动机运行（牵引）状态，"-"号对应于发电机运行（制动）状态。

根据式（4.14）可以画出电动机的最大转矩 $T_m$ 对应于定子频率 $f_1$ 的关系曲线，如图 4.8 中 $T_m = F(f_1)$ 所示。在式（4.3）中令 $f_2 = f_1$，则可求得不同频率 $f_1$ 时的启动转矩为

$$T_{st} = \frac{pm_1}{2\pi}\left[\frac{U_1}{f_1}\right]^2 \cdot \frac{f_1 x_m^2 / r_2'}{\left[r_1 + \frac{1}{r_2'}(x_m^2 - x_{11}x_{22})\right]^2 + \left[x_{11} + \frac{r_1}{r_2'}x_{22}\right]^2} \quad (4.15)$$

相应的关系曲线 $T = F(f_1)$ 可绘于图 4.8 中。

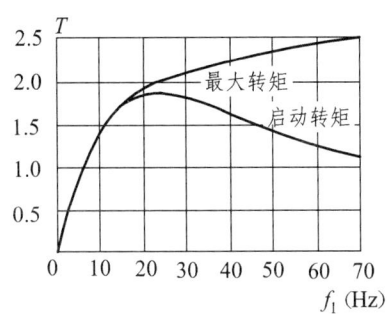

图 4.8　恒电压/频率比下异步电动机的最大转矩、启动转矩与定子频率的关系

由图 4.8 的曲线可见，在频率较低时，最大转矩和启动转矩都急剧下降。从式（4.14）和式（4.15）不难看出，这主要是由于低频下定子电阻 $r_1$ 的影响相对较大的缘故。像这样的低频性能实际上难以满足启动和低频运行的要求，为此需要采取相应的措施加以改进，将在后面述及。

在恒电压/频率比下运行时，电动机的电流 $\dot{I}_1$ 可以利用等值电路求出。在频率较高的范围内，由于 $r_1$ 相对较小而可以忽略，此时电动机的电流可以写成

$$\dot{I}_1 \approx \frac{\dot{U}_1}{f_1\left[j2\pi L_{11} + \frac{(2\pi L_m)^2}{r_2'/f_2 + j2\pi L_{22}}\right]} \quad (4.16)$$

式中　$L_{11}$——定子的总电感；

$L_{12}$——转子的总电感。

由此可见，在恒 $U_1/f_1$ 下运行时，若在高频范围内使 $f_2$ 固定，则 $I_1$ 的大小近于不变。而当频率 $f_1$ 低到一定数值时，$r_1$ 的影响再不能忽略，此时端电压倘若仍与 $f_1$ 成比例地降低，则定子电流急剧下降，转矩也迅速降低。

综上所述，在恒定的 $U_1/f_1$ 下运行时，低频范围内电动机的转矩明显降低，这主要是由于这种调节方式不能保持气隙磁通不变所造成的。为了弥补低频性能的这一缺陷，在开环系统中，一个简单易行的方法是将静止逆变器的电压-频率特性在高频范围内设计成直线，但在低频运行时其输出电压却是相对提高的，目的是补偿定子漏阻抗压降，近似地维持 $U_1/f_1$ 恒定。补偿后的机械特性如图 4.9 虚线所示。

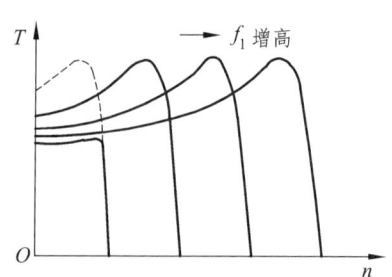

图 4.9　一定气隙磁通、不同频率时异步电动机的机械性能

在低频区增加电动机的端电压时,有一些特点是应当注意的。由于低频时,漏电抗随频率按比例下降,而电阻 $r_1$ 却保持不变,忽略低频时电机铁芯的损耗,此时磁化电流 $\dot{I}_{10}$ 滞后于 $-\dot{E}_1$ $90°$ 且 $j\dot{I}_{10}x_1$ 甚小,电势 $-\dot{E}_1$ 大小与电压 $U_1$ 近于相等。这就要求一个大的气隙磁通而导致铁芯的高度饱和,相应的空载励磁电流会很大,甚至超过通常的负载电流。由于在开环系统中,静止逆变器的输出电压特性是固定的,即电动机的端电压不会因电流的增大而减小,上述情况会更加突出,所以一般来说应注意避免在低速轻载下运行。

## 三、恒转子全磁通运行及其机械特性

若把 $U_1/f_1$ 协调控制中 $U_1$ 相对提高一些,补偿定子电阻压降,补偿定子和转子漏抗压降,就会得到恒转子全磁通控制。从式(4.3)可知,$T=f(s)$ 是一条直线,如图 4.10 所示。此时电动机机械特性曲线不再拐弯,最大转矩也不存在,$\Delta n$ 不变,直线的斜率不变,机械特性完全是一条直线。恒转子全磁通控制的稳态性能最好,可以获得和直流他励电动机一样的线性机械特性,这正是高性能交流变频调速所要求的稳态性能。

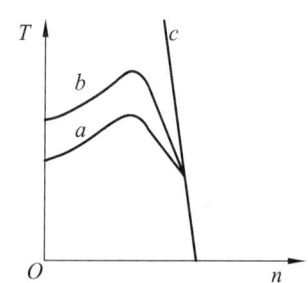

图 4.10　不同电压-频率协调控制方式时的机械特性

$a$—恒电压频率比控制；$b$—恒磁通控制；$c$—恒转子全磁通控制

## 四、恒功率运行及其机械特性

在上述恒磁通运行中,随着转速和频率的上升,电压 $U_1$ 也相应提高,电动机的输出功率增大。但是电压的提高受到电动机功率或逆变器最大电压的限制。当频率调节大于基准频率($f_1 > f_{1N}$)时,电压提高到一定数值后将维持不变,或者不再正比于 $f_1$ 上升。此后电动机将以恒电磁功率为条件进行电压和频率的调节。

由式(4.3)可知,高频区 $s$ 极小,忽略 $x_2'$,$U_1 \approx E_1$,于是该式变为

$$T = \frac{pm}{2\pi r_2'}\left[\frac{U_1}{f_1}\right]^2 f_2 \tag{4.17}$$

令 $K = \dfrac{pm}{2\pi r_2'}$，于是式（4.17）变为

$$T = K\left[\frac{U_1}{f_1}\right]^2 f_2 \tag{4.18}$$

或

$$Tf_1 = KU_1^2 \frac{f_2}{f_1} \tag{4.19}$$

式（4.19）的左端实际上是以一定的比例表示电动机功率数值。为了使电动机有恒定功率输出，电压和频率的调节可以有两种不同的方式。

（1）在任何频率 $f_1$ 下，保持 $U_1$ 不变，$f_2$ 与 $f_1$ 按比例变化，$s = \dfrac{f_2}{f_1} =$ 常数，转差率为常数。

（2）在任何频率 $f_1$ 下，$U_1$ 保持 $f_2$ 不变，$\dfrac{U_1^2}{f_1} =$ 常数。

## 第四节　电动车组三相异步牵引电动机的特性调节

三相异步电动机作为干线动车组、地铁动车组的牵引电动机，根据动车牵引的要求，只要对异步电动机的电压、频率采取不同的调节方式，三相异步电动机同样具有启动牵引力大、调速范围宽、过载能力强等优良的牵引性能。一般地，牵引运行异步电动机可分为三个运行区：启动加速区（恒转矩区）、恒功率输出区、提高速度区（或自然特性区）。这三个运行调节区如图4.11所示。

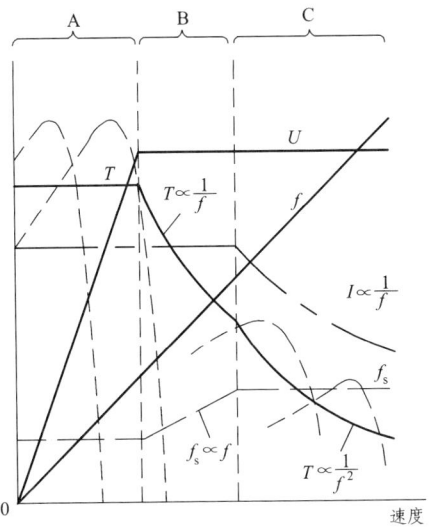

图4.11　$U_1$, $f_2$, $T$, $P$, $I_1$ 与 $f_1$ 的变化关系

A—恒转矩区；B—恒功率区；C—自然特性区

在动车启动加速阶段,一般要求牵引力尽可能接近黏着牵引力,以获得大而稳定的启动牵引力,这时异步电动机应按恒转矩要求进行变频调节;启动后,随着速度的提高,牵引电动机输出功率也不断增大,启动过程结束,则希望牵引电动机按在各种运行速度下保持恒功率输出的要求进行变频调节。为了满足动车启动和运行时牵引特性的要求,需要在调节频率的同时相应调节牵引电动机的电压。下面简要分析异步牵引电动机工作在不同运行区的变频调节规律。

## 一、恒转矩区

由前述可知,倘若电动机的气隙磁通保持不变,则电动机可以在任何转速下产生很大的转矩。由式(4.8)可见,这时候只要限定转差频率 $f_2$ 为固定的数值,即可得到恒定的转矩。该 $f_2$ 的限定值越接近于临界转差频率 $f_m$,则获得的转矩越大,极限状况是在整个速度范围内发出相同的最大转矩,这就是所谓的恒转矩特性。利用这一性能,即可满足动车以不变的牵引力启动的要求。

这时候电动机的转矩 $T$ 与频率 $f_1$ 的关系如图 4.12(a)所示。转矩 $T$ 与 $f_1$ 无关而仅取决于 $f_2$ 的大小,所以是一组与横轴平行的直线。电动机的定子电流 $I_1$、端电压 $U_1$ 及电势 $E_1$ 与 $f_1$ 的关系则绘于图 4.12(b)中,定子电流 $I_1$ 与 $f_1$ 无关,也为常数。定子电流 $I_1$ 维持不变,这时变频器在恒电流下运行,可充分利用变频装置的容量,使变频装置的设计更为经济。

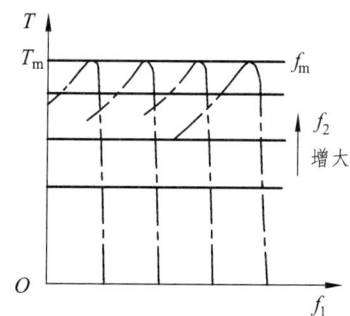
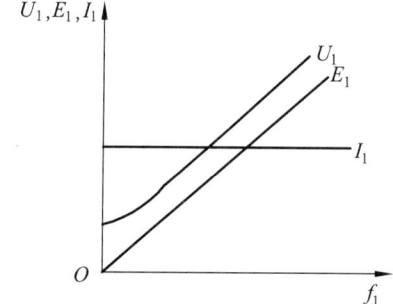

(a)转矩 $T$ 与定子频率 $f_1$ 的关系　　(b)电机电流 $I_1$、电压 $U_1$、电势 $E_1$ 与定子频率 $f_1$ 的关系

图 4.12　恒转矩调节特性

因为磁通恒定,显然 $E_1$ 与 $f_1$ 的关系是线性比例关系。高频时定子电阻 $r_1$ 的影响忽略,$U_1$ 与 $f_1$ 近似于线性关系,$U_1$ 与 $f_1$ 之比通常称为伏赫比。要使动车获得恒定的启动转矩,电机必须保持伏赫比不变,即电机的端电压随频率的提高而正比例增加,这时,电动机的气隙磁通也近似不变。然而频率较低时,定子电阻 $r_1$ 的影响不能忽略,此时电压相对有所提高。

应当注意:启动过程中电机处于过载状态,尽管低频时铁耗比较小,但仍不可长期运行。

## 二、恒功率区

电动机的输出功率可以近似地认为是转矩 $T$ 与频率 $f_1$ 的乘积,即

$$P \propto f_1 T \propto U_1^2 \frac{f_2}{f_1}$$

要使 $P=$ 常数,从上式可知有两种方案。
(1)恒功率恒电压变频调节。
(2)恒功率变电压变频调节。

### (一)恒功率-恒压变频调节($U_1$ 不变,$f_2/f_1=$ 常数)

在这种调节方式,临界转差频率 $f_m$ 随定子频率 $f_1$ 变化。定子频率越高,相应的临界转差频率 $f_m$ 越大。最大转矩可以表示为

$$T_m \approx \pm \frac{pm_1 U_1^2}{4\pi f_1^2} \cdot \frac{1}{\frac{x_{11}}{x_m^2}(x_m^2 - x_{11}x_{22})} \tag{4.20}$$

可见,最大电磁转矩近似地反比于 $f_1^2$。由于恒功率运行时实际要求的转矩 $T$ 只是反比于 $f_1$ 而变化。随着频率 $f_1$ 的增加,恒功率运行时实际要求的转矩 $T$ 也越接近最大转矩,即电机工作点越来越接近电动机的最大转矩点,如图 4.13 所示。为了保证电动机在全部调速范围内能稳定运行,其工作点只能这样选取,即在最高转速(或频率)时,保证有最小允许的过载能力(最高频率时的工作转矩低于最大转矩);而在转速越低时,转矩的裕度越大。电机的设计尺寸实际上被低速状态所决定,故有较大的数值。就电机本身的功率利用来说,显然是不充分的。

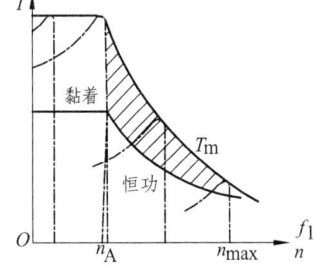

图 4.13 恒功率、恒电压变频调速时的牵引特性曲线

在这种调节方式下电动机的电流 $I_2' = \frac{E_1}{\sqrt{(r_2'/s)^2 + x_2'^2}}$,当 $s$ 很小时,同样忽略 $x_2'^2$,并因较高电压下 $\dot{U}_1 = \dot{E}_1$,于是

$$I_2' = \frac{sU_1}{r_2'} \tag{4.21}$$

由于调节中 $s=f_2/f_1$ 保持不变,因而 $I_2'$ 为定值。励磁电流则为

$$\dot{I}_{10} = \frac{\dot{U}_1}{jx_m} \tag{4.22}$$

它滞后于 $I_2'$ 90°,且其数值通常较 $I_2'$ 小得多。所以电机定子电流 $\dot{I}_1 = \dot{I}_2' + \dot{I}_{10}$ 将主要由 $I_2'$ 所决定,可近似视为常数,如图 4.14 所示。

由于恒功率恒电压变频调节方式下逆变器输出电压恒定,所以转速增加时,电动机实际上随 $f_1$ 的增加,维持在磁场削弱工况下运行,使定子电流不致下降(恒定),以保持电动机输出的功率不变。

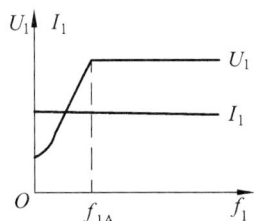

图 4.14 恒功率恒电压变频调节时的电压、电流与 $f_1$ 的关系

### (二)恒功率-变压变频调节($f_2$ 不变,$U_1^2/f_1=$ 常数)

在这种调节方式下,仍可利用式(4.20)所示关系。令 $U_1^2/f_1=$ 常数,则最大转矩 $T_{max}$

将与 $f_1$ 成反比,为双曲线,如图 4.15 中 $T_{max}$ 虚线所示。在这种情况下,电动机的工作点可以选择在最低速度时有最小允许的过载能力。这样,在高速时有适度的转矩裕量,使在整个调速范围内稳定运行并较充分地利用了电机的功率,同时电机的设计尺寸也较小。

电机端电压 $U_1$ 的调节规律即 $U_1 = K_1\sqrt{f_1}$($U_1^2/f_1 = $ 常数),这里 $K_1$ 为常数。若已知启动过程终了时的电压 $U_{1A}$ 及频率 $f_{1A}$,则 $K_1 = \dfrac{U_{1A}}{\sqrt{f_{1A}}}$,$K_1$ 既然知道,从而可求得不同 $f_1$ 时 $U_1$ 的数值,其关系曲线如图 4.16 所示。

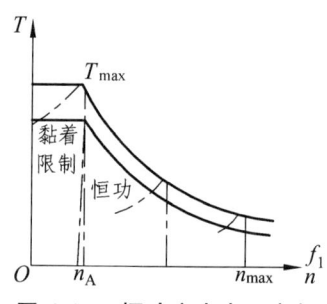

图 4.15 恒功率变电压变频调速时的牵引特性

为保持不同运行速度下输出功率不变,异步电动机的电压 $U_1$ 应随定子频率 $f_1$ 的平方根呈正比变化。这就是保持异步牵引电动机工作在额定工况下输出功率恒定时所应遵循的变频调节规律。所以,这种调节方式称为恒功率变电压变频调节。

电机电流 $\dot{I}_1$ 的数值可利用式(4.21)与式(4.22)所示的关系求得,即

$$I_2' = \frac{sU_1}{r_2'} = \frac{f_2}{f_1}\frac{K_1\sqrt{f_1}}{r_2'} = \frac{K_1 f_2}{r_2'\sqrt{f_1}} \quad (4.23)$$

和

$$I_{10} = \frac{U_1}{x_m} = \frac{K_1\sqrt{f_1}}{2\pi f_1 L_m} = \frac{K_1}{2\pi L_m \sqrt{f_1}} \quad (4.24)$$

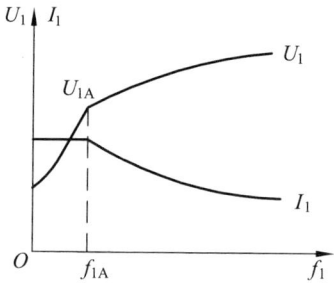

图 4.16 恒功率变电压变频调速时的电压、电流与 $f_1$ 的关系

显然恒功率变电压变频调节时,由于保持 $f_2$ 不变,电机定子电流 $\dot{I}_1 = \dot{I}_2' + \dot{I}_{10}$ 仅反比于 $\sqrt{f_1}$ 而变化,其关系曲线如图 4.16 所示。

异步牵引电动机启动结束进入恒功率运行区,电压按式 $U_1 = K_1\sqrt{f_1}$ 关系变化,即 $U_1$ 随定子频率 $f_1$ 的平方根呈正比变化。电流随转速增加而减小,两者乘积保持恒定,作恒功率运行。

以上两种方案是从两种极端情况来分析异步牵引电动机的变频调节规律,实际的最佳控制规律则应从异步牵引电动机和逆变器两方面的经济技术指标来考虑,以求得两者的最佳配合。

## 练习题

1. 简述恒转矩特性的变频调节特性原理。
2. 恒功率恒电压变频调节与恒功率变电压变频调节有何不同?

# 第五节　异步牵引电动机在地铁动车中的运用

## 一、转矩裕量与恒功范围

由第四节分析中可知，异步电机的最大电磁转矩取决于电机漏抗，最大电磁转矩与实际输出转矩的差值称为转矩裕量（见图 4.17）。交流异步牵引电动机应用于动车时，应确保即使在恒功区的最高速度点仍有适当的转矩裕量。但转矩裕量过大，又会使电机的重量和体积不必要地增加。转矩裕量与恒功范围的关系如图 4.18 所示。

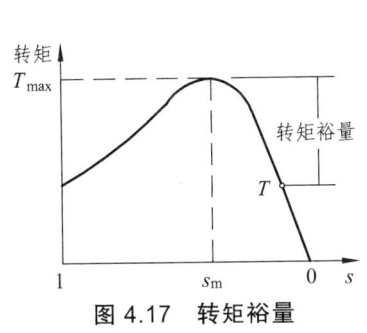

图 4.17　转矩裕量

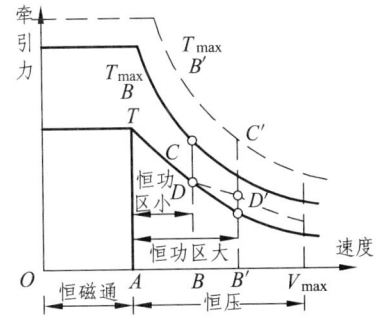

图 4.18　转矩裕量与恒功范围关系

增大异步电机的最大电磁转矩的方法有两种：

### 1. 增大磁通 $\Phi_m$（磁负荷型）

磁负荷型电机的铁芯体积较大，重量也增加；定子线圈的导体数较少，因而漏抗较小。

### 2. 增大转子电流 $I_2'$（电负荷型）

电负荷型电机的磁通较小，因而铁芯体积较小，重量较轻；但定子线圈的导体数较多，因而漏抗大，最大电磁转矩小。

根据城市轨道交通车辆的性能要求，可采用不同的电磁负荷分配。要求恒功范围大的电动机，其最大电磁转矩也较大，属于磁负荷型。恒功范围小的电动机，其最大电磁转矩较小，属于电负荷型。

一般地铁列车牵引电机的牵引和制动转矩裕量（颠覆转矩与最大牵引转矩或最大制动转矩之差）不小于 20% 颠覆转矩值。

## 二、异步牵引电动机并联运行

对于地铁动车而言，一般采用的是两个二轴动力转向架，整个动车具有两根动轴，牵引逆变器驱动方式可有 4C4M、2C4M 及 1C4M 这三种形式。

## 1. 1C4M 整车控制驱动方式

1C4M 整车控制驱动方式即是动车两个转向架上的四个牵引电动机只由一个牵引逆变器驱动，如图 4.19 所示，这种方式的优点是成本低，控制简单，但对各动轴轮径差要求严格，各动轴轮径差较大时，各动轴功率将极不均衡，容易出现空转，整车黏着利用率低，黏着系数仅可达到 0.18 左右，动车/拖车比较大，而且一旦逆变器出现故障，整车即失去动力，因而故障运行能力差。

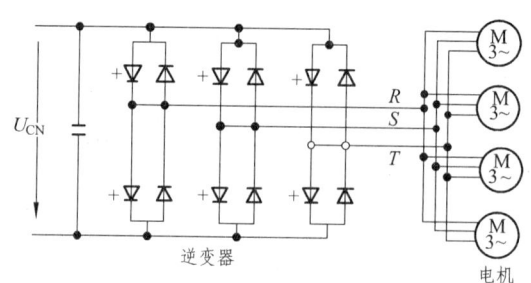

图 4.19 整车控制驱动方式原理图

## 2. 4C4M 轴控驱动方式

4C4M 轴控驱动方式是每个逆变器只为一个牵引电动机供电，如图 4.20 所示，每个电机的力矩均独立控制，此种控制方法的优点是不存在牵引电动机并联工作时由轮径差及电机特性差异引起的功率不平衡问题，黏着利用率高，黏着系数可达 0.216 左右，动车/拖车比较小，故障运行能力强，是一种较为理想的驱动方式，但存在着成本高，逆变器所占空间大的问题。

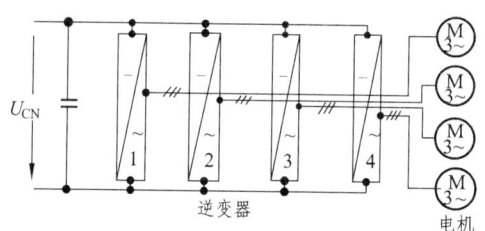

图 4.20 轴控驱动方式原理图

## 3. 2C4M 架控驱动方式

2C4M 架控驱动方式是每个转向架配备一台逆变器，由逆变器驱动一个转向架上的两个并联的牵引电动机，如图 4.21 所示。黏着系数可达 0.2 左右，其特性介于前二者之间。

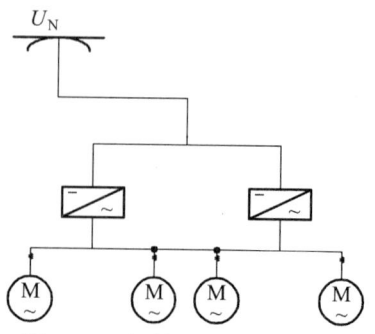

图 4.21 架控驱动方式原理图

综上所述，综合考虑成本、牵引电机功率平衡问题、地铁与轻轨车高压电器布置空间问题及故障运行能力，驱动方式宜采用2C4M架控方式为宜（在后面介绍北京地铁房山线车辆采用2C4M架控驱动方式）。

由于异步电机的硬特性，电机电气特性或动轮轮径略有差异，就会引起电机负载分配不匀（见图4.22）。对异步电机特性影响最大的因素是转子的电阻（见图4.23），应选择电阻分散性小、温度变化率小、截面尺寸均匀的材料来制作电机转子导体。

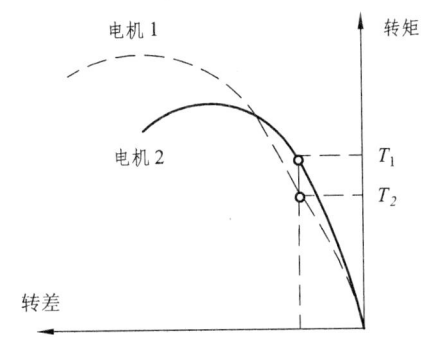

图4.22　电机特性差异引起电机负载分配不均

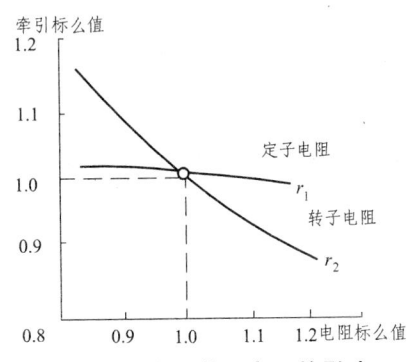

图4.23　电机转子电阻的影响

动轮轮径不同，也会产生电机负载分配不匀，如图4.24所示。牵引工况时，轮径大的负载偏大，轮径小的负载偏小；制动工况则相反，轮径大的负载偏小，轮径小的负载偏大。负

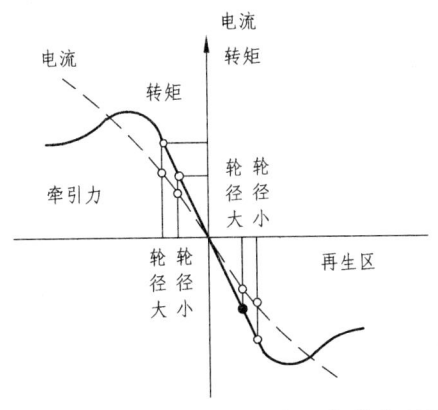

图4.24　动轮轮径差异引起电机负载分配不均

载分配不匀程度还与电机的额定转差率有关,额定转差率越小,负载分配不匀越严重,即使轮径差不大,也会有较大的牵引力差;但额定转差率大又对电机的效率、温升和动车性能不利,如图 4.25 和表 4.1 所示。设电机以 $s$ 转差率运转,轮径差为 $\pm a$,则轮径大的电机转速低,将以 $(s+a)$ 转差率运行,其转矩和电流都比规定值增加 $(s+a)/s$。

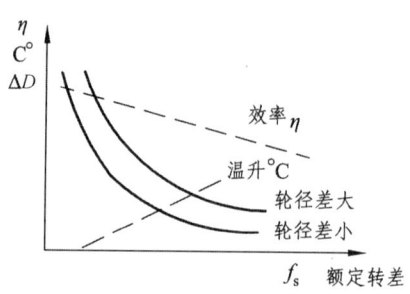

图 4.25　电机额定转差率的影响

表 4.1　电机额定转差率的影响

| 电机额定转差率 | 大 | 小 |
|---|---|---|
| 电动机效率 | 低 | 高 |
| 电动机温升 | 高 | 低 |
| 动车性能 | 差 | 好 |
| 轮径差的影响 | 小 | 大 |
| 后退启动余力 | 大 | 小 |
| 控制要求 | 简单 | 严格 |
| 再黏着特性 | 基本相同 ||

## 三、坡道启动

为了防止坡道启动时车辆后退,异步电动机的转差频率 $f_2$ 随动车后退速度增加,但由于逆变器允许电流等限制,电流不能增大,牵引力相应减小以致不能启动的问题,逆变器应可以在正转和反转的整个范围内连续控制,转矩控制在一定的转差频率和电流下进行,而与后退速度无关。这样可以保证在前进方向上产生需要的转矩,实现坡道安全启动。

## 四、防止空转和滑行

异步牵引电动机具有硬牵引特性:电机转速增加到接近同步转速时,转矩急剧下降;达到同步转速时转矩为零;超过同步转速则自动进入再生工况,产生制动力矩。这种特性有利于发生空转和滑行后轮轨之间的再黏着,并且保证不会发生类似直流串励牵引电动机的转子飞速现象。

对于由一台逆变器供给多台异步电机并联运行的城市轨道交通车辆,在检测空转时,应选取并联电机中转速最低的作为基准信号;而检测滑行时,应选取其中转速最高的作为基准信号。为了提高防止空转和滑行系统的灵敏度,通常还检测电机转速的变化率作为空转和滑行发生的信号。

从防空转和滑行性能出发,在控制轮径差的同时,城市轨道交通车辆电机的额定转差率应大些为宜。

## 五、降低噪声

降低噪声是城市轨道交通的一个重要课题,其中交流调速车辆 PWM 控制产生的电磁噪声也应予以重视。由于调速过程中调制频率不断变化,特别是当调制脉冲数转换时,开关频率的突变引起的噪声更加刺耳。调制频率为 400 Hz 左右的 GTO 逆变电路产生的噪声在听觉范围内,可以通过控制方式减小噪声波动,改善对噪声的感觉。IGBT、IPM 逆变电路开关频率高得多,产生的噪声已在听觉范围以外,比较彻底地解决了电磁噪声的静音问题。

## 六、交流异步牵引电机的设计特点

与一般工业用交流异步电动机相比,交流异步牵引电机在设计上有如下要求:

(1) 为减小转矩不平衡,额定转差率通常设计得比一般异步电动机大,约为 3%;为了确保所需的转差率,转子导条通常使用高电阻、高强度的铜锌合金材料;为了尽量抑制热膨胀,端环采用低电阻的纯铜;为了提高转子的强度和可靠性,将转子导条和端环焊牢后,还在端环上加装保持环;为保证各电动机的转速-转矩特性相近,选择电阻分散性小、温度变化率小、截面尺寸均匀的导条材料;并在轴端设置高精度的转速检测器,以便对转速进行精确控制。

(2) 来自逆变电路的电流高次谐波分量较大,为防止集肤效应引起的交流电阻增大而增加温升,采取了减小导体截面面积,限制绕组导体高度的措施,例如增加定子线圈的并联支路数、线圈断面形状趋于扁平。

(3) 异步电动机无换向器,允许提高额定转速,缩小体积、减轻重量,因而减速器采用尽可能大的传动比。

(4) 适当加大气隙。由于牵引电动机运行环境恶劣,无法避免砂尘和垃圾侵入,为便于拆装,气隙通常为同样大小的普通异步电动机的两倍。

(5) 加大通风量,改善散热效果,并留有一定的温度裕量。考虑电流谐波分量损耗、电机表面和进出风口滤网污染使散热效果变差,应有 30~50 ℃ 的温度裕量。

(6) 定子加强防尘、耐振的结构。适当增加定子有效材料、提高转轴强度。

## 练习题

### 一、填空题

1. 牵引逆变器驱动方式可有 4C4M、_____ 及 1C4M 这三种形式。
2. 对异步电动机特性影响最大的因素是转子的电阻,应选择电阻分散性_____、温度变化率小、截面尺寸_____的材料用作电机转子导体。

3. 负载分配不匀程度还与电机的额定转差率有关，额定转差率越＿＿＿＿＿＿，负载分配不匀越严重。

### 二、判断题

1. 检测空转时，应选取并联电机中转速最高的作为基准信号。（　　）
2. 检测滑行时，应选取其中转速最低的作为基准信号。（　　）
3. 为了防止坡道启动时车辆后退，转矩控制在一定的转差频率和电流下进行，而与后退速度无关。（　　）

### 三、简答题

1. 什么是转矩裕量？有何作用？对恒功范围有什么影响？
2. 异步牵引电动机如何实现坡道安全启动？
3. 交流异步牵引电动机的设计有何特点？

## 第六节　异步牵引电机交流传动系统的控制原理

在第二章中，系统地介绍直流传动电动车组直流传动系统（牵引电机为直流电机）的控制原理——采用凸轮调阻或斩波调阻或斩波调压的牵引控制方式，直接通过调节电枢电流来进行控制调速，调速控制易于实现。但交流异步牵引电机相比直流电机有着结构简单、单位体积功率大、可靠性高、寿命长、几乎免维护等诸多优点，但是由于交流异步牵引电机的电磁转矩不能像直流电机一样调鼠笼转子电流，导致交流传动系统在实际应用方面长期落后于直流传动系统。20 世纪 90 年代随着电力电子器件、控制理论和计算机技术的发展，交流传动已经在逐步地取代直流传动，并显示了其在性能价格比和运行性能上的优势。

### 一、逆变电路理论基础

由于城市轨道交通列车的供电制式是直流供电，负载是交流电机，故需要经过直-交变换，即逆变。逆变电路既可将固定的直流电压变换为固定幅值和频率的交流电压（地铁车辆辅助电路电压 380 V/50 HZ），亦可将其变换为幅值和频率都可调节的交流电压，后者常称为变频电源。逆变电路是电力电子装置中的重要组成部分，是不间断电源、交流电气传动、中频电源等许多设备的核心。逆变电路的任务就是如何方便地调节逆变电源的输出电压和频率，并降低谐波含量，改善输出波形。

常用逆变电路主电路的基本形式有两种分类方法：按照相数分类，可以分为单相和三相；按照直流侧波形和交流侧波形分类，可以分为电压型逆变和电流型逆变如图 4.26 所示。而单相电压型逆变电路又有半桥逆变电路、全桥逆变电路和带中心抽头变压器的逆变电路（推挽式）；三相电压型逆变电路也有半桥和全桥之分。电流型逆变器也有单相和三相之分。

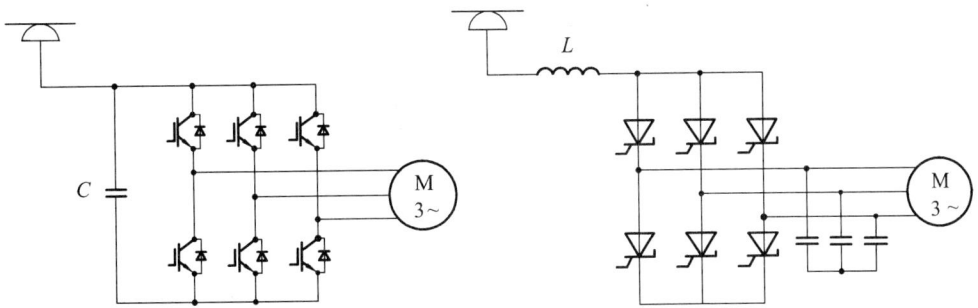

图 4.26 电压型逆变器和电流型逆变器

地铁动车中三相电压型逆变器和电流型逆变器都要应用。两种逆变器性能比较见表 4.2。

表 4.2 两种逆变器性能比较

| 性 能 | 类 别 | |
|---|---|---|
| | 电压型 | 电流型 |
| 直流回路滤波环节<br>（无功率缓冲环节） | 电容器 | 电抗器 |
| 输出电压波形 | 矩形波 | 取决于负载，对异步电动机负载近似为正弦波 |
| 输出电流波形 | 取决于负载功率因数，有较大的谐波分量 | 矩形波 |
| 输出阻抗 | 小 | 大 |
| 再生制动 | 需在电源侧设置反并联逆变器 | 方便，主回路不需要附加设备 |
| 调速动态响应 | 较慢 | 快 |
| 适用范围 | 多电机传动，稳频稳压电源 | 单电机传动，可逆传动 |

## 二、脉冲宽度调制技术

现代变频器中用得最多的控制技术是正弦脉冲宽度调制（Sinusoidal Pulse Width Modulation），简称 SPWM。基本思想是控制逆变器中电力电子器件的开通或关断，输出电压为幅值相等、宽度按一定规律变化的脉冲序列，并用这样的高频脉冲序列代替期望的输出电压。

如果以频率与期望的输出电压波相同的正弦波作为调制波，以频率比期望波高得多的等腰三角波作为载波，由它们的交点确定逆变器开关器件 IGBT（GTO）的通断时刻，从而获得幅值相等、宽度按正弦规律变化的脉冲序列。

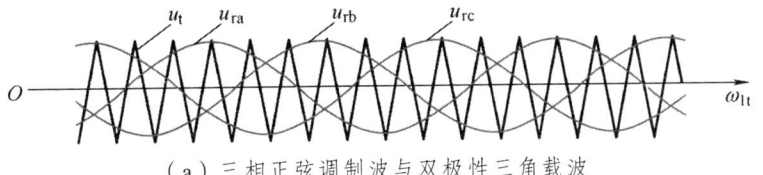

（a）三相正弦调制波与双极性三角载波

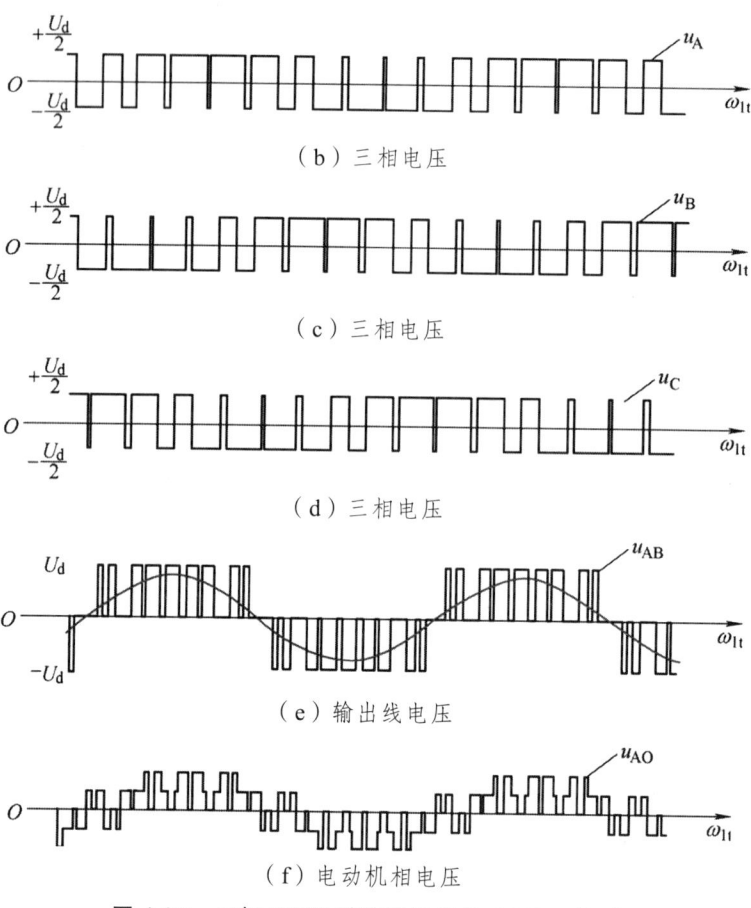

图 4.27 三相 PWM 逆变器双极性 SPWM 波形

开关控制基本原理如图 4.28 所示。

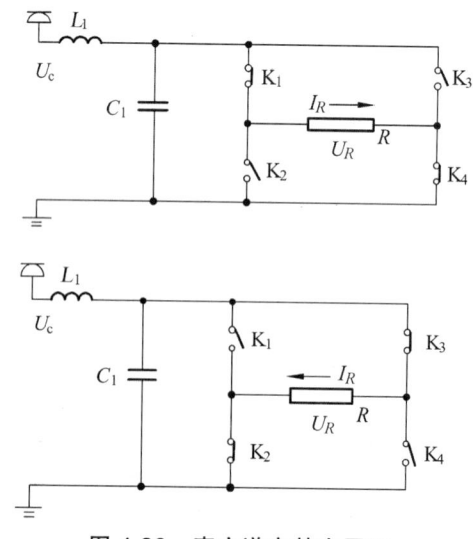

图 4.28 直交逆变基本原理

当 $K_1$、$K_4$ 开关闭合，$K_3$、$K_2$ 开关断开时，电流从电源经 $K_1$、$R$、$K_4$ 到回流；当 $K_3$、$K_2$ 开关闭合，$K_1$、$K_4$ 开关断开时，电流从电源经 $K_3$、$R$、$K_2$ 到回流。这样两个开闭过程，供负载 $R$ 得到不同方向的电压，波形图如图 4.29 所示。经调制后的变压变频器输出的相电压 SPWM 波形如图 4.30 所示。

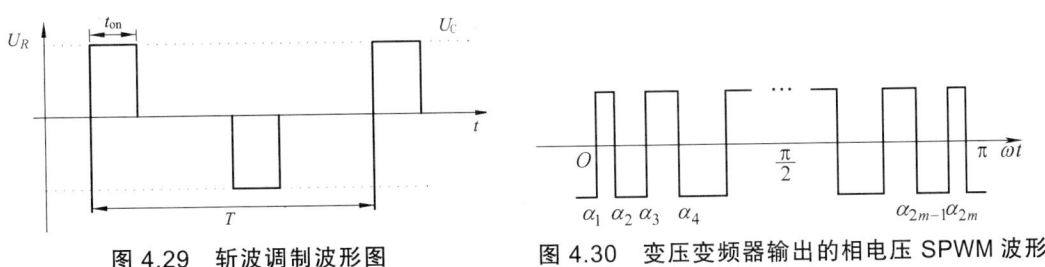

图 4.29　斩波调制波形图　　　　图 4.30　变压变频器输出的相电压 SPWM 波形

从图 4.30 中可以看出，改变开通时间（占空比 $\alpha$）就改变了电压，改变了周期就改变了频率，即所谓的 VVVF（Variable Voltage Variable Frequency）控制。

## 三、交流传动系统 VVVF 控制原理

从牵引应用方面看，不论是直流传动还是交流传动牵引城轨电动列车，都要求在启动过程中有均匀的加速力和加速度，以实现平稳启动，这就是说按恒转矩启动。当列车加速到额定速度并进入稳定运行时，为了使传动设备的装机能力得到充分利用，要求在任何速度上都达到额定功率值，即按恒功率特性运行。电动车组牵引特性如图 4.31 所示。

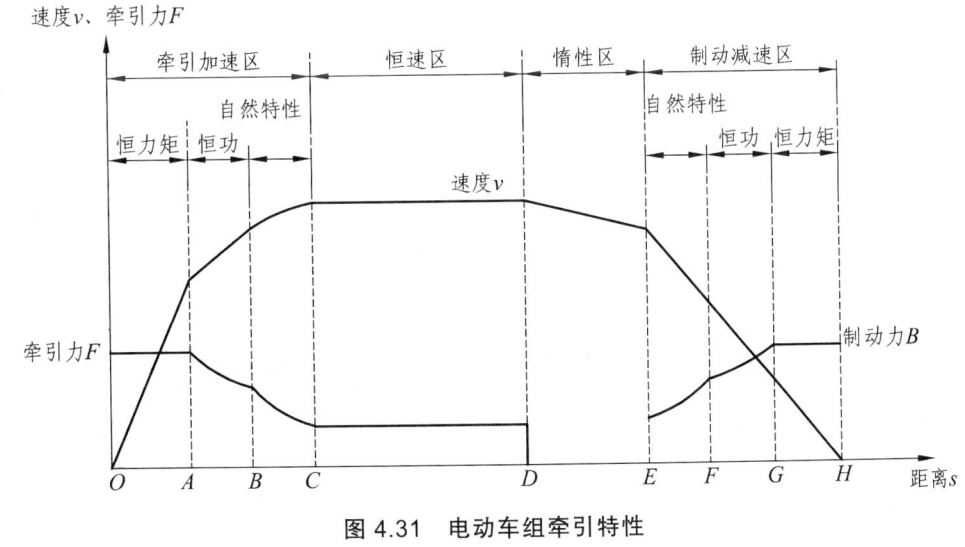

图 4.31　电动车组牵引特性

异步牵引点电机根据电动车组牵引特性所需要的控制变量转矩、功率、转差频率、电源电压、电流随电源频率增加而变化的情况如图 4.32 所示。

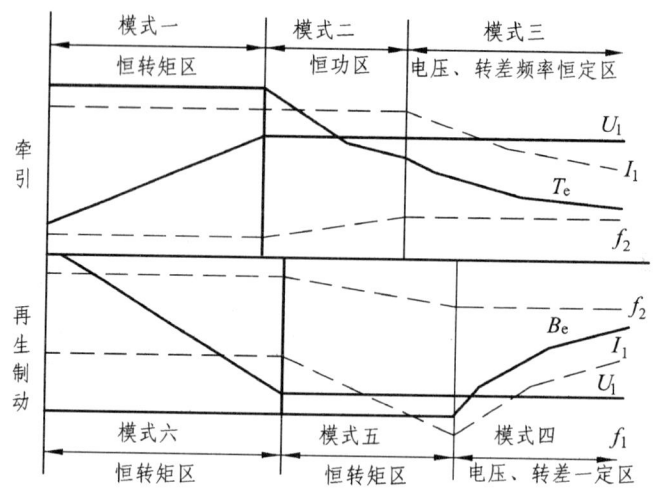

**图 4.32 变频变压调节时传动系统各量值的变化关系**

$U_1$—逆变电压；$I_1$—定子电流；$f_2$—转差频率；$T_e$—牵引力；$B_e$—制动力

由式（4.18）$T = K\left[\dfrac{U_1}{f_1}\right]^2 f_2$ 可知，转矩 $T$ 与电机电压和电源频率 $U_1/f_1$ 之比的平方成正比，与转差频率 $f_2$ 成正比。同时还说明，变电压变频率控制的技术称为 VVVF 控制技术，基本原理是通过改变 VVVF 逆变器各 IGBT 元件的开通时间来改变负载的电压，通过改变 VVVF 逆变器各 IGBT 元件开通的周期来改变输出的频率。因此在采用 VVVF 逆变器的车辆中，只要控制伏赫比 $U_1/f_1$ 和转差频率 $f_2$ 即可自由的控制牵引力和电制动力。当转差频率 $f_2$ 为正值时，转矩 $T$ 为正值；当转差频率 $f_2$ 为负值时，转矩 $T$ 为负值。即由 $f_2$ 正负符号的切换即可进行牵引与电制动的转换，而不需对主回路进行有接点的切换。即 $f_2>0$（$0<s<1$ 时，$f_2=sf_1>0$）时牵引；$f_2<0$（$s<0$）时电制动。

此外，控制 $U_1/f_1$ 或 $f_1$ 即可得到与使用直流电机的电动车相同的特性。

因此，异步牵引电动机特性如何适应电动车组的牵引特性，只需对电源电压 $U_1$、电源频率 $f_1$ 和转差频率 $f_2$ 这三个因素来进行控制。

为了得到与直流串励电动机类似的牵引特性，地铁动车异步电动机的变频调速控制有以下几种方法：恒电压/频率（$U_1/f_1$）控制；恒功率控制；恒电压控制；恒转差频率控制。

VVVF 逆变器电动车车辆从启动到停止的控制模式说明如表 4.3 所示。

**表 4.3 为 VVVF 逆变器电动车车辆从启动到停止的控制模式说明**

| 指令 | 模式 | 状态 | 需要控制的因素 | | 转矩 | 定子电流 |
|---|---|---|---|---|---|---|
| 牵引加速 | 1 | 恒转矩 | | $\dfrac{U_1}{f_1}$一定，$f_2$一定 | $T_e$一定 | $I_1$一定 |
| | 2 | 恒功率 | $f_1$提高 | $U_1$一定，$f_2\propto f_1$ | $T_e\propto\dfrac{1}{f_1}$ | |
| | 3 | $U_1$，$f_2$一定 | | $U_1$一定，$f_2$一定 | $T_e\propto\dfrac{1}{f_1^2}$ | $I_1\propto\dfrac{1}{f_1}$ |

续表 4.3

| 指令 | 模式 | 状态 | 需要控制的因素 | | 转矩 | 定子电流 |
|---|---|---|---|---|---|---|
| 制动减速 | 4 | $U_1, f_2$ 一定 | $U_1$ 一定,$f_2$ 一定 | $f_1$ 降低 | $B_e \propto \dfrac{1}{f_1^2}$ | $I_1 \propto \dfrac{1}{f_1}$ |
| | 5 | 恒转矩 | $U_1$ 一定,$\|f_2\| \propto f_1^2$ | | $B_e$ 一定 | $I_1 \propto f_1$ |
| | 6 | | $\dfrac{U_1}{f_1}$ 一定,$f_2$ 一定 | | | $I_1$ 一定 |

下面根据图 4.32 及表 4.3 对 VVVF 逆变器电动车车辆从启动到停止的控制模式予以说明。

**模式 1 恒转矩控制区**

（1）恒转矩控制在控制转差频率 $f_2$ 恒定的同时，慢慢提高逆变频率 $f_1$，使其值与速度相符合。随着速度逐渐升高，异步电机转子的实际旋转频率随之增加。若要保持转差频率 $f_2$ 恒定，则要增加逆变频率 $f_1$。

（2）在保持逆变电压/逆变频率（即伏赫比 $U_1/f_1$）恒定的情况下，则异步电机的磁通 $\Phi_m$（$\Phi_m \propto \dfrac{U_1}{f_1}$）恒定；保持转差频率 $f_2$ 恒定，则异步电机定子电流 $I_1$ 恒定（$I_1 \propto \dfrac{U_1 f_2}{r_2' f_1}$）。

（3）转差频率 $f_2$ 恒定，伏赫比 $U_1/f_1$ 恒定，则 $T$ 恒定，其结果是动车牵引力保持一定，得到了与直流电机电阻控制区相同的特性。当根据负载条件有必要改变牵引力，而保持 $U_1/f_1$ 不变时，就得改变转差频率 $f_2$ 以此来改变电机电流，从而获得所要求的牵引力。

（4）伏赫比 $U_1/f_1$ 恒定的情况下，异步电机电压 $U_1$ 随逆变频率 $f_1$ 成正比上升，电压控制为 PWM 控制。恒转矩控制一直进行到速度上升后逆变器输出电压达到上限为止。设逆变器输入电压（滤波电容电压）为 $U_c$，则逆变器输出电压上限 $U_{1\max}$ 可以用下式表示，即

$$U_{1\max} = \dfrac{\sqrt{6} U_c}{\pi}$$

例如 $U_c$ = 1 500 V，$U_{1\max}$ = 1 170 V。

**模式 2 恒功率控制区**

（1）当逆变器电压 $U_1$ 达到上限后，$U_{1\max}$ 保持一定，控制转差频率 $f_2$ 随速度增大而增大，使定子电流 $I_1$ 维持恒定。由于电压电流都不变，所以是恒功率控制。

（2）转差频率 $f_2$ 增大，则逆变频率 $f_1$ 随之增大，则转矩 $T$ 下降（$T \propto \dfrac{1}{f_1}$），所以牵引力将随速度的上升而减少；$U_{1\max}$ 保持一定，$f_1$ 增大，磁通 $\Phi_m$（$\Phi_m \propto U_{1\max}/f_1$）减小，这相当于直流电动机的削弱磁场控制区。

（3）恒功率控制将持续到转差频率达到所规定的最大值 $f_{2\max}$。

如果逆变器容量有较大裕量，也可以在电机电压达到最大值后，在一段时间内提高转差频率 $f_2$ 使它随着速度（频率）较快增大，从而增大电流，以延长恒力矩运行时间，直到电流

达到逆变器或电机最大允许值 $I_{1max}$，然后再进入功率增大后（$P = U_{max}I_{max} \propto Tf_1$）的恒功率运行。相当于直流电动机的削弱磁场恒转矩控制。

**模式 3 逆变电压转差频率恒定控制（自然特性控制）**

（1）逆变电压保持可控最大值 $U_{1max}$，转差频率 $f_2$ 无法再增加，即转差频率也保持最大值 $f_{2max}$，随着速度的上升缓慢增加逆变频率 $f_1$。

（2）电机定子电流 $I_1$ 与逆变频率 $f_1$ 成反比的减少（ $I_1 \propto \dfrac{U_{1max}f_{2max}}{r_2'f_1}$ ），转矩 $T$ 也与逆变频率 $f_1$ 的平方成反比减小（ $T \propto \dfrac{U_{1max}^2 f_{2max}}{f_1^2}$ ），这相当于直流电动机最弱磁场下的自然特性区。

制动工况时异步电机处于发电机状态，将车辆动能转化为电能，转差频率 $f_2$ 小于零。车辆由牵引状态逐渐减速直至停止的控制大致也可经历三个模式：恒转差率控制、恒转矩 1（恒电压）、恒转矩 2（恒磁通）。制动工况时，车辆以再生制动为主，产生的电能直接反馈入电网，由相邻运行的车辆吸收。当电网没有能力或不能全部吸收再生制动的能量时，再生制动转为电阻制动，消耗在制动电阻上，再生制动与电阻制动的转换由控制单元根据线路滤波电容器两端的电压控制制动斩波器自动完成的，当滤波电容器两端的电压超过 1 800 V 时，电阻制动完全取代再生制动。

**模式 4 再生制动–逆变电压和转差频率恒定控制**

（1）在高速时开始制动，此时逆变器电压 $U_1$ 保持恒定最大值 $U_{1max}$，转差频率 $f_2$ 保持恒定最大值 $f_{2max}$。随着车辆速度的下降逆变频率 $f_1$ 减小。

（2）电机定子电流 $I_1$ 与逆变频率 $f_1$ 成反比地增加，制动力 $B_e$ 与逆变频率 $f_1$ 的平方成反比增加，这相当于直流复励电动机的换向限制区。

（3）电机电流 $I_1$ 增大到逆变器的最大允许值 $I_{1max}$ 时，保持电机电流 $I_{1max}$ 恒定，在一个小区段内用控制转差频率 $f_{2max}$ 的方法进行恒流控制。这相当于直流复励电动机的电流限制区。在这种情况下，制动力将随逆变频率成反比增加。

**模式 5 电制动–恒转矩控制 I（恒电压）**

（1）逆变电压取最大值 $U_{1max}$，控制转差频率 $f_2$（负值）与逆变频率 $f_1$ 的平方成反比 $\left(\dfrac{f_2}{f_1^2}\right)$；同时，随着速度的下降缓慢减小逆变频率 $f_1$，至转差频率 $f_2$ 值变小直至最小值 $f_{2min}$。

（2）电机电流 $I_1$ 将随逆变频率 $f_1$ 成反比地减少，制动力 $B_e$（ $B_e \propto \dfrac{U_{1max}^2}{f_1^2}f_2$ ）大致保持一定，这相当于直流复励电动机的磁场控制恒制动力区。

**模式 6 电制动–恒转矩控制 II（恒磁通）**

（1）保持转差频率 $f_2$ 为最小值 $f_{2min}$，使逆变频率随速度下降而缓慢减少。

（2）逆变器电压 $U_1$ 减小，采用 PWM 控制，在保持伏赫比 $U_1/f_1$ 恒定的条件下减少逆变频率，磁通 $\Phi_m$ 恒定。

（3）其结果是制动力 $B_e$（ $B_e \propto \left(\dfrac{U_1}{f_1}\right)^2 f_{2min}$ ）保持恒定，电机电流 $I_1$ 也大致保持一定。

(4) 在这种模式下再生制动可持续到列车停止前（理论上电制动可持续到速度为 0）。该模式相当于在使用直流复励电动机情况下，在最强磁场下切除电制动而切换到空气制动。

以上的方法只是用于开环控制系统。如果采用闭环系统，则可使 $E_1/f_1$ 为常数，这样在包括低频在内的整个频率范围内都可得到恒磁通运行。

目前，用于城市轨道交通车辆的闭环控制系统有转差-电流控制、矢量控制及直接力矩控制等。VVVF 矢量控制见表 4.4。

表 4.4　矢量控制表

| | | | |
|---|---|---|---|
| 牵引工况 | 启动时 | VVVF 恒转矩控制 | 转差频率一定，恒流控制 |
| | 低速区 | VVVF 恒转矩控制 | $U_1/f_1$ 一定，恒流控制 |
| | 中速区 | CVVF 恒功率控制 | 电压一定 |
| | 高速区 | CVVF 特性控制 | 电压一定，逆变电流一定 |
| 再生制动工况 | 高速区 | CVVF 特性控制 | 电压一定，恒转差频率控制 |
| | 中速区 | CVVF 恒转矩控制 | 电压一定，恒转矩控制 |
| | 低速区 | VVVF 恒转矩控制 | 恒磁通控制 |

## 四、典型异步牵引电机交流传动控制系统介绍

交流传动牵引系统是列车驱动系统的组成部分，主要目的是把线网上的直流电流逆变成一个电压和频率可变的三相电流，为牵引电动机运行提供合适的能量。

### （一）成都地铁 1 号线车辆电气牵引系统

成都地铁 1 号线一期工程地铁车辆采用 B 型车，4 动 2 拖（4M2T）6 辆固定编组。列车最高速 80 km/h，接触网受电弓受流方式，供电电压 DC1 500 V。其电气牵引系统为变压变频（VVVF）逆变器控制的交流传动系统。该系统采用矢量控制，具有优异的空转/滑行控制功能。列车制动采用电力再生制动（含电阻制动）与空气制动混合运算的控制方式。

牵引及其控制采用车控方式，1C4M 方式高压电路，每套 VVVF 逆变器单元给 1 辆动车上的 4 台牵引电机供电。

交流牵引电机的转矩控制采用无速度传感器式矢量控制，基于速度推算方式进行空转/滑行控制；电制动以再生制动优先，随着再生吸收条件的变化，再生制动与电阻制动连续调节，且平滑转换。

成都地铁 1 号线动车车辆电气牵引系统构成图如图 4.33 所示。

列车通过受电弓从电网受流 DC1 500 V 直流电，直流电经过主熔断器、主开关、遮断器箱、滤波电抗器后送入，经逆变器逆变后输出电压频率可调的三相交流电后，输出至交流牵引电机，并最终通过接地电刷经由车体、转向架形成电流回路。

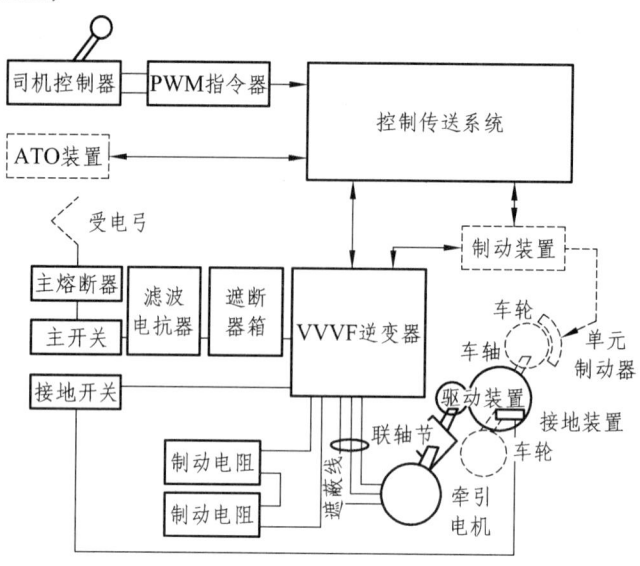

图 4.33 成都地铁 1 号线动车车辆电气牵引系统构成图

成都地铁 1 号线动车车辆电气牵引系统中,牵引逆变器采用大功率 IGBT 构成的电压型调压调频牵引逆变器,逆变器采用 PWM 控制技术,由牵引控制单元控制 IGBT 的开通与前关断。在逆变器输入端设置有支撑电容。该电容作为一个能量缓冲器,可以保持逆变器输入电压的稳定。同时,该电容与滤波电抗器共同组成倒 LC 型滤波装置,可以保持直流电压波动在允许的范围之内,从而使逆变器对牵引电机电流的精确控制成为可能。逆变装置内设有 3 个逆变相逆变器和一个斩波相控制器。三相桥式逆变相逆变器由 T1、T2、T3、T4、T5、T6 组成逆变电路(直流到交流);D1、D2、D3、D4、D5、D6 组成整流电路,为感性负载电流(4 台电机并联、定子绕组星形连接、三相负载为 Za、Zb、Zc)提供续流回路,完成无功能量的续流和反馈。牵引逆变器模块和制动斩波器模块主电路如图 4.34 所示。

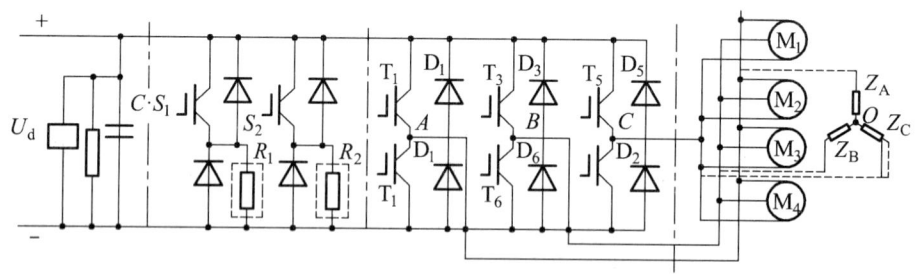

图 4.34 牵引逆变器模块及主电路图

三相逆变相实现牵引与再生制动功能:牵引时,三相逆变器将直流电逆变为电压和频率可调的三相交流电控制 4 台并联牵引电机的转矩和转速。再生制动时,将牵引电机输出的三相交流电整流成直流电反馈回电网。当电网吸收能力不足或不能吸收时,斩波相则提供再生制动能量释放的通道,斩波控制器控制制动电阻投入工作,通过制动电阻将电能转换成热能消耗掉。在直流电网发生过电压时,斩波功能也被开启,从而保证逆变器输入电压波动在允许的范围内。

作为牵引系统的核心,牵引逆变器系统在牵引控制单元(电子控制装置)的控制下可实现如下控制功能:接受并执行司机操纵指令;进行牵引电机转矩控制;混合电制动控制,防冲击控制;空转/滑行控制;空重车控制,牵引/制动切换控制等反转保护;通过与空气制动控制系统交换数据,实现电空制动的联合控制;进行系统控制逻辑检测和故障诊断、显示、记录,并与列车监视系统交换数据等,根据故障严重程度分类实施保护动作。

成都地铁 1 号线一期工程地铁车辆采用无速度传感器矢量控制来实现对交流牵引电机转矩的精确有效控制。VVVF 对 4 台并联交流牵引电机进行矢量控制。系统采用霍尔元件检测逆变器各相输出电流(电机电流),然后将电机电流分为转矩分电流和励磁分电流来分别进行控制。其控制原理图如图 4.35 所示。

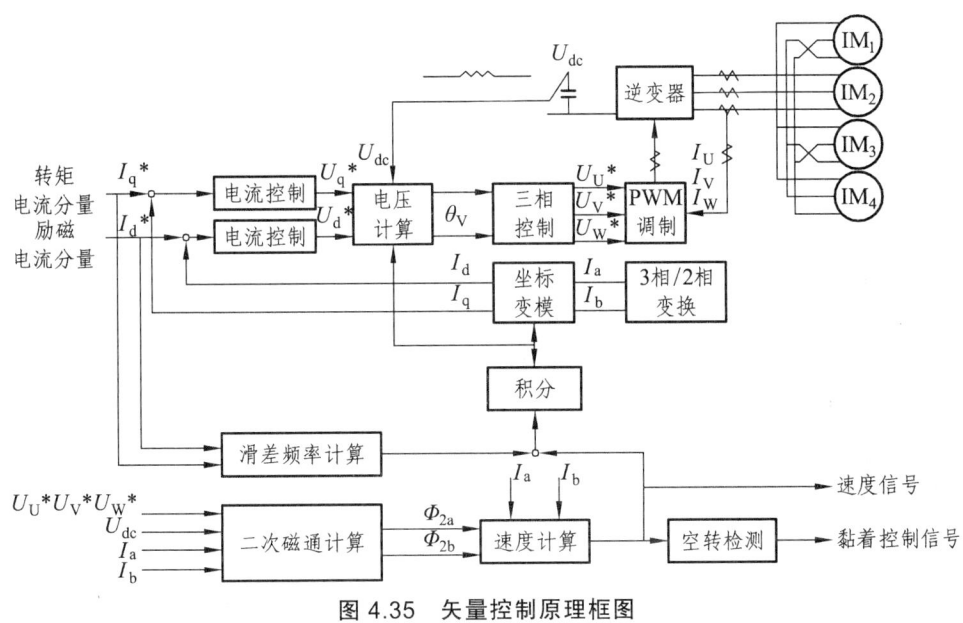

图 4.35 矢量控制原理框图

## (二)北京地铁房山线车辆电气系统

房山线车辆为标准 B 型车设计,列车采用 4 动 2 拖 6 辆编组方式,即 Tc M$_0$ M$_1$ - M$_2$ M$_3$ Tc;第三轨上部接触受电;供电电压 DC750 V(DC500 ~ 900 V)。电气牵引系统主要由牵引主电路和牵引控制电路两部分组成,其作用是为列车提供牵引力/电制动力,实现对列车的牵引逻辑控制及故障保护等功能。

房山线列车牵引系统采用三相交流异步电动机直接转矩控制的 VVVF 交流传动系统,每个牵引逆变单元集成三相逆变器的三相桥臂及斩波相桥臂,驱动 2 台异步电动机(1C2M)。每辆动车设置 1 台 VVVF 牵引逆变器箱,2 个牵引逆变单元集成在 1 台牵引逆变器箱内,每个牵引逆变单元驱动同 1 个动力转向架上 2 台永久并联的牵引电机,对其进行变压变频调速控制。牵引主电路如图 4.36 所示。

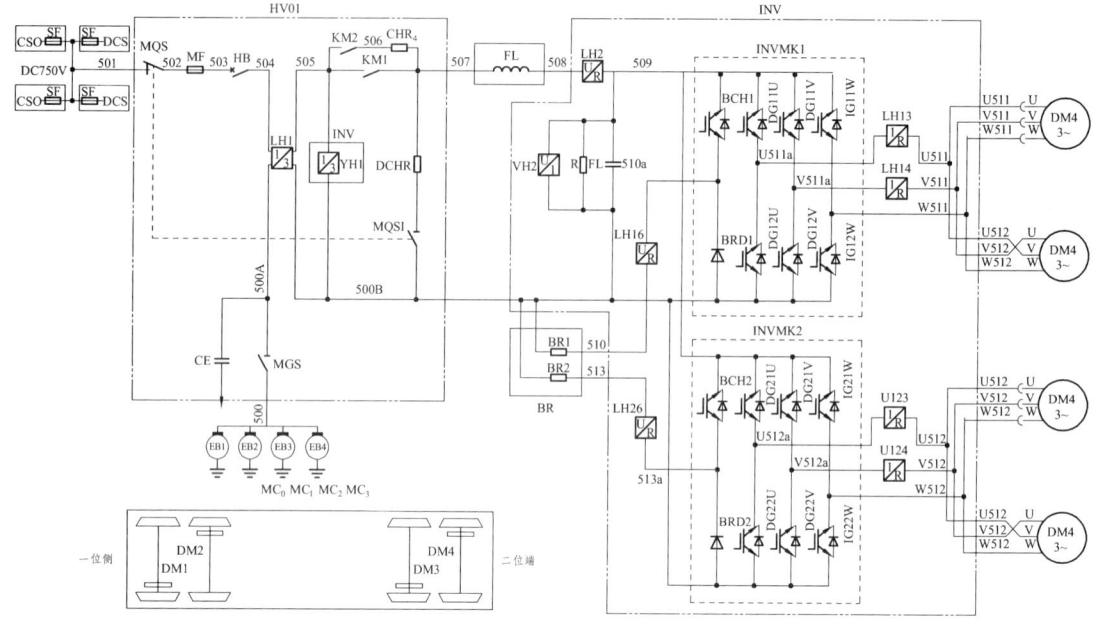

图 4.36 牵引主电路

房山线列车牵引主电路采用由大功率电力电子器件 IGBT（1 700 V/1 600 A）模块（见图 4.37）构成的两电平电压型直-交逆变电路和第三轨供电方式。逆变器的控制方式为带速度传感器的直接转矩控制，冷却方式为热管自然走行风冷却。

牵引电机采用 190 kW 三相交流异步牵引电动机，满足房山线列车牵引/电制动特性要求，如图 4.38 所示。其主要技术特征为：转子为铜排鼠笼式结构，定子为无机壳结构，悬挂方式为架承式全悬挂，采用进口绝缘轴承，绝缘等级为 200 级（耐电晕），冷却方式为带内风扇自通风。

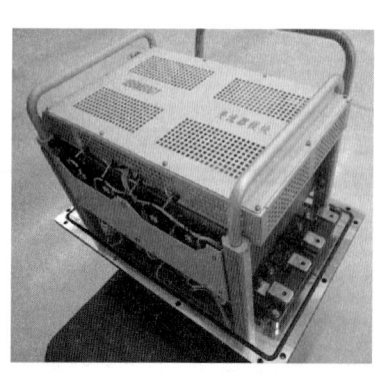

图 4.37 IGBT 模块

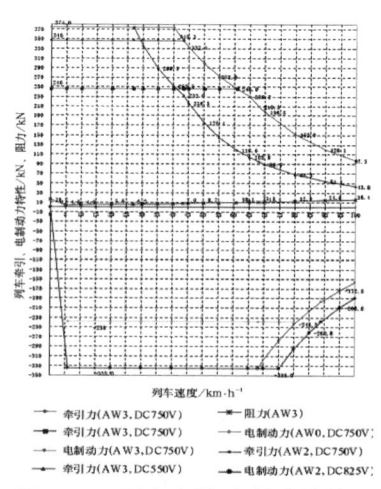

图 4.38 列车牵引/电制动特性

地面沿线设有再生制动能量吸收装置，车辆上不设制动电阻。对于电制动与空气制动的平滑转换，在车辆上对应每个逆变单元分别设置了一组额定电阻值为 0.81 Ω 的过压吸收电阻。

## 练习题

**一、填空题**

1. 牵引运行可分为三个运行区：启动加速区、_____、提高速度区（或自然特性区）。
2. 异步牵引电机启动过程结束，则希望牵引电动机按在各种运行速度下保持_____输出的要求进行变频调节。
3. 在动车启动加速阶段，一般要求牵引力尽可能接近黏着牵引力，以获得大而稳定的启动牵引力，这时异步电动机应按_____要求进行变频调节。

**二、判断题**

牵引逆变器是牵引传动系统的电源侧变流器，列车牵引时作为整流器，再生制动时作为逆变器，可以实现牵引与再生工况间快速平滑地转换。（　　）

**三、简答题**

异步电动机作为地铁动车的牵引电动机，必须满足牵引性能的要求。动车牵引运行可分为哪几个区？试分析异步牵引电动机工作在牵引状态不同运行区的变频调节规律。

# 第七节　交流牵引电动机维护及牵引系统辅助电机

以上海地铁 AC01/AC02 型列车交流异步牵引电动机 1TB2010-1GA02 为例，说明交流牵引电动机的拆装、分解、维护及组装过程。

## 一、特殊工具

（1）用于水平移动转子的工具：起重机吊钩、过渡套筒、插入套筒、压紧垫圈、夹紧螺栓。
（2）用于扩张电机侧的半个联轴节的工具：压力油液压装置。
（3）用于压入和拉出部件的压装单元：空心活塞气缸、带螺纹的轴 M20×330、凸缘螺母 M20、压力箱（E 型、D 型）、止推板、保护板。
（4）带圆盘的拉动工具：拔插板、3 根 M12×250 拉杆、6 根 M6×350 拉杆、6 根 M8×400 拉杆、3 个 M12 凸缘螺母、6 个 M8 凸缘螺母、6 个 M6 凸缘螺母。
（5）用于拆卸轴承内座圈的热环。
（6）螺钉旋具的插头。
（7）拉动单元：将轴承内座圈从轴承外罩（N 端）上压出的装置、将 D 端轴承压入到定子外罩上的压入装置。

（8）电机吹扫室。

（9）手动液压泵 0~70 MPa。

（10）手动高压液压泵 0~300 MPa。

（11）密封电热鼓风干燥箱，型号为 107。

## 二、拆卸与安装

### （一）拆　卸

（1）分离两个半联轴节。

（2）排空齿轮箱中的润滑油。

（3）拆下齿轮箱吊杆下部连接螺栓，报废。将齿轮箱安全止挡贴靠在齿轮箱安全挡销上。

（4）拆下齿轮箱吊杆上部的连接螺栓，将垫圈和螺母报废，吊杆待用。

（5）将电机吊具套到行车上，在电机外壳顶部旋上 4 个吊环，用吊具套到吊环上，使行车吊住电机。

（6）拆下牵引电机的上部安装螺钉、垫圈及下部安装螺钉、垫圈，将其报废。

（7）拆下牵引电机与构架连接的接地线电缆螺钉。

（8）确认电机上的电缆已处于自由状态，小心地将电机吊离转向架。支撑住齿轮箱，拆下螺钉，报废。

（9）拆下齿轮箱安全挡销，待用。

（10）将构架从轮对上吊离。

### （二）安　装

（1）将架修好的带齿轮箱的动车轮对置于组装线上，分别安装好一系悬挂和轴箱拉杆。

（2）在构架齿轮箱座上安装齿轮箱安全挡销。

（3）安装垫片和螺钉，扭矩为 25 N·m。

（4）在齿轮箱吊座与齿轮箱间安装齿轮箱吊杆，将螺栓穿过齿轮箱与其吊杆下部，安装上新的垫圈和螺母，扭矩为 430 N·m。

（5）将电机吊具连到安装有吊环的电机上，将吊具套到行车上，吊起电机至构架上方。

（6）将电机上的安装孔与构架上的安装孔对准，确保两个半联轴节的结合面紧贴。

（7）安装新的锥形垫圈和平垫及螺钉，使电机与构架电机安装座上部紧紧贴合。

（8）安装新的锥形垫圈和平垫及螺钉，使电机与构架电机安装座下部紧紧贴合。

（9）旋转齿轮箱，使两个半联轴节的连接孔对齐，拧 M8 的螺栓，扭矩为 32 N·m。

（10）安装齿轮箱吊杆上部螺栓及垫圈和螺母，扭矩为 280 N·m。

（11）螺栓的扭矩为 600 N·m。

## 三、吹扫、清洗、烘焙

### （一）吹扫之前的适当分解

（1）拆下传动侧（D 端）进风罩。

（2）拆下进风罩外沿 M8 外六角螺栓。
（3）拆下进风罩内侧 M8 外六角螺栓。
（4）用橡胶锤轻敲，将进风罩取下。
（5）拆下非传动侧（N 端）保护网。
（6）拆下大端盖外沿 4 块保护网上的 M8 外六角螺栓。
（7）取下 4 块保护网。

## （二）吹扫、清洗、烘焙

（1）将电动机吊至小车上，将小车推入吹扫室。
（2）插好小车电源，关门，接通除尘装置电源。
（3）打开压缩空气，工作压力增至 300～400 kPa。
（4）依次对机座、转子进行吹扫，直至将积尘吹净。
（5）用配有 GD-310 清洗剂的高压热水清洗电机内外油污和污垢后，再用清水冲净清洗剂。
（6）对电动机进行烘焙干燥。烘焙温度：80 ℃～100 ℃；烘焙时间：8～10 h。

## 四、检　修

（1）注油拆下传动轴上的联轴器并清洁干净。
（2）检查电机所有的紧固件，螺纹孔紧固件扭矩为：M6 = 8 N·m；M8 = 20 N·m；M10 = 40 N·m。
（3）检查电机引出线，接线端子（允许引出线局部破损，需进行绝缘包扎）。
① 接线盒密封完好，螺栓无松动。
② 接线盒密封端子良好。
③ 引出线压板完好，螺栓紧固。
（4）电机防脱落保护板（电机保护鼻子）螺栓无松动。
（5）电机悬挂处螺孔应完好。
（6）电机大端盖（N 端）螺栓 M14 内六角螺栓紧固。
（7）检查脉冲发射器紧固螺栓、M10 外六角螺栓。
（8）更换润滑油脂。
注意：更换油脂期间应保证电机温度为 20～30 ℃；注油脂时要转动转子，使轴承内腔均匀充满油脂。
（9）更换传动（D）端油脂。
① 拆下 M6 外六角螺栓，取下油腔盖，清除油腔废油。
② 拆下外油封、端盖。
③ 用手动油脂枪向注油嘴内注入约 160 g 干净润滑油脂。
（10）更换非传动（N）端油脂。
① 拆下 M6 外六角螺栓，取下油腔盖，清除油腔内废油。
② 用手动油脂枪向注油嘴内注入约 140 g 干净润滑油脂。

## 五、组 装

注意:组装电机所用的螺钉在使用之前,要在螺钉的螺纹上涂上活化剂,并让它有一定的时间透气,再在螺纹上涂上黏结剂。

### (一)安装D端轴承及内部轴承盖

(1)将轴承装入轴承压入装置。
(2)将轴承压入装置分别从定子两侧插入定子外罩上的轴承孔中。
(3)在轴承压入装置上装上套筒和螺母,用扳手拧紧,将轴承压入轴承座。
(4)拆掉轴承压入装置。
(5)在内部轴承盖的端面涂上防摩擦的轴承润滑油脂,并安装轴承圈。
(6)在内部轴承盖上涂上防摩擦的轴承润滑油脂。
(7)在内部轴承盖的凹槽内嵌入垫圈。
(8)把内部轴承盖插入定子外罩上的轴承孔中,用涂上活化剂和黏结剂的螺钉插入螺孔,并以8 N·m的扭矩将其拧紧,如图4.39所示。

图4.39 安装D端轴承及内部轴承盖

1—轴承压入装置;2—定子外罩;3—D端轴承;4—涂轴承润滑油脂的内部轴承盖

### (二)安装端盖轴承

(1)将端盖轴承用轴承压入装置放入轴承座。
(2)在轴承压入装置上装上套筒和螺母,用扳手拧紧,将轴承压入轴承座。
(3)拆掉轴承压入装置,如图4.40所示。

图4.40 安装端盖轴承

## （三）把带端盖的转子安装到定子上

（1）将转子转轴插入端盖中心，使转子安装到端盖上，如图 4.41 所示。

图 4.41 将转子安装到端盖上

（2）利用辅助工具将吊臂固定在转子转轴上，如图 4.42 所示。

图 4.42 将吊臂固定在转子转轴上

1—吊臂；2—转子；3—端盖

（3）用吊车将转子及端盖吊到定子操作台。

（4）在端盖与定子的接触面上均匀地涂上密封剂。

（5）调整好端盖位置。

（6）将转子移动到定子中心孔的位置，小心地移入转子，在插入过程中保持转子水平。以免使绕组、铁芯装置和 D 端轴承受损，如图 4.43 所示。

（7）在移入的过程中，利用辅助工具将转子拉入 D 端中心孔中。

（8）安装压装工具，将整个转子压入 D 端轴承外罩中。

（9）将端盖安装到定子外罩上。用涂上活化剂和黏结剂的螺钉插入螺孔，并用 40 N·m 的扭矩将其拧紧。

（10）拆掉压装工具。

图 4.43 将转子移入定子中心

1—定子；2—转子；3—端盖

## （四）安装 D 端轴承盖

（1）将涂上润滑油脂和安装胶并加热至约 200 ℃ 的密封环滑入 D 端转轴中，并至止挡处。
（2）在外部轴承盖（D 端）上涂上密封剂。
（3）将外部轴承盖安装到定子外罩上。
（4）用涂上活化剂和黏结剂的螺钉插入螺孔，并以 20 N·m 的扭矩将其拧紧。

## （五）安装 N 端轴承盖

（1）在 N 端外部轴承盖上涂上一层薄薄的防摩擦轴承润滑油脂。
（2）将 N 端轴承盖安装到端盖上。
（3）用涂上活化剂和黏结剂的螺钉插入螺孔，并以 8 N·m 的扭矩将其拧紧。

# 六、常见故障分析及处理

### 1. 插座接地故障信号

可能原因：插座与外壳没有接触；连接导线损坏，引起接地故障；绕组绝缘损坏；外壳的接线端区域有水；电机中的冷却风道受阻。

排除方法：拆下插座，清洁其生锈的表面部分；检查连接导线的经过路径是否有锋利的边缘及摩擦点，如有必要，更换连接导线；检查绕组绝缘或电机中的异物；拆下转子及 N 端轴承罩进行检查，如果正常，将外壳擦干；清洁冷却风道。

### 2. 绕组温度过高

可能原因：过载；电机中的冷却风道受阻。
排除方法：减少负载；清洁冷却风道。

### 3. 局部过热

可能原因：温度检测线断开；电缆接头或线路连接松动；绕组绝缘损坏；轴承被异物堵塞。

排除方法：检查连接导线，更新连接导线；拆掉转子及其 N 端的轴承罩，检查铜焊连接，如有必要，更新电缆接头和铜焊连接；测量绕组电阻，判断是否有异物；拆掉轴承盖，检查轴承密封，更新轴承，再润滑。

### 4. 冒 烟

可能原因：绕组绝缘损坏；轴承卡住；转轴弯曲。

排除方法：检查电机的转子中有无异物；检查绕组电阻、检查绝缘电阻，测量阻抗；分解电机，查看轴承盖是否变色；检查定子绕组和轴的附件（如内部风扇）。

### 5. 烧焦气味

可能原因：连接导线损坏或断开；绕组绝缘损坏。

排除方法：检查绕组电阻、检查绝缘电阻，测量阻抗；检查电机的转子中有无异物；检查连接导线。

### 6. 蜂鸣声

可能原因：连接导线断开；接线端松动。

排除方法：检查连接导线的经过路径是否有锋利的边缘及摩擦点，如有必要，更换连接导线；打开接线盒，检查接线端，并固定。如有必要，更新电缆接线头。

### 7. 摩擦声

可能原因：轴承间隙不对；轴弯曲。

排除方法：抬起轴，用千分尺测量轴承的配合；分解电机，检查定子/转子铁芯装置、定子绕组和轴的附件（如内部风扇）。

### 8. 敲击声

可能原因：电流流过轴承；轴承损坏；用于脉冲发生器的内部风扇松动；电机悬挂装置断裂；电机悬挂装置松动；电机联轴节松动或断裂。

排除方法：分解轴承，判断引起电流穿过的原因，并采取适当措施；拆卸轴承盖，查看电机中有无断裂现象，判断转子铁芯是否会碰撞到定子铁芯装置；检查脉冲发生器的密封盖，并固定脉冲发生器；检查悬挂装置、螺钉连接、轴承装置和缓冲装置，用规定的紧固扭矩将螺钉拧紧，更新缓冲装置。

### 9. 电机的转矩消失

可能原因：连接导线断开；电缆连接头或者线路连接松动。

排除方法：检查连接导线；拆卸转子及 N 端轴承罩，检查铜焊连接，如有必要，更新电缆连接头和铜焊连接。

### 10. 速度变化信号故障

可能原因：连接脉冲发生器的导线断开；脉冲发生器松动；脉冲发生器损坏；用于脉冲发生器的内部风扇松动。

排除方法：更新连接导线，检修插头连接；紧固脉冲发生器；更换脉冲发生器；拆卸盖子，检查支座和密封盖，固定脉冲发生器。

### 11. 油脂泄漏

可能原因：轴承过度润滑；电机联轴节松动或断裂。

排除方法：拆卸油脂盖，清除多余的油脂，清洁油管并固定油脂罩盖；检查螺钉连接点，查看是否有裂纹，用规定的紧固扭矩将螺钉拧紧，或更换断裂的螺钉；检查密封是否损坏，必要时进行更换。

### 12. 电机反转

分析处理：三相异步引出线与电源连接错误或逆变器输出相序错误。电机接线正确时，从传动端视为逆时针旋转。

### 13. 电机转速太低

分析处理：负载过大或电压过低。

### 14. 绝缘击穿

分析处理：短时电压过高；绝缘受到酸碱腐蚀性气体侵害，线圈不洁、过热、过潮、环境温度过低、绝缘老化等原因引起。

### 15. 振动大

分析处理：安装不良；电机转轴弯曲；转子平衡不良；逆变器与电机调试不匹配。

### 16. 轴承过热

应从以下4个方面分析原因。

（1）电蚀。

现象：表面有斑点，在显微镜下可观察到斑点是由细小的凹坑簇集而成，严重时呈波纹状表面。

原因：轴承绝缘层剥落、失效，电流流经轴承产生的电火花熔化轨道表面。

处理：更换轴承。

（2）剥离。

现象：滚道表面发生剥离，表面非常粗糙。

原因：剥离常常是因为过载而过早发生，而过载是由不正确使用、轴和轴承座精度太低、安装不当、轴承室进入异物等原因引起的。

处理：排除过载原因，重新正确安装电机，更换轴承。

（3）刮痕。

现象：表面粗糙且有些小微粒黏着。

原因：滚动体在滚动中产生滑动。

处理：更换轴承。

（4）破损。

现象：轴承内外圈或滚动体部分出现裂纹和破损。

原因：较大固体异物进入，轴承承受冲击或过大载荷，不适当的搬运方式。

处理：消除密封不良的原因，排除冲击载荷或过大载荷的原因，改善搬运条件，更换轴承。

## 七、牵引系统辅助电机

牵引系统辅助电机也是车辆上的重要设备。从气路系统中的空压机电机，到主要电气设备中的通风电机以及空调系统中的各类电机，归纳起来起到驱动冷却和通风的作用，是车辆正常运行不可缺少的设备。

### （一）空压机电机

空压机电机是较特殊的辅助电机。空气压缩机是以恒定转速运转的，要设计和选择这类直接带动压缩机的电动机，必须了解压缩机的各种工作情况。由于空压机是列车上的重要供气设备，所以空压机电机无论是直流的还是交流的，其检修内容与列车牵引电动机相同，以保证列车供气正常。

### （二）冷却风机

对于列车上的冷却通风电机，基本采用交流驱动方式，所以检修方式与交流电机一致，只是在测试项目上，仅需对电机进行通电检查。这类电机所使用的轴承多为双面密封，仅在电机大修时予以更换。

广州地铁3号线冷却风机的位置（顶视图）如图4.44所示。

每台牵引逆变器都装有一个冷却风机。冷却风机产生强制气流。对紧凑型逆变器的散热器和线路电感器需要冷却的工作部件实施通风冷却。

冷却风机的电机由一个电机断路器进行保护。设备风机接通接触器的辅助常开接点与该断路器的辅助常开接点一起由紧凑型逆变器的逆变器控制单元进行监控。

冷却风机的主要部件是一个三相电流电机和一个叶轮。电机的转子被装在一个持续润滑的滚珠轴承上。叶轮被装在电机的轴上。将连接电缆接到插头上，准备运行，如图4.45所示。

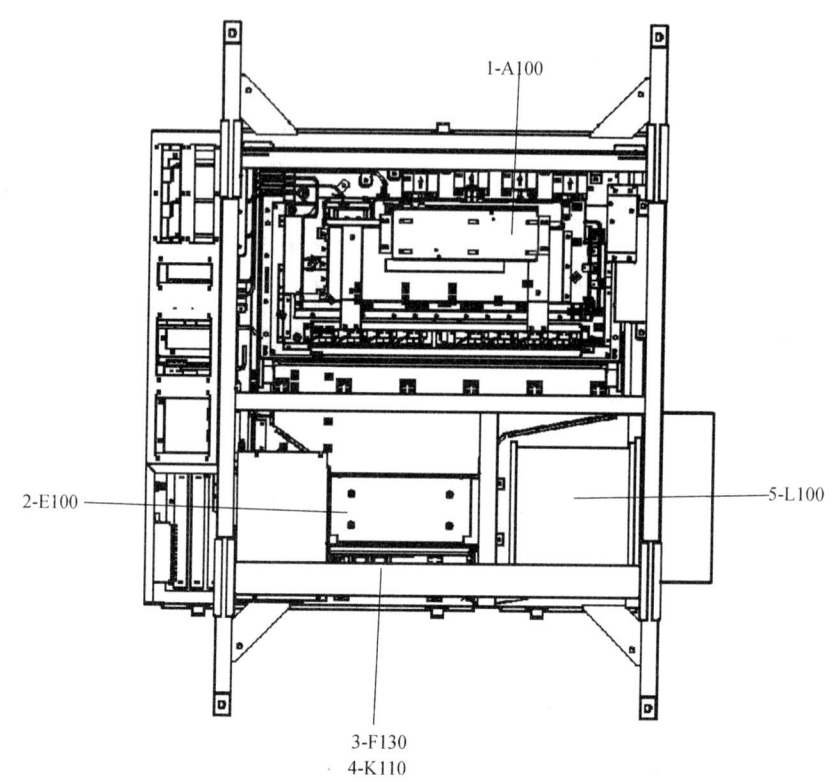

**图 4.44 广州地铁 3 号线设备风机的位置（顶视图）**

1—A100 紧凑型逆变器；2—E100 冷却风机；3—F130 断路器；
4—K110 设备风机的接通接触器；5—L100 线路电抗器

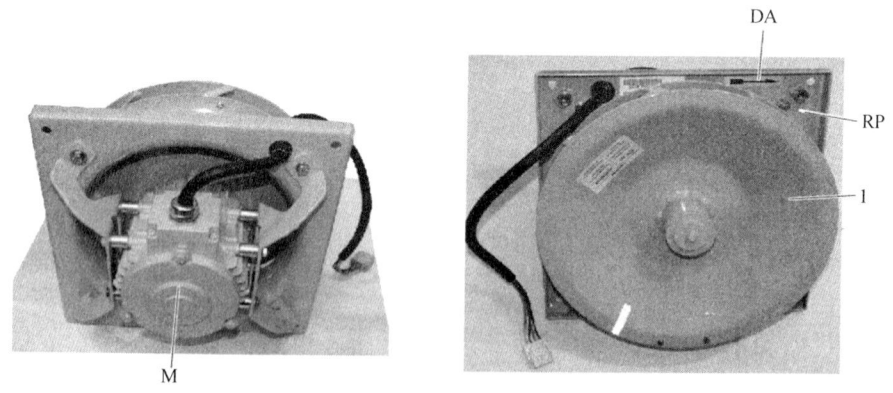

**图 4.45 设备风机（电机和叶轮侧的视图）**

DA—方向箭头；M—电机；I—叶轮；RP—长方形板

电机和叶轮竖直轴向安装在一个长方形板上，这块板装在牵引逆变器中。机壳和叶轮由钢板制成。所有钢板制成的零件上都涂有一层环氧树脂。

## 练习题

### 一、简答题

1. 交流电机的检修有哪些内容？
2. 电机反转是什么原因？
3. 如何安装端盖轴承？
4. 如何处理速度变化信号故障？

### 二、综合题

分析交流牵引电动机轴承过热现象、原因及处理方式。

# 第五章 永磁同步电机

同步电机的分类方式很多,按转子磁体的不同来划分的两种同步电机,即永磁体同步电机和电磁体同步电机。对于电磁体同步电机而言,每台同步电机应配备一台励磁机或整流励磁装置(配电刷和滑环),以便调节励磁电流。永磁体同步电机转子提供的永磁通替代电磁体的励磁绕组励磁,使电动机结构较为简单,降低了加工和装配费用,且省去了容易出问题的集电环和电刷,提高了电动机运行的效率;又因无需励磁电流,省去了励磁损耗,提高了电动机的效率和功率密度。

近些年永磁体同步电动机得到较快发展,其特点是功率因数高、效率高,在许多场合开始逐步取代最常用的交流异步电机。永磁体同步电动机的性能优越,是由于永磁材料的固有特性,它经过预先磁化(充磁)以后,不再需要外加能量就能在其周围空间建立磁场。这既可简化电机结构,又可节约能量,是一种很有应用前途的节能电机。

## 第一节 永磁同步电机的工作原理

### 一、永磁同步电机的结构模型

永磁同步电机和异步电机定子基本结构是相同的,主要由定子、转子、气隙、永磁体、三相对称交流绕组(电枢绕组)构成。如图 5.1 所示为二极三相同步电机的示意图,在定子铁芯的内圆周上装设有定子槽,槽中安放着三相对称交流绕组 $AX$、$BY$、$CZ$(定子三相绕组以星形或三角形连接到三相电源上),它们在空间位置上互差 120°,称为电枢绕组。转子是永磁铁制成,产生的磁场称为主磁场或转子磁场。

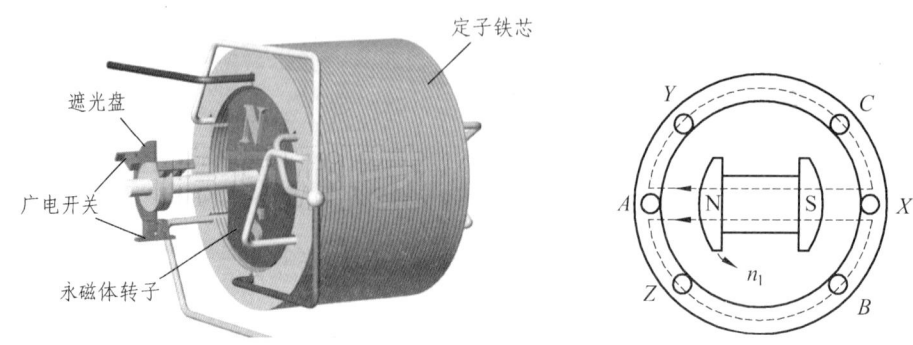

图 5.1 永磁同步电机结构模型

定转子之间的气隙层的厚度和形状对电机内部磁场的分布及性能有重大影响。

## 二、永磁同步发电机的工作原理

当永磁同步电机的转子在原动机的拖动下达到同步转速 $n_1$ 时，转子绕组在气隙中所建立的磁场相对于定子来说是一个与转子旋转方向相同，转速大小相等的旋转磁场。该磁场切割定子上开路的三相对称绕组，在三相对称绕组中产生感应电势。定子绕组中感生的是什么样的电势呢？三相绕组中感生的电势又有什么关系呢？

先看 $AX$ 相绕组中感生的电势。若规定电势由绕组的首端（即 $A$，$B$，$C$ 端）指向尾端（即 $X$，$Y$，$Z$ 端）为电势的正方向，则当转子（转子绕组通以直流励磁电流，建立极性相间的励磁磁场）转到图 5.2（a）所示位置时，N 极中心正好在导体 $A$ 处，$A$ 中感应电势方向为 $\otimes$，而导体 $X$ 中感应电势方向为 $\odot$，此时 $AX$ 相绕组感生的电势为正的最大值（$e = Blv$，右手定则）；当转过 90° 后，转到图 5.2（b）所示位置时，$AX$ 相绕组感生电势的瞬时值为零；转过 180° 时达到图 5.2（c）所示位置时，$AX$ 相绕组感生电势为负的最大值；转过 270° 后，转到图 5.2（d）所示位置，$AX$ 相绕组感生电势又变为零；转过一周时 $AX$ 相绕组感生的电势又回到正的最大值，可见 $AX$ 相绕组感生的电势是交变的。对于二极电机当转子在空间转过 360° 时，绕组中感生的电势随时间也正好变化 360°，显然绕组中感应的电势随时间变化的角度与转子在空间转过的空间角度是一致的。

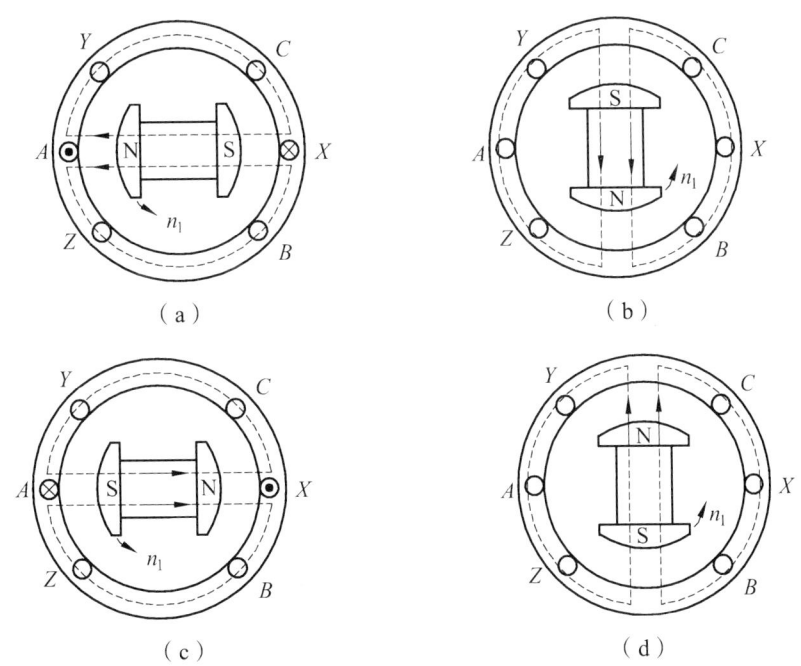

图 5.2 永磁同步发电机的工作原理

同理，当转子转动后 $BY$，$CZ$ 两相绕组中感生的电势也是交变电势。由于在空间位置上，$BY$ 相绕组处在 $AX$ 相绕组前方 120°，所以当转子转过 120° 后 $BY$ 相绕组中才出现感应电势的正最大值。因此 $BY$ 相绕组的感应电势在时间上落后于 $AX$ 相绕组电势 120°。$CZ$ 相绕组感应电势在时间相位上落后于 $BY$ 相绕组感生电势 120°。因此，$A$、$B$、$C$ 三相绕组感生的电势在时间上是三相对称交流电动势，如图 5.3 所示。

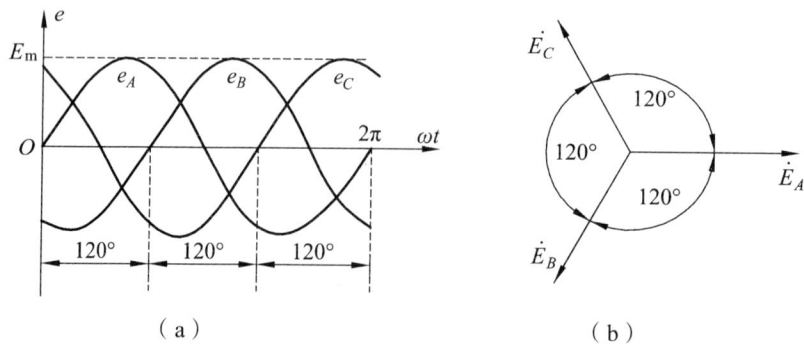

图 5.3 三相对称交流电

设气隙磁密按正弦分布，则在定子三相绕组里感应出正弦变化的三相电动势，交流电动势的频率取决于电机的极对数 $p$ 和转子转速 $n_1$，若电机为一对极，当转子旋转一周时，导体中感应电动势变化一个周波。

若为 $p$ 对极，当转子旋转一周时，导体感应电动势变化 $p$ 个周波。设转子每分钟旋转 $n_1$ 转，则对 $p$ 对极电机，导体感应电动势每分钟变化 $pn_1$ 个周波，每秒钟变化 $pn_1/60$ 个周波，这就是电动势的频率

$$f_1 = \frac{n_1 p}{60}$$

在城市轨道交通车辆中，交流同步发电机一般作为辅助电机，早期用于直流传动系统辅助电源系统——电动发电机组辅助系统，如北京地铁车 DK11、DK16、DK20 等。该电动发电机组辅助系统原理如图 5.4 所示。

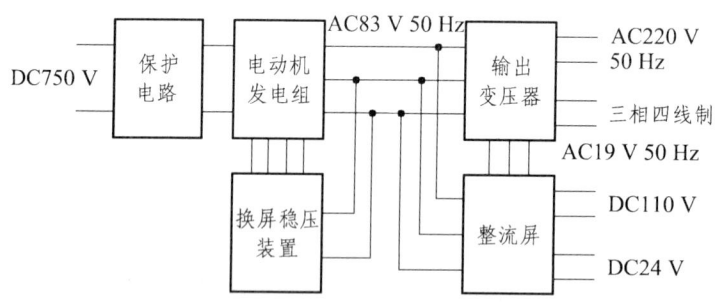

图 5.4 电动发电机组电源系统框图

电动发电机组辅助系统主要由保护电路、电动发电机组、稳频稳压装置、输出变压器和整流屏等五部分组成。直流电动机通过受流器获取 DC750 V 电源，且通过同步传动使交流发电机旋转并输出 AC83 V 电源给整流屏和输出变压器；整流屏输出 DC110 V，输出变压器输出三相 AC19 V 和三相四线制的 AC220 V，AC19 V 电源又经整流屏输出 DC24 V。整流屏输出的 DC110 V 和 DC24 V 分别通过车辆母线提供给相应的负载。

北京地铁 DK20 车辆电动发电机组主要参数见表 5.1。

表 5.1　电动发电机组主要参数

| 参数 | 类型 | | 参数 | 类型 | |
|---|---|---|---|---|---|
| | 直流电动机 | 交流发电机 | | 直流电动机 | 交流发电机 |
| 型号 | ZQD-7-1 | TQD-7-1 | 功率因数 | — | 0.8 |
| 功率 | 6.5 kW | 7 kV·A | 机组转速 | 1 500 r/min | |
| 电压 | DC750 V | AC83 V | 机组工作制 | 连续 | |
| 电流 | 11.5 A | 41.8 A | 冷却方式 | 防护式自通风 | |
| 频率 | — | 50 Hz | | | |

### 三、永磁同步电动机工作原理

当三相定子绕组通入对称三相交流电时,在电机气隙圆周上产生旋转磁场,这个磁场的转速为同步转速 $n_1$,它与电源的频率 $f_1$ 和电机的极对数 $p$ 有如下的关系:$n_1 = 60 f_1 / p$。

永磁体转子在定子旋转磁场的带动下按照磁极间同性相斥,异性相吸的原理,会产生电磁转矩,旋转磁场会牵引着转子磁极以相同的转速旋转,沿定子磁场的方向,以定子旋转磁场 $n_1$ 的转速旋转。所以,同步电动机的转子转速与旋转磁场的转速相同,这就是"同步"名称的来历。

同步电机无论作为发电机还是电动机运行,当极数一定时,它的转速 $n_1$ 和频率 $f_1$ 之间保持严格不变的关系,用电机专业术语说,称之为"同步",是同步电机的另一种解释。

1. 简述同步电动机工作原理。
2. 简述同步发动机工作原理。

## 第二节　永磁同步电机的基本结构及运行特性

与传统的电励磁电机相比,永磁同步电机,特别是稀土永磁同步电机具有结构简单、运行可靠、体积小、质量轻、损耗少、效率高、电机的形状和尺寸可以灵活多样等显著优点。因而应用范围极为广泛,几乎遍及航空航天、国防、工农业生产和日常生活的各个领域。

永磁同步电动机与感应电动机相比,不需要无功励磁电流可以显著提高功率因数(可达到1、甚至容性),减少了定子电流和定子电阻损耗,而且在稳定运行时没有转子电阻损耗,进而可以因总损耗降低而减小风扇(小容量电机甚至可以去掉风扇)和相应的风摩损耗,从而使其效率比同规格感应电动机可提高 2%~8%。

为了保证永磁同步电机的电气性能不发生变化,能长期可靠地运行,要求永磁材料的磁性能保持稳定。通常用永磁材料的磁性能随环境、温度和时间的变化率来表示其稳定性,主要包括热稳定性、磁稳定性、化学稳定性和时间稳定性。

## 一、永磁同步电动机结构及分类

永磁同步电机的基本结构如图 5.5 所示。

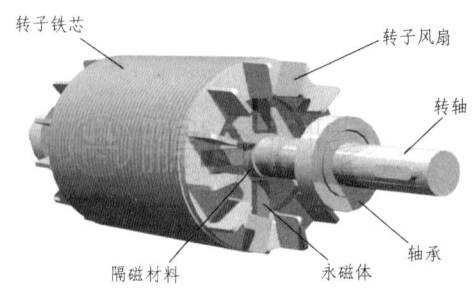

**图 5.5　永磁同步电机的基本结构**

按转子永磁体结构不同可分为永磁同步电机分凸装式、嵌入式和内埋式三种基本形式,如图 5.6 所示。

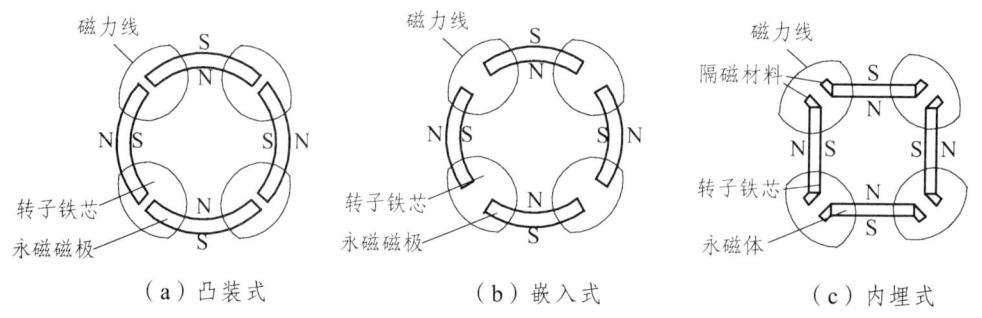

**图 5.6　永磁同步电机基本结构**

### 1. 凸装式同步电机

永磁体磁极安装在转子铁芯圆周表面上,称为凸装式永磁转子,如图 5.6(a)所示,图中已标明磁极的极性与磁通走向。根据磁阻最小原理,也就是磁通总是沿磁阻最小的路径闭合,利用磁引力拉动转子旋转,于是永磁转子就会跟随定子产生的旋转磁场同步旋转。

定子包括定子铁芯、定子绕组、机座等。定子铁芯由 0.5 mm 厚硅钢片叠成,因直径大,一般采用几片扇形硅钢片拼成一个圆形。大、中容量凸极电机采用波绕组定子绕组,小容量凸极电机采用叠绕组定子绕组。

机座用来固定和支撑定子铁芯,并形成风道。因直径大,通常采用分瓣机座。

转子包括转子铁芯、转轴、永磁体、阻尼绕组等。转子铁芯即磁极,磁轭与转轴间用转子支架支撑着,转子支架固定在转轴上,转轴用高强度钢锻成。因转速低,转子铁芯与转轴分开锻造。阻尼绕组由插入磁极极靴槽中的铜条和两端的端环焊成一个闭合绕组。在发电机状态不对称运行时,起削弱负序旋转磁场,抑制转子机械振荡的作用。

### 2. 嵌入式和内埋式

永磁体磁极嵌装在转子铁芯表面或里面的不同分别称为嵌入式和内埋式转子,这两种转子均为隐极式转子。如图 5.6(b)、(c)所示,图中标明磁极的极性与磁通走向。

定子包括定子铁芯、定子绕组、机座、端盖等。定子铁芯由 0.5 mm 厚的硅钢片叠成,沿轴向分成好几叠,每叠 3~6 cm,叠与叠之间留有宽 0.8~1 cm 的通风沟。定子绕组由许多线圈按一定规律连接而成。大容量电机由于尺寸大,制成半匝式(线棒),每个线棒由若干铜线并在一起,分成一排或两排,两个线棒的一端焊在一起,即成一个线圈。

机座用来固定和支撑定子铁芯,并形成风道。

转子包括转子铁芯、永磁体、护环、风扇等。转子铁芯一般用整块的导磁性好的高强度合金钢锻成,转子表面约 2/3 部分铣有轴向凹槽,不铣槽的部分形成大齿,即磁极。

内埋式永磁电机转子内的永磁体在转子内受到保护,不像表面式永磁电机那样需要保护层;且内埋式永磁电机结构简单、鲁棒性高、造价低。因此内埋式转子结构的永磁同步电机适宜用作城轨车辆的牵引电机。

此外,按定子绕组感应电势波形的不同,可分为矩形波永磁同步电动机(直流无刷同步电机 BLDC)和正弦波永磁同步电动机(简称永磁同步电动机,PMSM)。

## 二、同步电机的运行特性

### 1. 两种旋转磁场

当对称三相电流流过对称三相绕组时,将在气隙中产生一个旋转磁场,同步电机无论作为发电机运行还是作为电动机运行,和异步电机一样,只要它们的定子三相绕组中流过三相对称电流,都将在气隙中产生上述的旋转磁场。因该磁场是交流励磁的,故称为交流励磁的旋转磁场,同步电机的定子绕组又称为电枢绕组,因此又称为电枢磁场。

在同步机的转子上装有永磁体磁极,它与转子无相对运动。当转子旋转时,在气隙中又形成另一种旋转磁场,称永磁旋转磁场或称机械旋转磁场。

同步发电机空载时,定子绕组中的电流为零,在气隙中只有永磁体产生的机械旋转磁场,在负载的情况下,两种旋转磁场均存在。

在正常运行时,同步电机的定子磁场与转子永磁体之间没有相对运动,因而不能在转子永磁体中感应电势,故从电路的观点来看,同步电机要比异步电机更为简单,可不考虑转子支路。

### 2. 同步电机的作用力

在同步电机的气隙中存在着两种不同的旋转磁场,只要这两个旋转磁场在空间有位移,它们之间便会有电磁力,犹如两块磁铁之间存在相互作用力一样。

### 3. 同步电机的运行方式

同步电机的电枢磁场与转子磁场之间虽然没有相对运动,但是,依据负载电流的性质不同,两个磁场间有着不同的相对位置,这个相对位置决定着同步电机的运行方式。同步电机空载时，定子绕组中的电流为零，在气隙中只有转子的机械旋转磁场，如图 5.7（a）所示。在负载的情况下，两种旋转磁场均存在。就有功功率来讲，如顺着旋转方向，转子磁场超前于电枢磁场为发电机运行方式，如图 5.7（b）所示，这时转子由外施机械转矩拖动，对转子而言电枢磁场与转子磁场相互作用的力是一个电磁阻力。反之，电枢磁场超前于转子磁场为电动机运行方式，如图 5.7（c）所示，这时，电枢磁场作用到转子上的转矩是驱动转矩。

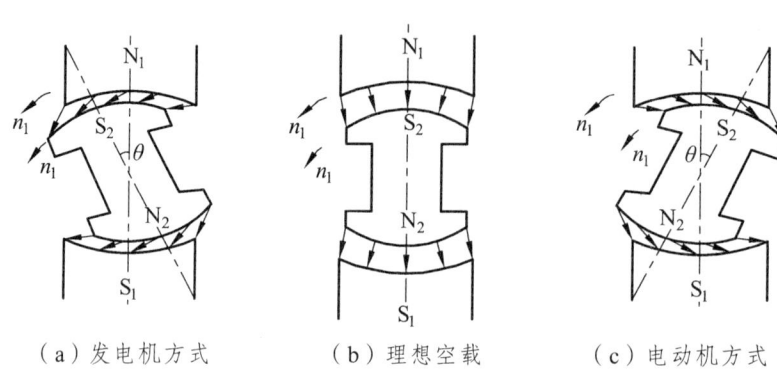

（a）发电机方式　　　　（b）理想空载　　　　（c）电动机方式

图 5.7　同步电机的运行方式

**4. 同步电机的气隙合成磁场**

由于定、转子磁场均以同步转速旋转，气隙中合成旋转磁场便也按同步转速旋转，和转子绕组之间仍无相对运动；当转子磁场超前于定子磁场时，合成的气隙磁场便滞后于转子磁场，当转子磁场滞后于定子磁场时，合成的气隙磁场便将超前于转子磁场。

同步电机的运行方式，也常用合成旋转磁场与转子磁场之间的相对位置来确定。

因此同步电机作为发电机运行时，转子磁场轴线便超前于气隙合成磁场轴线；而同步电机作为电动机运行时，转子磁场轴线将滞后于气隙合成磁场的轴线。

**一、选择题**

1. 一台四极同步电机稳态运行时定子频率为 50 Hz，则其转子磁场相对于转子的转速为_____r/min。

　　A. 大于 1 500　　　　　　　　　　B. 小于 1 500
　　C. 等于 1 500　　　　　　　　　　D. 0

2. 一台同步发电机处于发电状态时，其_____。

　　A. 转子磁场超前于定子合成磁场　　B. 定子合成磁场超前于定子磁场
　　C. 定、转子磁场轴线重合　　　　　D. 无法确定

**二、简答题**

1. 简述永磁同步电机结构类型。
2. 简述永磁同步电机运行方式。

## 第三节　永磁同步牵引电动机在轨道交通中的运用

近年来，随着高性能永磁材料的使用，以及电力电子技术和电机控制技术的发展，永磁同步牵引电动机成为直接驱动牵引电动机研究领域的热点。永磁同步电动机作为牵引电机（见图5.8），利用无齿轮传动的交流传动取代目前复杂的机械传动，永磁同步牵引传动系统已成为下一代轨道交通牵引传动系统的发展方向。

图 5.8　同步牵引电机

### 一、永磁同步电机用在轨道领域的技术特点

与异步电机和直流电机相比，永磁同步电机体积小、重量轻、具有极对数相对多的特点，从而在有限的空间体积下增加转矩密度，使在现有尺寸和重量条件下实现直接传动成为可能。

轨道交通采用直接传动的优点在于：

1）多极数，高功率密度

由电机学原理及变频电机的特点可知，变频牵引电机的极数越高，定子轭部则越薄，电机端部长度越短，因而电机体积越小、重量越轻；极数越高，电机的最高频率也越高，则要求逆变器的开关频率和最大允许频率越高。永磁同步电动机极数只受逆变器的频率限制，因此一般采用高极数，这也是永磁电机具有较高功率密度的原因之一。

2）高功率因数、高效率

与异步电机相比，永磁同步牵引电机没有无功励磁电流，因此可得到更高的功率因数，进而得到更小的定子电流和定子铜耗；并且由于永磁同步牵引电机在稳态运行时无转子铜耗，从而可以因总损耗降低而降低冷却风扇容量甚至去掉冷却风扇。它的功率比同规格的异步电机可提高 2%～8%。同时，由于同步牵引电机在 25%～120% 额定负载范围内均可保持较高的功率因数和效率，使其在轻载运行和长时间运行中节能效果显著。

3）体积小、重量轻

随着高性能永磁材料的不断应用，永磁同步牵引电机的功率密度得到很大的提高，比同容量的直流电机和异步电机其体积和质量有较大的减少,而且由于电机损耗小,可省却通风冷却系统,使其在相同功率下,体积比异步电机小。

4)控制简单,可靠性高

采用矢量控制比异步电机简单,与直流电机和电励磁同步电机相比没有电刷和换向器,结构简单,系统可靠性高。同时有源转子的永磁同步电机在没有变流器控制参与的情况下,通过制动电阻按自然特性制动,而且采用电制动,无制动损耗和粉尘,不污染环境。这些优点及特点,有助于保证车辆的制动安全,而且绿色环保,非常适合于轨道交通领域。

5)可作为全封闭牵引电机

永磁同步牵引电动机一方面因转子不产生损耗(永磁同步电机因转子发热相对较少),使得采用全封闭结构成为可能;另一方面因永磁体对铁屑具有强烈的吸附作用,很难清除,一旦吸附铁屑,会降低电机的可靠性,因此也要求采用全封闭结构。

6)采用直接驱动方式

电机采用直接驱动方式可以取消齿轮箱,齿轮箱维护工作量大,噪声大,且污染环境,永磁同步牵引电动机不存在转子冷却问题,因而可以采用直接驱动,采用与车轮一体的永磁同步牵引电动机驱动的结构如图 5.9 所示。

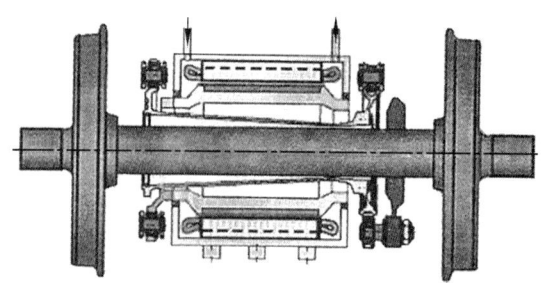

图 5.9　永磁同步牵引电动机直接驱动

永磁同步牵引电机与异步牵引电机最大的区别在于永磁同步电机由永磁体励磁,无法关断,即使外部不供给电源,当永磁电机旋转时便会产生反电势,其给系统带来的影响主要表现在以下几个方面:

**1. 不可逆退磁**

永磁电机在工作时,定子电流产生的定子磁场将干扰永磁体产生的转子磁场,特别是在永磁牵引电动机弱磁工况下运行时,永磁体磁场被削弱,严重时可能发生不可逆退磁。导致永磁同步牵引电动机出现不可逆退磁现象的因素有温度和电枢反应电流。

永磁同步电动机运行时,由定子去磁电流产生、施加在永磁体上的退磁磁场强度是反复变化的。永磁同步牵引电机的功率密度高、体积较小,决定了其具有较高的工作温度,高温时电机不可逆退磁风险加大。

**2. 环境适应性**

永磁电机目前普遍采用的热稳定性较差钕铁硼永磁材料。钕铁硼永磁材料中的主要成分钕和铁都是容易被氧化和腐蚀的元素,而且由于永磁体对铁磁材料的强烈吸附作用,从电机外部进入的铁屑容易黏附在转子上,很难清除,因此永磁体的环境适应性较差。

为了提高永磁电机的环境适应性，除了在永磁体表面采用涂敷处理外，为防止外部铁屑进入电机内部，永磁电机一般都被要求采用全封闭结构。

### 3. 磁场不可调节性

永磁同步电动机由于采用永磁体励磁，磁场无法关闭，难以调节，这从某种程度上成为永磁电机的缺点。

1）弱磁控制

当电动机电压达到逆变器输出的最高电压时，只有通过调节定子电流，增加直轴去磁电流分量来削弱电机磁场，使电压保持平衡，达到弱磁扩速的目的。弱磁控制增加了电机控制的复杂性，同时使电机的性能相对变差。

2）电动机功率因数和效率降低

尽管永磁体不产生损耗，但高速弱磁时，较大的去磁电流分量将增大电动机的定子电流，使电动机铜耗增加，从而降低电动机的效率，并降低电动机的功率因数。

3）控制失效时电压突然升高及铁耗增加

由于永磁同步电动机的励磁不可关闭，在控制失效时，电动机将产生较高的端电压，尤其是电动机运行在高速时。高电压一方面可能损伤逆变器的元器件，另一方面由于逆变器难以再次给电动机供电，将产生"高速重投"的问题。常用的解决方法是在电动机与逆变器之间增加隔离开关（见图5.10），但这会增加系统的复杂性和成本。

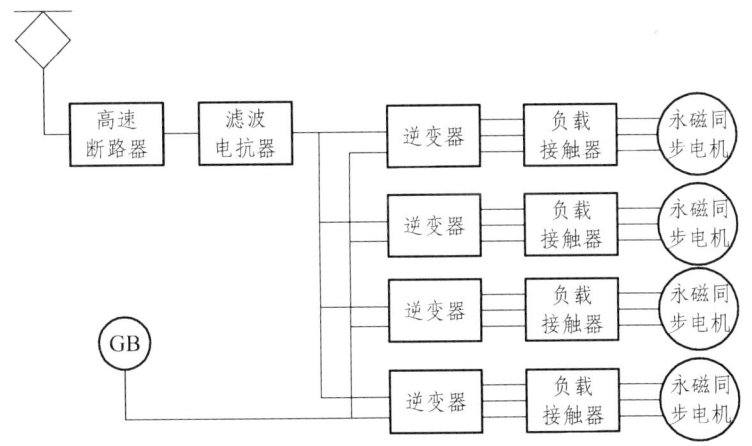

图 5.10　永磁同步牵引系统轴控方式示意图

当控制失效时，隔离开关断开，此时电动机没有电流，但由于反电势很高，磁路高度饱和，电动机内的铁耗可能很大，尤其是电动机处于高速运行时。最严重的情况是，铁耗使电动机在短时间内烧损。

4）电动机匝间故障迅速扩大

只要电动机旋转，就会在定子绕组中产生电压。一旦匝间存在缺陷，会使匝间故障迅速扩大。实验表明，电动机在给定工况下当其第14匝线圈发生匝间故障时，37 s时间内电动机故障会迅速扩大，如图5.11所示。

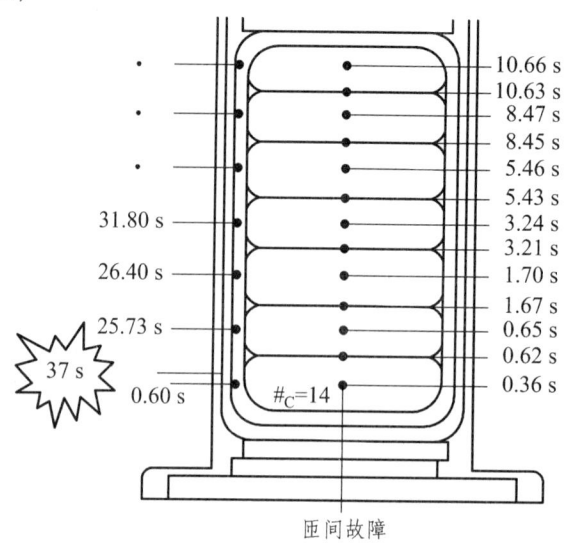

图 5.11 永磁同步电动机匝间故障示意图

**4. 单轴控制**

当电动机应用于轨道牵引时，在运行中，车辆速度一定，由于存在轮差，每个车轮对应的电动机转速要求不一致。永磁同步电机转速与定子频率为固定关系。当电动机转速不同时，要求电动机定子频率也不同，这使得电机供电频率相同的群控模式成为不可能。因此，永磁牵引电动机在轨道牵引上只能采用单轴控制，即一台逆变器给一台电动机供电的模式，这将增加控制系统的复杂性，同时也增加了系统的成本。

**5. 工艺和制造**

由于永磁体带磁性，具有很大的吸附力，给永磁同步电动机的制造带来很大的挑战，包括转子铁芯叠压、转子动平衡、永磁体嵌装和固定、转子运输、电机组装等。对转子动平衡、永磁体嵌装和固定等工序，需采用特殊、非铁磁性的工量具进行操作和检测；对永磁体磁性能的检测，需增加检测设备；位置传感器的定位、安装和检测也给永磁牵引电机的制造增加了困难。

与异步牵引电动机的铜条相比，永磁体价格贵很多，且由于制造工艺的复杂性等原因，永磁同步牵引电动机的制造费用也将增长，因此价格成为制约永磁同步牵引电动机推广应用的重要因素之一。

# 二、永磁同步牵引电机在国内外运用介绍

**1. 法　国**

在法国，永磁牵引电机已经开发用于轻轨和高速列车。法国阿尔斯通公司开发了永磁牵引电机系统样机，应用在荷兰西南部港口城市鹿特丹（Rotterdam）的 Citadis 型低地板轻轨车辆和动力分散的 360 km/h 高速列车 AGV 上。

通过装机试用结果显示，同步电机效率比异步电机提高了 3%～4%，噪声级比 IEC 规定的限值降低了 3～7 dB，体积比异步电机减少了 30%，质量比异步电机减少 30%，节能 15%。

## 2. 德　国

1997年和1998年，Siemens公司曾以ICE3高速列车的要求和技术规格为基础开发了抱轴式直接驱动永磁同步电机，采用独立车轮、由无齿轮箱的轻型大功率（500 kW）电动机驱动的系统，如图5.12所示。

图5.12　Siemens公司开发的直接驱动永磁同步电机

新一代永磁电机直驱传动电机牵引系统的西门子 Velaro-D 高速列车，即 ICE-4 高速列车，时速达 320 km/h，噪音降低 15 dB，体积减小 30%，效率提高 3%，节能降耗可达 20%及以上。

## 3. 日　本

1990年，日本铁道综合技术研究所试制了第一台RMT1型直接驱动永磁同步牵引电机样机，它以窄轨高速列车 NEXT250 为基础设计，安装于独立车轮转向架。牵引电动机全长可达 525 mm，选用 Nd-Fe-B 系永磁材料，持续额定输出功率为 80 kW，如图5.13所示。此后，日本铁道综合技术研究所开发了RMT9、RMT11、RMT17（外形结构见图5.14）直接驱动永磁同步牵引电机。实验结果表明效率和功率因数明显提高，噪音大幅降低。

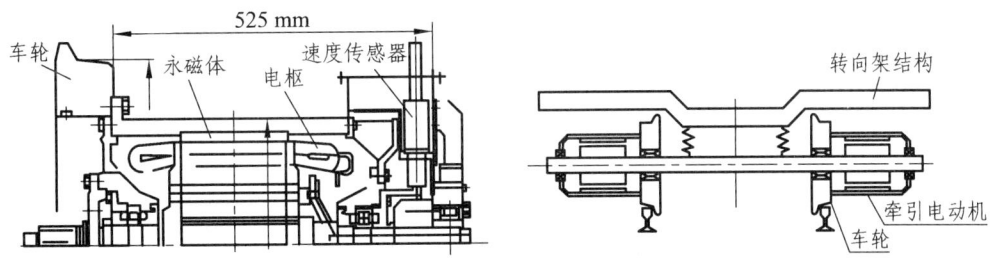

图5.13　RMT1型直接驱动永磁同步牵引电机

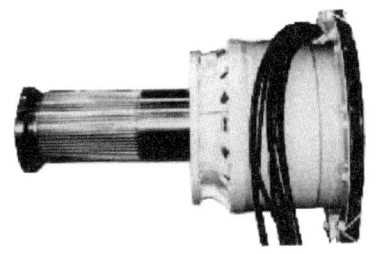

图5.14　RMT17永磁同步牵引电机

### 4. 国内情况

我国于 2009 年开始进行系统方案设计，随后地面试验平台建立，开始样机生产；2010 年—2011 年 6 月——试验研究、电机设计、控制策略验证和定型；2011 年 10 月—12 月——沈阳地铁二号线现场装车（见图 5.15），完成了 7 000 公里 AW0 空载试验和 AW3 负载试验，效率提高 3%～5%，节能 10%，验证了相关核心技术。

图 5.15 沈阳地铁二号线现场装车及其永磁同步牵引电机

# 第六章 直线感应电机基础知识

## 第一节 直线感应电机的基本结构及分类

### 一、直线感应电机与旋转感应电机

直线感应电机是一种将电能直接转换成直线运动机械能,而不需要任何中间转换机构的传动装置。如图 6.1(a)和(b)所示分别展示了一台旋转感应电机和一台直线感应电机。

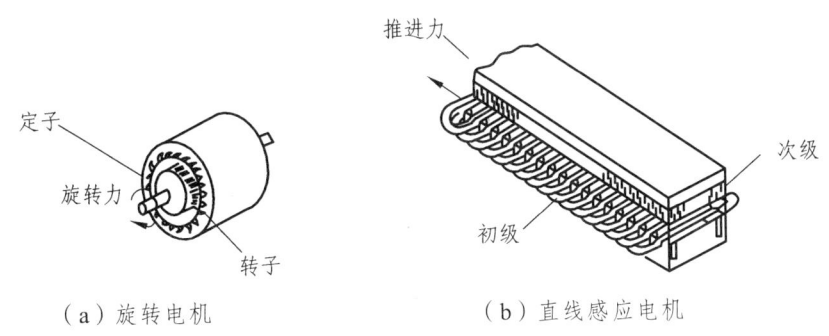

图 6.1 直线异步电机和旋转电机示意图

直线感应电机可以认为是旋转感应电机在结构方面的一种演变,它可看作是将一台旋转电机沿径向剖开,然后将电机的圆周展成直线,如图 6.2 所示。这样就得到了由旋转电机演变而来的最原始的直线感应电机。由旋转电机定子演变而来的一侧称为初级或一次侧,有直线放置的三相对称绕组;由转子演变而来的一侧称为次级或二次侧。旋转电机的径向、周向和轴向,在直线感应电机中对应地称为法向、纵向和横向。

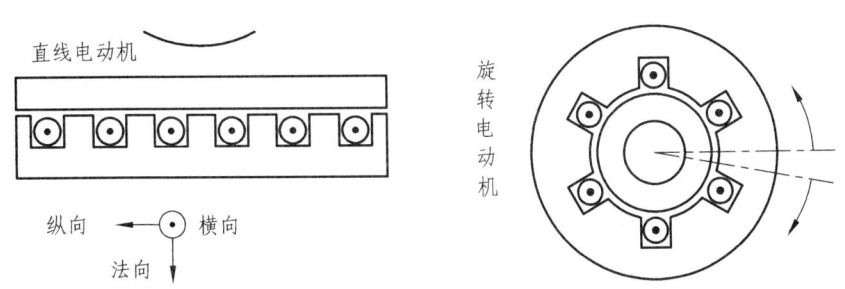

图 6.2 从旋转感应电动机到直线感应电机的演化

## 二、直线感应电机结构形式

直线感应电机按其结构形式可分为扁平形、圆筒形（或管形）、弧形和盘形等。

### （一）扁平形直线感应电机

扁平形直线感应电机，顾名思义，即为一种扁平的矩形结构的直线感应电机，它有单边型和双边型之分，每种形式下有短初级（长次级）、长初级（短次级）两种。

由图 6.2 中演变而来的直线感应电机，其初级和次级长度是相等的。由于在运行时初级与次级之间要做相对运动，如果在运动开始时，初级与次级正巧对齐，那么在运动中，初级与次级之间互相耦合的部分越来越少，而不能正常运动。为了保证在所需的行程范围内，初级与次级之间的耦合能保持不变，因此实际应用时，是将初级与次级制造成不同的长度。

在制造直线感应电机时，既可以是初级短、次级长，也可以是初级长、次级短。前者称为短初级长次级（短定子），如图 6.3（a）所示，后者称为长初级短次级（长定子），如图 6.3（b）所示。

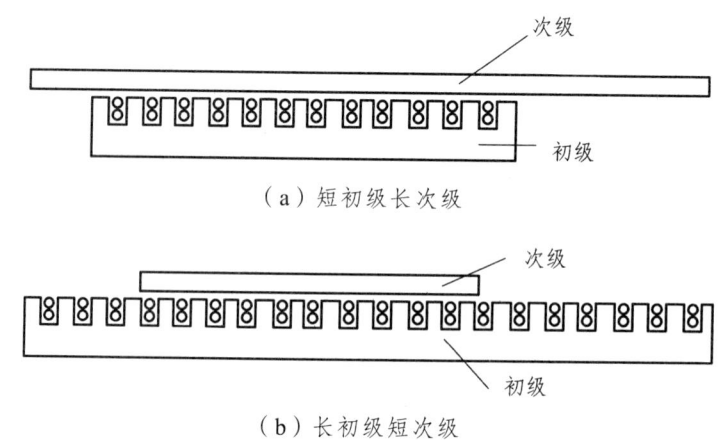

图 6.3 单边型直线感应电机

如图 6.3 所示，直线异步电动机中仅在一边安放初级，对于这样的结构形式称为单边型直线异步感应电动机。这种结构的电机，一个最大特点是在初级与次级之间存在着一个很大的法向吸力，一般这个法向吸力，在短次级时约为推力的 10 倍左右，在大多数的场合下，这种法向吸力是不希望存在的，如果在次级的两边都装上初级，那么这个法向吸力可以相互抵消，这种结构形式称为双边型，如图 6.4 所示。双边型直线异步感应电动机的缺点是感应板一般只能垂直安放，占用空间较大。

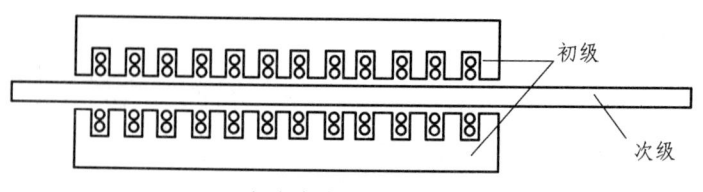

（a）短初级长次级

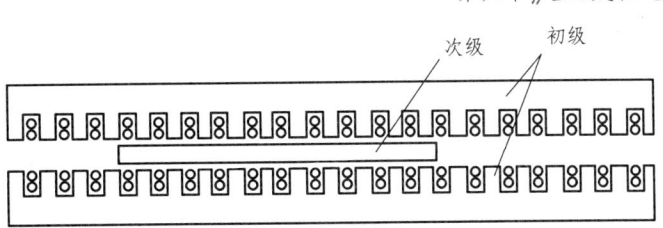

(b) 短次级长初级

图 6.4 双边型直线感应电机

短定子（短初级）和长定子（短次级）直线感应电机分别具有以下特点。

### 1. 短定子（短初级）直线感应电机特点

（1）定子在车上，单边励磁，因此需要接触网/轨或直线变压器供电。
（2）转子在地面，采用感应板（实心、无绕组），结构简单，经济。
（3）采用接触网/轨供电时，运行速度受到限制。

### 2. 长定子（短次级）直线感应电机

（1）定子在地面励磁，因此不需要接触网/轨或直线变压器供电，但定子有三相绕组，系统成本较高。
（2）转子在车上，采用感应板（实心、无绕组），结构简单，车体轻。
（3）定子可隐蔽供电，非常安全。为了节省材料或简化供电，对于要求不高的场合，长定子也可以做成分段的，当然这要损失一部分牵引力。

## （二）圆筒形直线感应电机

直线感应电机除了呈扁平形的结构形式外，还可以做成圆筒形（也称管形）结构，圆筒形（管形）结构直线感应电机可以看作是由旋转电机演变而来，其演变的过程如图 6.5 所示。

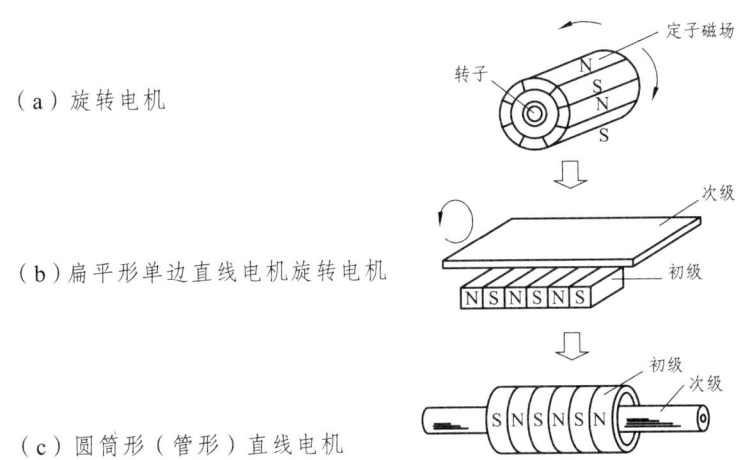

图 6.5 旋转电机演变为圆筒形直线感应电机的过程

圆筒形直线感应电机既有旋转运动又有直线运动，旋转直线的运动体既可以是一次侧，也可以是二次侧。

### (三)弧形和盘形直线感应电机

弧形和盘形结构直线感应电机。弧形是将扁平形直线感应电机的初级沿运动方向改成弧形,并安放于圆柱形次级的柱面外侧。它相当于把实心转子感应电动机的定子切除掉一部分,其转子做旋转运动而不是直线运动,但它的工作原理与直线感应电动机相同,如图 6.6 所示。盘形结构是把次级做成一片圆盘,将初级放在次级圆盘靠近外缘的平面上,并能够绕经过圆心的轴自由转动,如图 6.7 所示。次级可以是双面的也可以是单面的。

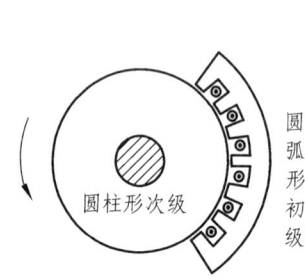

图 6.6 弧形直线感应电机

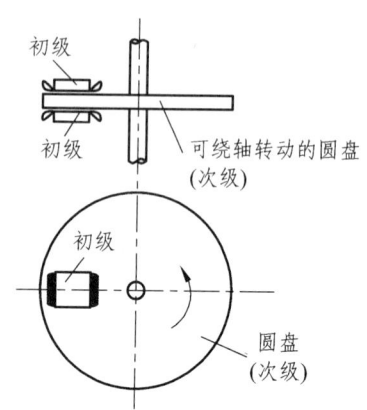

图 6.7 盘形直线感应电机

盘形直线感应电机与普通旋转电动机相比的优点:

(1)力矩与旋转速度可以通过多台一次侧组合的方式或通过一次侧在圆盘上的径向位置来调节。

(2)无需通过齿轮减速箱就能得到较低的速度,因而电动机的振动和噪声很小。

## 三、扁平形直线感应电机的基本结构

扁平形直线感应电机的结构主要包括初级、次级及气隙三部分。

初级由铁芯和绕组组成,和旋转电机一样,扁平形直线感应电机的初级绕组有单相、两相、三相或者多相之分。绕组有单层与多层之分。

如图 6.8 所示是单层绕组分布,其极数可为奇数也可以为偶数,但偶数极更为常用。单层绕组分为单层同心式绕组、单层链式绕组。双层绕组是扁平形直线感应电机中常用的一种形式。与单层同心式绕组相比,具有线圈端部排列整齐的优点,且可以选择适当的短距以削弱磁势的高次谐波。双层绕组有叠绕组和波绕组之分,扁平形直线感应电机中一般采用叠绕组。

图 6.8 单层绕组分布图

扁平形直线感应电机的双层绕组与旋转电机的绕组有一个显著差别，就是嵌置同样数目的线圈的槽数较多，在铁芯两端有一些槽中只嵌入一个线圈边，这些槽称为半线槽或半填槽。如图 6.9 所示为双层绕组，由该图可以看出，双层绕组在其端部有半填槽。由于三相绕组空间分布位置的不对称，所以扁平形直线感应电机不像旋转电机那样，它的三相间的互感不同，即使在三相对称电压供电的情况下，三相电流也是不对称的。这一点对电机的电磁场分布也有一定的影响。

图 6.9　双层绕组分布图

次级有两种结构类型：栅型结构和实心结构。

栅型结构，相当于旋转电动机的笼型结构，次级铁芯上开槽，槽中放置导条，并在两端用端部导条连接所有槽中导条，如图 6.10 所示。

实心结构，采用整块均匀的金属材料。实心结构的次级，分为磁性次级、非磁性次级和复合次级三种。磁性次级的材料为低碳钢板，非磁性次级的材料为铜或铝，复合次级是二者的复合，如图 6.11 所示。由于低碳钢板的导电性能不好，所以磁性次级的直线感应电动机效率较低。非磁性次级的直线电动机，由于次级材料的导磁性能差，因此功率因数较低。复合次级的直线感应电动机具有较好的性能指标。

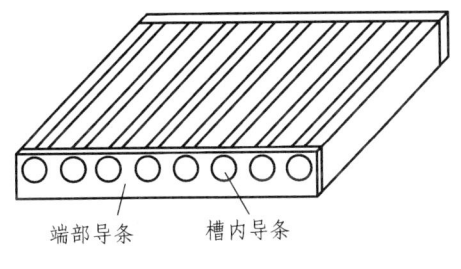

图 6.10　栅型结构

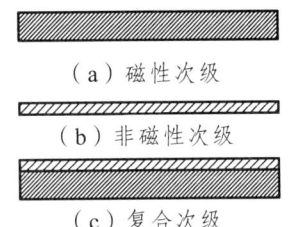

图 6.11　直线感应电机的次级横截面图

直线电机的气隙相对于旋转电机的气隙要大得多，主要是为了保证在长距离运动中，初级与次级之间不致摩擦。因铜或铝均属非磁性材料，其导磁性能和空气相同，故：

电磁气隙 = 机械气隙（单纯的空气隙）+ 铜板或铝板厚度

由于直线感应电动机的电磁气隙（2~10 mm）较旋转电机的电磁气隙（0.2~1 mm）大得多，加之边端效应的影响，直线感应电动机的功率因数和效率较同容量旋转电机低。

典型的直线感应电机的结构如图 6.12 所示。

由图 6.12 可以看出，直线感应电动机的初级铁芯的纵向两端形成了两个纵向边缘，铁芯和绕组不能像旋转电动机那样在两端相互连接，这是直线感应电动机的初级与旋转电动机的定子的明显差别。

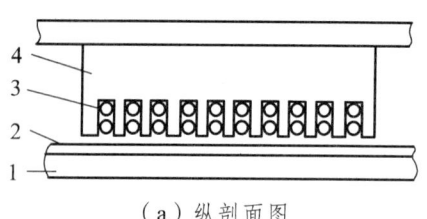
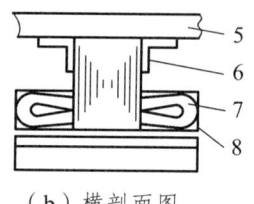

（a）纵剖面图　　　　　（b）横剖面图

**图 6.12　单边扁平型短初级直线感应电动机**

1—次侧铁芯；2—次侧导电板；3—三相绕组；4—初级铁芯；5—支架；
6—固定用角铁；7—初级绕组端部；8—环氧树脂

## 练习题

### 一、判断题

1. 直线电机结构多样，可以根据需要制成扁平型、圆筒型或盘型等各种形式。（　　）

2. 直线电机在次级两边都装上初级，做成双边型结构，以抵消法向吸力。（　　）

3. 短初级在制造成本上、运行费用上均比短次级低得多，因此目前除特殊场合外，一般采用短初级。（　　）

4. 直线电机是一种将电能直接转换成直线运动机械能而不需要任何中间转换机构的装置。（　　）

### 二、选择题

下列关于直线电机的说法不正确的是（　　）。

A. 直线电机总体结构简单

B. 直线电机直接产生直线运动而不需要中间转换装置

C. 直线电机驱动受黏着限制

## 第二节　直线感应电机工作原理

直线感应电机与旋转感应电机不仅在结构上类似，在工作原理上也类似，直线感应电机的工作原理如图 6.13 所示，为了便于对比故把旋转电机的基本工作原理（见图 6.14）并列在一起。

第六章 直线感应电机基础知识

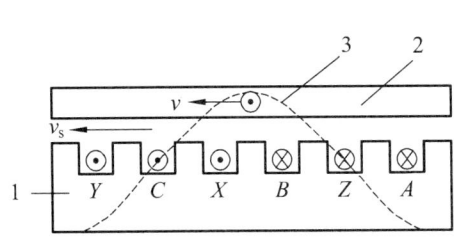

图 6.13 直线感应电动机的基本工作原理

1—初级；2—次级；3—行波磁场

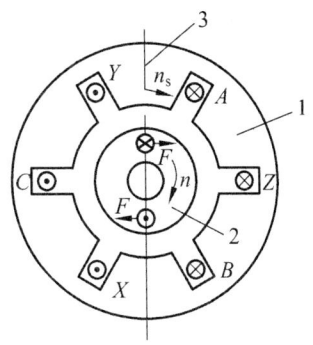

图 6.14 旋转感应电机的基本工作原理

1—定子；2—转子；3—磁场方向

直线感应电动机的三相绕组中通入三相对称正弦电流后，三相电流随时间变化时，气隙磁场将按 A、B、C 相序沿直线移动。这个原理与旋转电机的相似，差异是：这个磁场平移，而不是旋转，因此称为行波磁场。当不考虑由于铁芯两端开断而引起的纵向边端效应时，这个气隙磁场的分布情况与旋转电机的相似，即可看成沿展开的直线方向呈正弦波形分布。如图 6.15 所示，磁通密度 $B$ 的波形是 $t=0$ 时的波形，随着距离的增加 $B$ 的波形将向右移动，可用下式表示 $B$。

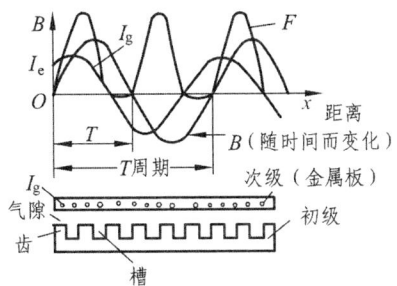

图 6.15 直线感应电动机行波磁场、感应电流 $I_e$ 及连续推力 $F$

$$B = B_0 \cos\left(\omega t - \frac{\pi x}{\tau}\right) \tag{6.1}$$

式中　$\omega$——电源角频率；

　　　$t$——时间；

　　　$x$——定子表面上的距离；

　　　$\tau$——极距。

显然，行波磁场的移动速度与旋转磁场在定子内圆表面上的线速度是一样的，用 $v_s$(m/s) 表示，称为同步速度，它与旋转磁场在定子内圆周表面上的线速度是一致的，即

$$v_s = \frac{D}{2}\left(\frac{2\pi n_s}{60}\right) = \frac{D}{2}\left(\frac{2\pi}{60}\right)\frac{60f}{p} = 2f\left(\frac{\pi D}{2p}\right) = 2f\tau \tag{6.2}$$

式中　$D$——旋转电机的定子内圆直径；

　　　$f$——电流频率，Hz；

$\tau$——极距，m（$\tau = \pi D / 2p$）；

$p$——极对数；

$n_s$——旋转磁场的同步转速，r/min（$n_s = 60f/p$）。

再来看行波磁场对次级的作用。假定次级为栅形次级，如图6.16所示，在图中仅画出其中的一根导条。次级导条在行波磁场切割下，将感应感生电动势并产生电流。设次级导条感应电压为$E_e$，磁通的作用面积为$A$，则

$$E_e = -A \frac{dB}{dt} = \omega A B_0 \sin\left(\omega t - \pi \frac{x}{\tau}\right) \tag{6.3}$$

次级有电感$L$和电阻$R$，则金属板上的感应电流$I_e$（涡流）为

$$I_e = \frac{E_e}{Z} = \frac{E_e}{Z} \sin\left(\omega t - \pi \frac{x}{\tau} - \varphi\right) \tag{6.4}$$

$$Z = \sqrt{R^2 + (\omega l)^2} \tag{6.5}$$

$$\varphi = \arctan^{-1} \frac{\omega L}{R} \tag{6.6}$$

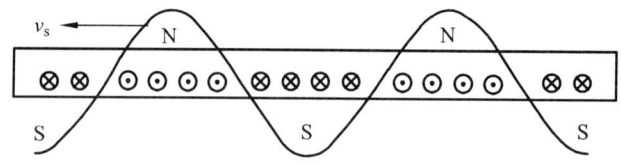

（a）假想导条中的感应电流

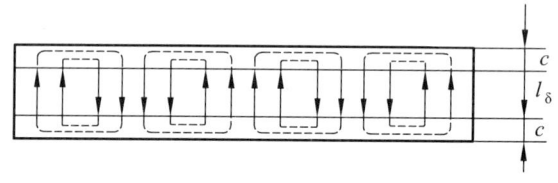

（b）金属板内电流分布

图6.16 次级导体板中的电流

而所有导条的感应电流和气隙磁场相互作用便产生电磁推力，如图6.13中$v_s$所指的方向。在这个电磁推力的作用下，如果初级是固定不动的，那么次级就顺着行波磁场运动的方向作直线运动；反之，则初级做直线运动。

若次级移动的速度用$v$表示，转差率用$s$示，则有

$$s = \frac{v_s - v}{v_s} \tag{6.7}$$

在电动机运行状态下，$s$在0与1之间，这就是直线感应电动机的基本工作原理。直线感应电机与旋转感应电机的同步速度及转差率计算对比如表6.1所示。

表 6.1  直线感应电机与旋转感应电机的同步速度及转差率计算对比表

| 参数 | 电机类型 | |
|---|---|---|
| | 旋转感应电机 | 直线感应电机 |
| 同步速度 | $n_s = \dfrac{60f}{p}$ （r/min）<br><br>$n_s$——同步速度；<br>$f$——供电频率；<br>$p$——旋转感应电机极对数 | $v_s = 2\tau f$（m/s）<br><br>$v_s$——同步速度；<br>$f$——供电频率；<br>$\tau$——直线感应电机极距 |
| 转差率 | $s = \dfrac{n_s - n}{n_s}$<br><br>$s$——转差率；<br>$n_s$——同步速度；<br>$n$——转子转速 | $s = \dfrac{v_s - v}{v_s}$<br><br>$s$——转差率；<br>$v_s$——同步速度；<br>$v$——列车运行速度 |

应该指出，直线感应电机的次级大多采用整块金属板或复合金属板，因此并不存在明显的导条。但在分析时，不妨把整块看作是无限多的导条并列放置，这样仍可以应用上述原理进行讨论。如图 6.16 所示，分别画出了假想导条中的感应电流及金属板内电流的分布，图中 $l_\delta$ 为初级铁芯的叠片厚度，$c$ 为次级在 $l_\delta$ 长度方向伸出初级铁芯的宽度，它用来作为次级感应电流的端部通路，$c$ 的大小将影响次级的电阻。

我们知道，旋转感应电机通过对换任意两相的电源线，可以实现反向旋转。这是因为三相绕组的相序相反了，旋转磁场的转向也随之反了，使转子转向跟着反过来。同样，直线异步电动机对换任意两相的电源后，运动方向也会反过来，根据这一原理，可使直线感应电机做往复直线运动。

由以上的分析可知，通过调整电源频率 $f$ 或极距来改变直线感应电动机的速度；通过改变初级电源相序，可以改变行波磁场行进方向，从而改变次级导条移动的方向。

由上可见，直线感应电机与旋转感应电机在工作原理上并无本质区别，只是所得到的机械运动方式不同而已。但是，两者在电磁性能上却存在很大的差别，主要表现在以下三个方面：

（1）旋转感应电动机定子三相绕组是对称的，因而若所施加的三相电压对称，则三相电流就是对称的。但直线感应电动机的初级三相绕组在空间位置上是不对称的，位于边缘的线圈与位于中间的线圈相比，其电感值相差很大，也就是说三相电抗是不相等的。因此，即使三相电压对称，三相绕组电流也不对称。

（2）旋转感应电动机定、转子之间的气隙是圆形的，无头无尾，连续不断，不存在始端和终端。但直线感应电动机初、次级之间的气隙存在着始端和终端。当次级的一端进入或退出气隙时，都会在次级导体中感应附加电流，这就是所谓的"边缘效应"。由于边缘效应的影响，直线感应电动机与旋转感应电动机在运行特性上有较大的不同。

（3）由于直线感应电动机初、次级之间在直线方向上要延续一定的长度，且法向电磁力往往不均匀，因此在机械结构上一般将初、次级之间的气隙做得较长，这样，其功率因数比旋转感应电动机还要低。

# 第三节 直线感应电机的边端效应

## 一、纵向边端效应及其改善

### 1. 三相绕组不对称引起的负序和零序磁场

与旋转电机不同,由于直线电机的铁芯两端是开断的,铁芯及安置在其槽中的绕组在两端不连续,所以各相之间的互感就不相等,即使在初级绕组加三相对称的电压,各相绕组中的电流也不对称。利用对称分量法可以把不对称的电流分解成正序、负序和零序分量。对应这三种电流将产生正向行波磁场、反向行波磁场和脉振磁场。后两类磁场在次级运行过程中将产生阻力并产生附加损耗。

### 2. 铁芯开断引起的脉振磁场

随着时间的变化,磁动势曲线相对于初级铁芯是移动的,因此在上、下铁芯的端面之间所作用的磁动势将随时间做正弦变化。与此相对应,分路磁通 $\Phi$ 和磁通密度 $B$ 随时间按正弦规律脉振。这种磁场在有效区域内与空间位置无关,因此,它与通常的行波磁场不同,常被称为脉振磁场。即使三相电流对称,而直线电机由于铁芯开断仍然会产生相对于初级不移动的脉振磁场,如图 6.17 所示。

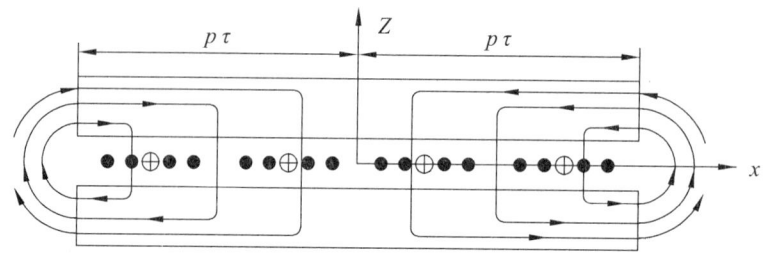

图 6.17 直线电机中脉振磁场的形成

铁芯开断所产生的脉振磁场、反向磁场存在的现象,称为直线感应电机的静态纵向边端效应。

### 3. 动态纵向边端效应及削弱纵向边端效应的方法

当次级沿纵向运动时还存在有另一种边缘效应,称为动态纵向边缘效应。图 6.18 是动态纵向边缘效应的示意图。

由电磁感应定律可知,当穿过任一闭合回路的磁通链变化时将产生感应电动势和感应电流。设在次级导电板上有一个闭合回路,处于初级铁芯外侧的 A 处。在它进入到初级铁芯下面之前,它基本上不匝链磁通,也不感应涡流。当它从位置 A 运动到处于初级铁芯下面的 B 处时,它将匝链磁通,这时闭合回路内磁通的

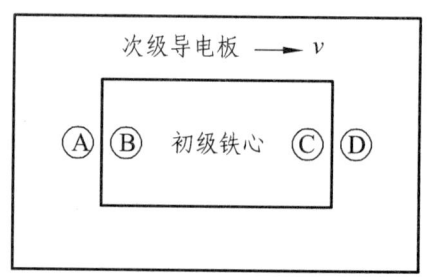

图 6.18 动态纵向边缘效应示意图

变化将引起涡流，而涡流反过来又影响磁场的分布。同样地，当闭合回路从处于初级铁芯下面的位置 C 移到处于初级铁芯外侧的位置 D 时，闭合回路内的磁通又一次变化，又将引起涡流并影响磁场的分布。前一种效应称为入口端边缘效应，后一种效应称为出口端边缘效应。这种纵向边缘效应只有在次级运动时才会发生，为了与前面所说的纵向边缘效应加以区分，称为动态纵向边缘效应。

动态纵向边缘效应与次级的运动速度有关，速度越高，效应越严重。需要指出的是，即使速度达到同步速时，此效应同样存在。动态纵向边缘效应所产生的涡流将增加电动机的损耗，并降低功率因数，从而使电动机的输出功率减小。这种效应在高同步转速低转差运行的直线感应电动机中尤为严重。

削弱纵向边端效应的方法有三相绕组换位接法、增加极数和装补偿元件三种，其中三相绕组换位接法如图 6.19 所示。

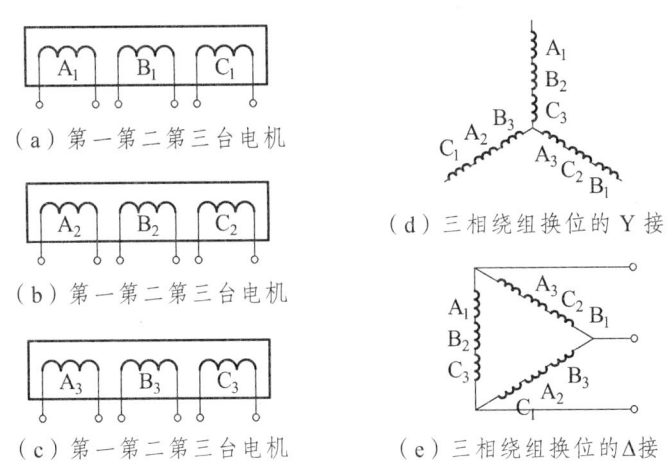

图 6.19 三相绕组换位接法

采用增加极数的方法是因为当电机的极数大于 6 时，脉振磁通可忽略不计。与旋转电机不同，直线电机的极数可以是奇数。

安装补偿元件方法如图 6.20 所示。由于直线电机两端是断开的，实际槽数必须大于极数要求的槽数，对于双层绕组，边端有单层的槽，为减小边端效应的影响，可在相应的半槽中安放补偿元件。

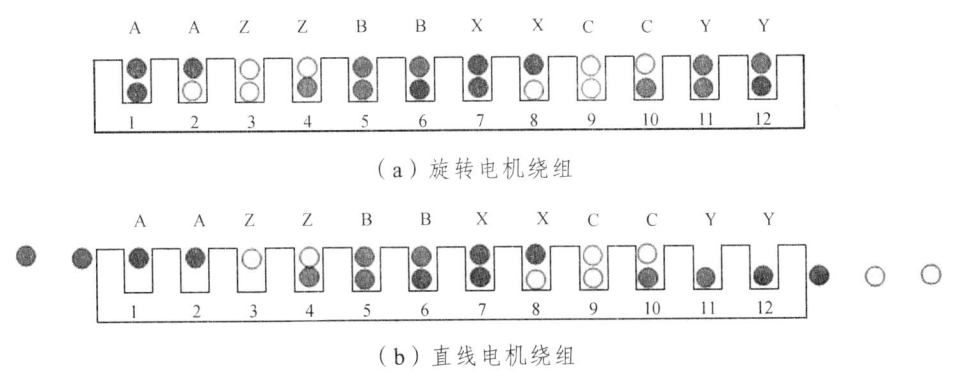

图 6.20 补偿原件安装位置示意图

## 二、横向边端效应及其改善

当直线感应电动机采用实心结构时,在行波磁场的作用下,次级导电板中的感应电流呈涡流形状。即使在初级铁芯范围内,次级电流也存在纵向分量。在它的作用下,气隙磁通密度沿横向的分布呈马鞍状,这种效应称为横向边缘效应。图 6.21 给出了次级电流和气隙磁通密度的分布情况。在图 6.21 中,$l$ 是初级铁芯横向长度,$c$ 是次级导电板横向伸出初级铁芯的长度。

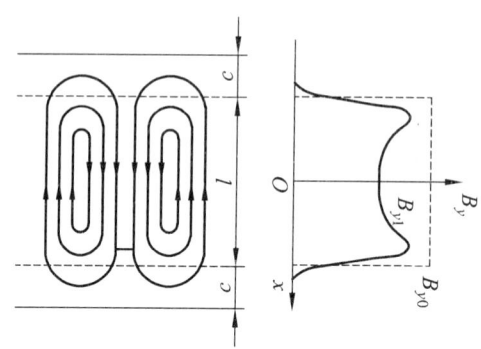

(a)次级电流分布　(b)气隙磁场密度分布

图 6.21　直线感应电动机横向边缘效应

横向边缘效应的存在,使电动机的平均气隙磁通密度降低,电动机的输出功率减小。同时,次级导电板的损耗增大,电动机的效率降低。横向边缘效应的大小,与次级导电板横向伸出初级铁芯的长度与极距 $\tau$ 的比值 $c/\tau$ 有关。$c/\tau$ 越大,横向边缘效应越小,通常取 $c/\tau=0.4$ 左右较合适。$c/\tau$ 超过 0.4 后,对横向边缘效应的影响就不显著了。

适当加大次级板的宽度,使次级伸出,这种双边直线感应电机如图 6.22 所示。

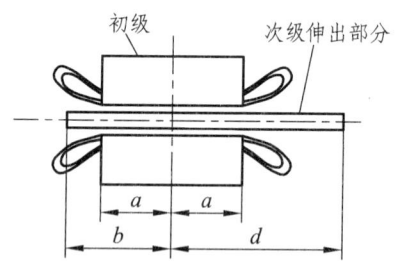

图 6.22　次级伸出的双边直线感应电机的横截面图

**选择题**

1. 下列关于直线电机直线电机磁场说法正确的是(　　)。
   A. 静止的磁场　　　　　　B. 旋转的磁场　　　　　　C. 行波磁场

2. 和直线电机行波磁场大小无关的是（   ）。
   A. 初级中的电流频率　　　B. 初级中的电流大小　　　C. 直线电机极距
3. 直线感应电机的最大缺点是（   ）。
   A. 功率因数与效率较低　　B. 结构复杂　　　　　　　C. 不利于坡道牵引

# 第四节　直线感应电动机的等效电路和基本特性

## 一、电路原理

直线感应电机的稳态特性近似计算方法基本可沿用旋转感应电机的等效电路，但直线感应电机的气隙长度可达一般旋转异步电机的 10~20 倍，励磁电流极大，只能采用 T 形等效电路，考虑到直线感应电机的纵向与横向效应，其等效电路图可在旋转感应电机的等效电路图基础上加以修正，直线感应电机的等效电路如图 6.23 所示，由于直线感应电动机铁芯中磁密一般较低，铁耗可忽略不计，次级板的漏电抗较小也可忽略不计。$R_e$ 为边端效应消耗功率的等效电阻初级换算值；$R_f$ 为边端作用有效部分功率等效电阻初级换算值；$R_L$ 为边端效应无效部分功率等效电阻初级换算值。由该等效电路可进行各种定量计算。

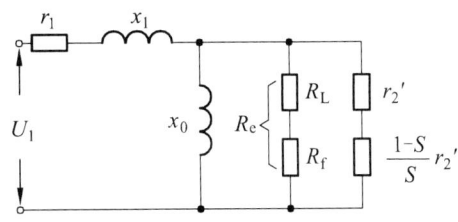

图 6.23　直线感应电动机的等效电路

## 二、基本技术特性

### 1. 推力——速度特性

如图 6.24 所示，将直线感应电机的推力-速度特性与旋转感应电机的特性相比较，则转差率 $s = \dfrac{v_s - v}{v_s}$，旋转感应电机的转矩最大值发生在转差率较低处；而直线感应电机的最大推力发生在高转差率处，此时 $s \approx 1$。可见，直线异步电动机的启动推力大，高速区域的推力小，比较符合动车的驱动要求。

直线感应电机的推力-速度特性近似成直线，如图 6.25 所示。

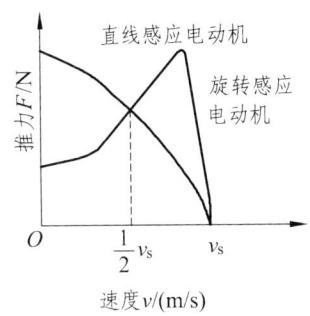

图 6.24　直线感应电机推力-速度特性旋转感应电机的性能比较

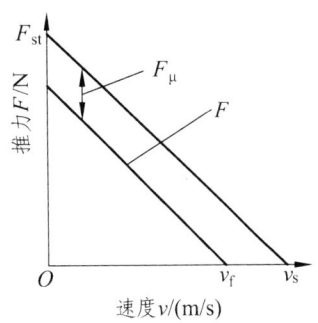

图 6.25　直线感应电机推力-速度特性

其推力为

$$F = (F_s - F_\mu)\frac{v_f - v}{v_f} \quad (6.8)$$

式中　$F_{st}$——启动推力；
　　　$F_\mu$——摩擦力；
　　　$v_f$——空载速度。

### 2. 推力气隙特性

如图 6.26 所示为直线感应电机的推力 $F$ 随气隙 $g$ 变化的特性。气隙小对电机特性和工作稳定性有利。但为了保证在长距离运动中，初、次级不致相擦，通常直线感应电机的气隙要比旋转异步电动机大。一般旋转异步电动机的极距/气隙比为 $\tau/g = 10$ 左右，而直线异步电动机的 $\tau/g = 20$ 左右；因而直线感应电机的效率和功率因数都较低。

如图 6.27 所示为直线感应电机的电流随气隙 $g$ 变化的特性。随着气隙的增加，电流增加，推力减小。

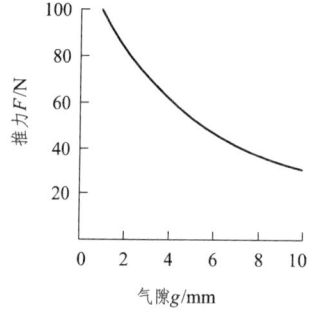

图 6.26　推力-气隙特性

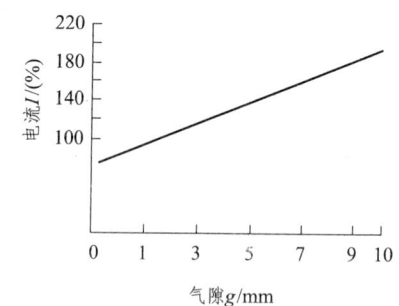

图 6.27　电流-气隙特性

因此导致直线感应电机的功率因数和效率较低原因有两个：一是电磁气隙较大，导致所需励磁电流也较大；二是定子铁芯的不连续两端开断产生边端效应。

直线感应电机的功率因数一般为 50%～60%，效率为 60%～80%；而旋转电机的功率因数一般在80%左右，效率在90%以上。因此，在设计 LIM 时，设计者一般最重视的就是如何提高它的功率因数和效率。

## 三、优点与不足

与其他非直线感应电机驱动的装置相比，具有以下优点：

（1）采用直线感应电机驱动的传动装置，不需要任何转换装置而直接产生推力。它可以省去中间转换机构，简化了整个装置或系统，而且运行可靠、效率提高、易于维护、降低成本。

（2）普通旋转电机由于受离心力的作用，其圆周速度受到限制，而直线感应电机运行时，它的直线速度可以不受限制。

（3）直线感应电机是通过电能直接产生电磁推力的，其运动可以无机械接触，大大减小了机械损耗。

（4）旋转电机通过钢绳、齿条、传动带等转换机构转换成直线运动，噪声是不可避免的，而直线感应电机是靠电磁力驱动装置运行的，噪声小或无噪声。

（5）直线感应电机结构简单，初级铁芯在嵌线后用环氧树脂等密封成整体，可在可潮湿、腐蚀或有害和高低温环境中使用。

（6）直线感应电机散热效果好，特别是常用的扁平型短初级直线感应电机，初级的铁芯和绕组端部，直接暴露在空气中，同时次级很长，热量容易散发，热负荷可取较高值，不需要附加冷却装置。

当直线异步电机运用在交通运输方面时，用其驱动的地铁车辆还具有以下的优点：

（1）驱动不受黏着限制。

（2）对复杂地形的适应性较强，爬坡能力强，拐弯半径小，有利于轨道交通选线。

（3）减少了隧道横断面的面积，使得工程造价低。

直线感应电机主要有几方面不足：

（1）效率和功率因数低，尤其是在低速时比较明显。通常直线感应电机的极距/气隙要比旋转电机大得多，初级和次级之间的气隙大，需要的磁化电流大，所以空载电流大。边缘效应特别是纵向边缘效应减少了驱动推力，增大了损耗。

（2）除驱动推力外，直线感应电机初级和次级间有吸引力，因而必须增加构架强度。

（3）为满足长距离对保持一定气隙的精度要求较高。

## 一、填空题

直线异步电动机的启动推力_____，高速区域的推力_____，比较符合动车的驱动要求。

## 二、选择题

1. 下列牵引电机中牵引车辆爬坡能力最强的是（    ）。
   A. 直流牵引电机　　　　B. 交流牵引电机　　　C. 直线牵引电机
2. 下列牵引电机中牵引车辆转弯半径最小的是（    ）。
   A. 直流牵引电机　　　　B. 交流牵引电机　　　　C. 直线牵引电机

3. 下列关于直线异步电机推力——速度特性的说法正确的是（　　）。
   A. 启动推力大，高速区域的推力小
   B. 启动推力小，高速区域的推力小
   C. 启动推力大，高速区域的推力大

### 三、简答题

1. 直线感应电机可分为哪几类？
2. 简述直线感应电机的基本结构与原理。
3. 解释静态纵向边缘效应、动态纵向边缘效应及横向边缘效应。
4. 简述直线感应电机的优缺点。

# 第七章 直线感应电机轮轨交通系统

## 第一节 直线感应电机轮轨交通系统的历史与发展

从1825年世界第一条铁路出现算起,轨道交通已有180多年的历史。特别是20世纪中叶以来,随着科技的进步,轨道交通运输方式不仅在诸如速度、密度、重量等性能方面有了很大的提高,而且轨道交通方式本身也发生了巨大的变革。快速轨道交通有地铁、轻轨、单轨等多种方式。牵引方式历经蒸汽牵引、内燃牵引、电力牵引等阶段,目前在世界范围内又发展出直线电机牵引的交通方式,包括磁悬浮铁路、直线电机轮轨交通等。直线电机牵引的交通方式目前正在迅速发展,将来会成为本世纪的主要交通方式之一。

1840年,惠斯登(Wheatstone)提出和制作了略具雏形但并不成功的直线电机。1891年,法国的M. Lebranc首次为直线电机定名,美国的Bradly提出利用磁场行进的直线电机。1895年,美国的J. Weaver等申请了直线磁阻电机织机梭子的专利。1905年,德国的Zehden提出了单侧定子三相直线电机的方案。同一年,英国的H. Wilson建议将直线电机作为火车的推进机构并申请了专利,1908年美国的Johnson也提出用直线电机驱动单轨列车的设想。但是,在当时条件下,直线电机的调速性能以及经济性、可靠性等与旋转电机相比还没有竞争力,因此很长时间内未得到广泛应用。

20世纪50年代后,英国的莱思韦特(Eric Laithwaite,1921—1997)教授在直线电动机基础理论研究方面取得了很多研究成果,对直线电机的复兴了起到了重要推动作用。莱思韦特曾长期致力于直线电机轨道车辆的研究,如图7.1所示为莱思韦特在演示直线电机牵引的车辆模型。

图7.1 莱思韦特演示直线电机牵引车辆模型

1960年,莱思韦特在他当时任教的曼彻斯特大学设计制造了载人直线电机轨道车辆模型,并在24 m的轨道上做了试验。该模型车重750 kg,采用双边定子三相直线感应电机。

1962年，他又在曼彻斯特戈顿电动车组厂建造了914 m长的试验线，对这台轨道车辆模型（垂直感应板）进行了试验（见图7.2）。接着莱思韦特创办了轨道气垫有限公司（Tracked Hovercraft Ltd.），在英国政府的支持下进行直线电机气垫悬浮轨道车辆研究，但后来由于铁路经营不景气，政府撤回投资致使研究项目半途而废。1967年，他为英国工业研究协会设计制造了一套用于汽车碰撞试验的直线电机加速系统。

图7.2　莱思韦特的直线电机推进车辆试验

1975年，在英国设计出了一条直线电机牵引轮轨列车试验线：铁轨中间安装238 m长的铝制感应板，在英国101DMU型列车转向架上安装了直线牵引电机。但是，当时并没有进行直线电机牵引试验，而仅仅是检验直线电机牵引系统的可行性，包括感应板安装难易程度，如图7.3所示为试验时的照片。

图7.3　1975年英国直线电机轮轨列车试验

然而，直线电机成功地用于轨道交通却是在磁悬浮列车上首先实现的。由于磁悬浮列车不能再依靠车轮驱动，所以很自然地采用了直接通过电磁力驱动列车的直线电机。20世纪60年代以来，随着电力电子技术的进步，德国、日本、英国、美国、瑞士、韩国、中国等国相继建立起采用交流调速技术的直线电机驱动的高速磁悬浮列车的试验和试运行线路。进入21世纪以后，中国上海浦东高速磁悬浮列车和日本名古屋低速磁悬浮列车Linimo的商业运营，标志着磁悬浮铁路已进入了实际应用的阶段。

如果说磁悬浮列车采用直线电机是在旋转电机无法发挥作用下的唯一选择,那么现代直线电机轮轨交通系统则可以看做是在磁悬浮列车获得成功的推动下诞生的。人们意识到,既然直线电机驱动的磁悬浮列车因为不再通过黏着力牵引而具有更大的爬坡能力,那么直线电机用于轮轨列车当然具有同样的优点。因此,20世纪80年代以后,加拿大、日本等国在研究磁悬浮列车的同时成功地开发出了由直线电机驱动的城市轮轨车辆交通系统并付诸实用。

我国的直线电机地铁已建成的有北京国际机场线、广州4、5、6号地铁线。采用直线感应电动机驱动,依靠钢轮-钢轨系统进行支撑和导向。世界上大部分直线电机轮轨交通采用这种方式。

## 第二节　直线感应电机轮轨交通系统的特点

直线感应电机与传统的旋转电机不同,由直线运动实现牵引与制动。直线感应电机轮轨交通系统有其独特运载特性。

### 一、爬坡能力强

由于车辆的运动是依靠直线电机所产生的电磁力来推进,而车辆车轮仅起支撑承载作用,不传递力,不再受到轮轨黏着因素的制约。因此,车辆可以获得很强的启动、加速和减速动力性能,尤其具有突出的爬坡能力,线路最大坡度可以允许在8%以上,传统的地铁车辆最大允许3%,并能在恶劣的环境和轨面条件下保持良好的性能。如图7.4所示比较两种牵引电机的爬坡能力。

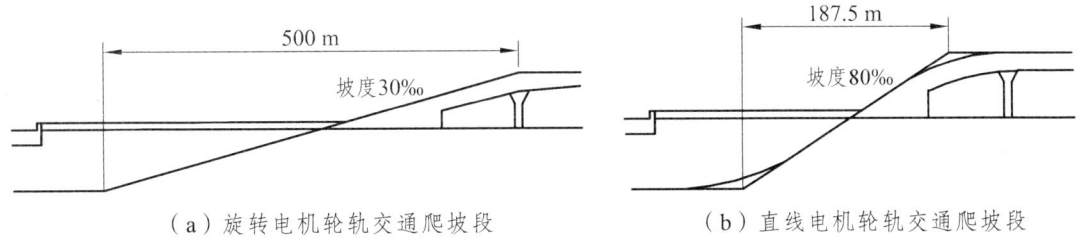

（a）旋转电机轮轨交通爬坡段　　　（b）直线电机轮轨交通爬坡段

图7.4　两种牵引电机的爬坡能力比较

### 二、转弯半径小

由于直线电机驱动方式,车轮不再传递牵引/制动力,所以轴箱定位结构可以大大简化,这样就很容易实现结构简单的径向转向架,提高了车辆的曲线通过性能和运行平稳性。由于转向架具有径向功能且轴距小,使地铁运营线路的最小曲线半径可低到80 m左右,传统的地铁车辆要250 m以上,如图7.5所示。

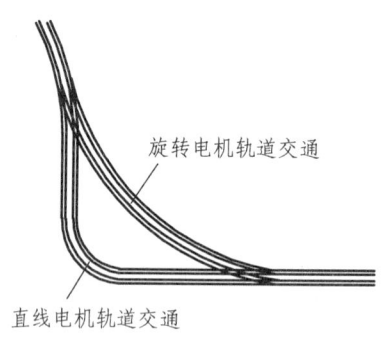

图 7.5 转弯半径的比较

## 三、横断面结构的小型化

由于直线电机驱动方式不需要中间传动装置，因此可以采用小的车轮直径 610 mm，传统地铁车辆为 860 mm。再者，由于不需要旋转电机的悬挂安装空间，车辆地板面可降至距轨面 700 mm，传统地铁车辆为 1 100 mm 以上。综合各项小型化措施，使该型地铁车辆的横断面面积大大减小，与传统地铁车辆相比大约减少 40%，如图 7.6 所示。

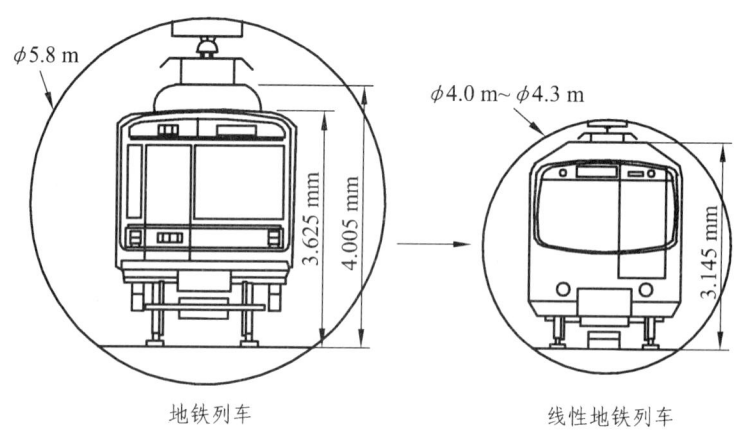

图 7.6 普通地铁与直线电机地铁隧道断面比较

## 四、降低振动和噪声

直线电机驱动的地铁车辆，没有齿轮传动机构的啮合振动和噪声；车轮也不是驱动轮，没有动力轮对与钢轨蠕滑滚动产生的振动和噪声；径向转向架良好的曲线通过性能，避免了过曲线时轮轨冲角带来的振动和噪声。所以该型地铁车辆具有振动小，噪声低的优点，有利于环境保护。

## 五、良好的安全性和可靠性

直线电机驱动地铁车辆是典型的非黏着驱动方式，牵引/制动性能发挥不依赖于环境，是一种全天候的运载工具。

直线电机驱动的电磁力的分力是轮轨间产生一定附加压力,有利于提高轮轨运动的稳定性,因此其安全性指标高。

取消了旋转电机驱动所必需的滚动轴承、传动齿轮,磨损小,大大提高了车辆运行的可靠性和可维护性,维修工作量较小,维护成本较低。

## 六、良好的编组灵活性和运营适应性

直线电机驱动的地铁车辆具有比传统车辆更强的加减速性能,有更高的停车位置控制精度,因此更容易实现小编组、高密度、自动驾驶的运行模式。可以 2~6 辆灵活编组,来适应不同的客流量需要。

采用钢车轮和钢轨来支撑和引导车辆运行,所以仍可采用长期运用成熟的、安全可靠的轨道电路信号系统来实行对列车的信号传输、运行监控和集中调度,运营适应性较好。

## 七、低效率、低功率因数

地铁车辆上工程应用的直线电机,由于车载定子与地面转子是处在一个相对直线运动的弹性(轴箱垂向弹性定位)系统间,不可避免地会造成相互间隙变化,因此气隙设计的不能太小,否则会导致不安全因素,一般定在 12 mm 左右。再加上直线电机是有端部的,因此漏磁场较大,机电能量转化率低,所以直线电机效率较低,一般在 70%~80%,功率因数也较低,一般在 0.5~0.6。

# 第三节 直线感应电机轨道交通运载系统

## 一、轨道交通直线感应电机分类

### 1. 按定子长度分

直线感应电机按定子长度可以划分为长定子直线感应电机和短定子直线感应电机。

长定子直线感应电机的定子(相当于初级线圈)设置在导轨上,其定子绕组可以在导轨上无限长地铺设,故称为"长定子"。长定子直线感应电机通常用在高速及超高速磁悬浮铁路中,应用在长大干线及城际铁路领域。短定子直线感应电机的定子设置在车辆上。由于其长度受列车长度的限制,故称为"短定子"。一般来说,短定子(初级)电机的制造成本和运行成本,比长定子电机要低得多,所以目前的地铁车辆、中低速磁悬浮铁路普遍采用的短初级单边型直线感应电机。

### 2. 按磁场是否同步分

直线感应电机按磁场是否同步可以划分为直线同步电机 LSM（Linear Synchronous Motor）和直线感应电机 LIM（Linear Induction Motor）。

直线同步电机 LSM 导轨上的转子磁场与车辆上的定子磁场同步运行，控制定子磁场的移动速度就可以准确控制列车的运行速度，德国的运捷 TR 和日本的 ML 系统均使用这种直线同步电机，一般采用长定子。直线感应电机 LIM 转子磁场与定子磁场不同步运行，故也称为直线异步电机，一般采用短定子，中低速磁悬浮铁路及直线感应电机轮轨交通一般使用该种电机。

### 3. 按驱动方式分

直线感应电机按驱动方式可以划分为导轨驱动和车辆驱动两种类型。

导轨驱动也称为路轨驱动或地面驱动，采用长定子直线同步电机 LSM，其运行工况及运行速度由地面控制中心控制，司机不能直接控制，一般用于长大干线铁路或城际轨道交通。德国运捷 TR 和日本 MLX 系统使用。

车辆驱动技术采用短定子直线感应电机 LIM。直线感应电机的初级线圈（定子）设置在车辆上，其运行工况及运行速度由司机控制，故称为车辆驱动。一般用于城市轨道交通，用于中低速磁悬浮铁路（如 HSST）及轮轨直线感应电机铁路。

无论哪种方式，都必须将固定的一侧做得足够长，以保证在整个运动范围内初、次级间保持不变的耦合关系。目前，地铁车辆中一般使用短定子直线感应电机，即直线感应电机短定子（初级线圈）设置在车辆转向架上，长转子（次级线圈）安装在轨道中间的导轨上（常把转子称为感应轨或反作用板），如图 7.7 所示。

图 7.7 直线感应电机轮轨交通车辆走行部件配置

### 4. 按冷却方式分

直线感应电机按冷却方式可以划分为自然通风和强迫通风两种类型。

目前，应用于城市轨道交通领域的直线电机主要分为两种：一种是以日本为代表的，采用自然冷却方式的直线电机；一种是以加拿大庞巴迪为代表的采用强迫风冷的直线电机。

对于自然冷却的电机，其小时功率可达 150 kW 左右，接近极限，质量约 1 500 kg。如要再增加功率，其重量将急剧上升。庞巴迪公司采用的强迫风冷的直线电机，维护量也很小，而且小时功率达到 184 kW，质量仅为 680 kg。

随着城市轨道交通的发展，对直线电机的要求也越来越高，既要有足够大的功率，以满足不断增长的运载量要求，同时又得保证电机本身的重量和体积不能过大，大功率强迫风冷直线电机将能很好地满足这些要求。

广州地铁与国内单位共同开发的大功率强迫风冷直线电机如图 7.8 所示，该直线电机的小时功率高达 184 kW，质量约 950 kg。

图 7.8 自主研发的大功率强迫风冷直线电机

## 二、车载短定子直线感应电机结构原理

由直线感应电机驱动的轮轨系统车辆是利用车轮起支承导向作用，与传统轮轨系统相似，在牵引方面采用了车载短定子直线异步电机驱动。当电流通过定子（初级线圈）时，会产生向前方向的行波磁场，行波磁场与该磁场相对应的地面位置上放着次级线圈的感应板相互作用，在感应板中产生感应电流（涡流），由该电流切割磁场而产生的反作用力，列车靠车轮支撑在轨道上，由于反应板固定在轨道上，反作用力推动定子，带动转向架和列车向前运行。这种驱动方式的最大特点是驱动力不再受轮、轨黏着的限制，而取决于该定子、转子系统的电磁性能，因而是一种非黏着驱动方式。

### （一）直线感应电机（定子）

直线感应电机初级的设计应满足散热、环境、电气、机械 4 个方面的要求。温哥华 MK-I 型直线感应电动机是由一个直线叠层铁芯片和一个常规的三相六极串接的绕组放置在线槽内组成，并经 H 级一般的绝缘处理。有 10 个单独的风扇置于绕组和叠层铁芯上面，使电机由上方向下方排气，以抽出未过滤空气的方式来冷却直线感应电机。温度传感器是为提供过热保护而设，而悬挂链环，是为了调节高度，以保证电机与反应板之间有 10 mm 的气隙，图 7.9 所示为直线感应电机部件装置图。

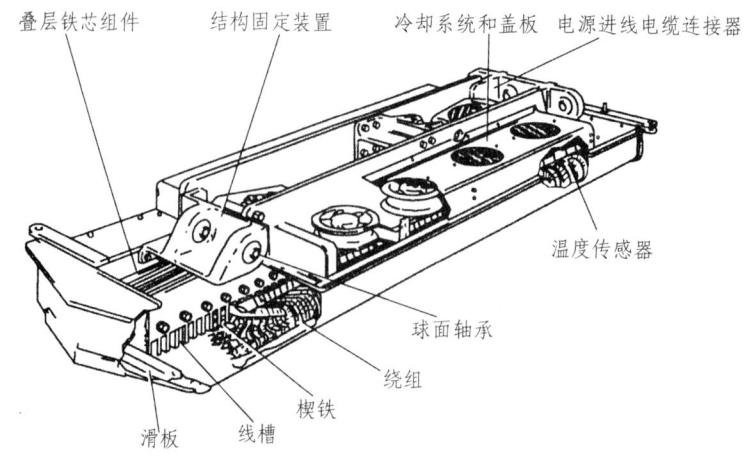

图 7.9 直线感应电机部件装置图

直线感应电机的技术效应主要表现为垂直力，机械结构和最小转差率。表 7.1 所列为直线感应电机的特性参数表。

表 7.1 直线感应电机的特性参数表

| 极　数 | 6 | 垂直力 | 25 kN |
|---|---|---|---|
| 相　数 | 3 | 总重 | 640 kg |
| 额定电压 | 420 V | 额定功率 | 120 kW |
| 额定峰值电流 | 485 V | 长度 | 2.2 m |
| 额定推力 | 12 kN | 宽度 | 0.62 m |

轨道交通直线感应电机的铁芯在磁场移动的方向上是开断的，长度也是有限的，它不像旋转电机那样有闭合的圆环状态。直线感应电机定转子结构的特殊性，导致其存在纵向边端效应和横向边端效应，这造成电机气隙中移动磁场的畸变，造成电机出力减小和损耗增加。另外，定子结构的变化，也使得直线感应电机的各相绕组阻抗不对称。

对于采用双层绕组的直线感应电机，由于存在半线槽，其铁芯的有效长度比实际的长度短。另外，铁芯开断的边缘效应，会产生一脉振磁场。为了减小以上两个因素的影响，可以在铁芯两端的半线槽内加置补偿绕组。对于极数大于 6 极的直线感应电机，以上两个因素所起的作用不大，一般不采用补偿绕组。

## （二）感应板（反应板或感应轨）

感应板由导电板（厚度约 5 mm）、导磁板（厚度约 35 mm）和支座等构成，如图 7.10 所示。

按材质划分，感应板可分为铝+铁（钢）和铜+铁（钢）两种复合感应板，在复合感应板中，铜和铝主要用于导电，而铁（钢）主要起导磁作用。从性能上来看，由于铜比铝的电阻率小，导电性能好，用铜材料的感应板能够提高电机效率，然而由于铜材料比较贵，价格是铝材的几倍，因而在感应板材料的选择上，不同的直线感应电动车组辆厂家采用了不同的方式。从性价比角度考虑，北美庞巴迪一般选用铝+铁的复合感应板，而日本直线感应电电动车组辆厂家则综合考虑，采用了在列车加减速度区间或大坡道区间铺设导电性能好、效率高的铜+铁感应板，而在其他区间铺设铝+铁感应板的方式。以日本福冈3号线为例，铜铝两种感应板的铺设长度比为3：7。

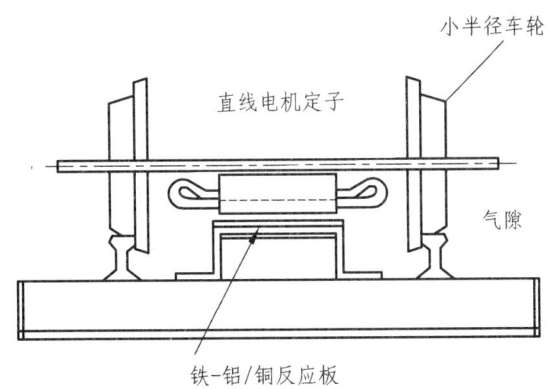

图7.10　轮轨交通用直线感应电机截面图

按结构划分，感应板可分为整体式感应板（加拿大）和叠片式感应板（日本）两种，整体式感应板的导磁板是整体一块，其内阻小、涡流损耗大，能量损失也大；叠片式感应板的导磁板由若干块叠片组成，涡流损耗小，能量损失小，电磁利用率高，一般情况下，直线感应电机推力会随叠片数量的增加而增加，但叠片数增加到一定数值时，其推力就不再出现大的增加。采用叠片式感应板的直线感应电机推力比采用整体式感应板的直线感应电机推力平均增大20%，低速状态下的效率提高了3.7%~5.7%。

整体式感应板、叠片式感应板的结构分别如图7.11和图7.12所示。

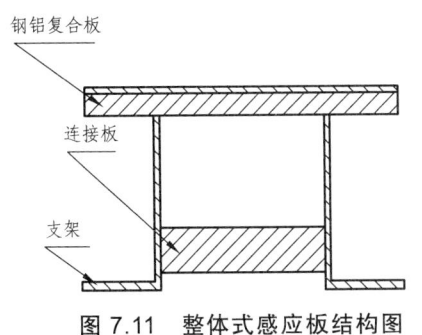 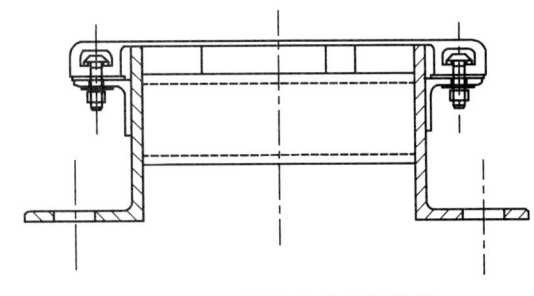

图7.11　整体式感应板结构图　　　　图7.12　叠片式感应板结构

感应板是直线感应电机的次级，是由整体或叠层低碳钢支撑铁架和一个挤压铝材的盖板组成，盖板是为了减少次级漏磁感应，它们支承在一个能调节运行轨和反应板之间高度的装置上，并将力传递给导梁。叠层的感应板通常用于需要最大推力的地段，感应板结构如图 7.13 所示。

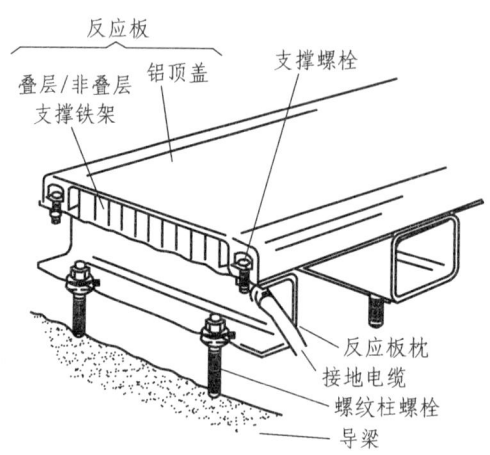

图 7.13　感应板结构图

由于直线感应电机垂向吸引力的影响，对轨道铺设精度要求相当高。广州地铁 6 号线一般线路感应板安装如图 7.14 所示。

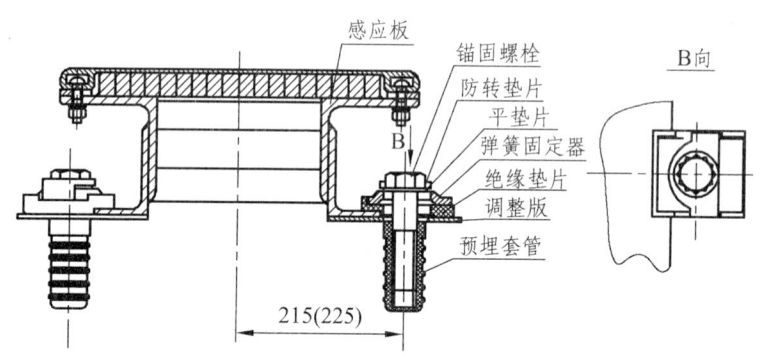

图 7.14　广州地铁 6 号线一般线路感应板安装紧固所用零件的相对关系

## （三）气　隙

直线感应电机与感应板气隙关系如图 7.15 所示。气隙一般是指初级底部至次级铝顶盖的距离，而铁间空隙是指初级底部至支撑铁架的距离，铁间空隙应考虑减少电感，增加励磁电流和减少边端效应等因素。此外在寒冷地区这个空隙中还包括 3 mm 长的刮雪条厚度。

日本的标准气隙值为 12 mm，加拿大的 Sky Train 气隙值为 10 mm。气隙值越小，列车运行消耗的电能越少。

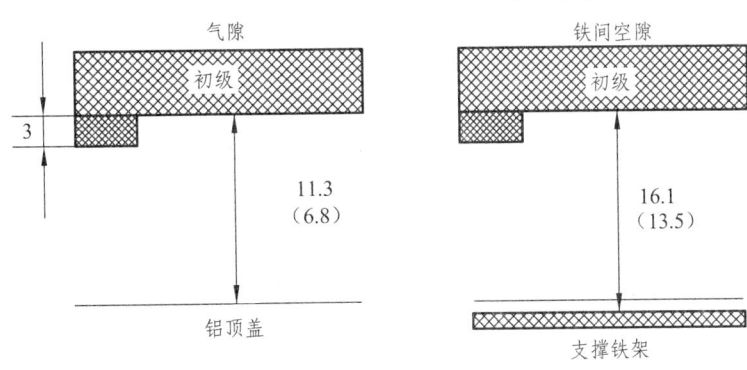

图 7.15　直线感应电机与反应板气隙、支撑铁架间隙关系示意图

其实作为一个完整的直线感应电机除了车载所必需的初级以外,还应包括作为次级安置在导梁上的反应板,它们与气隙的关系如图7.16所示。

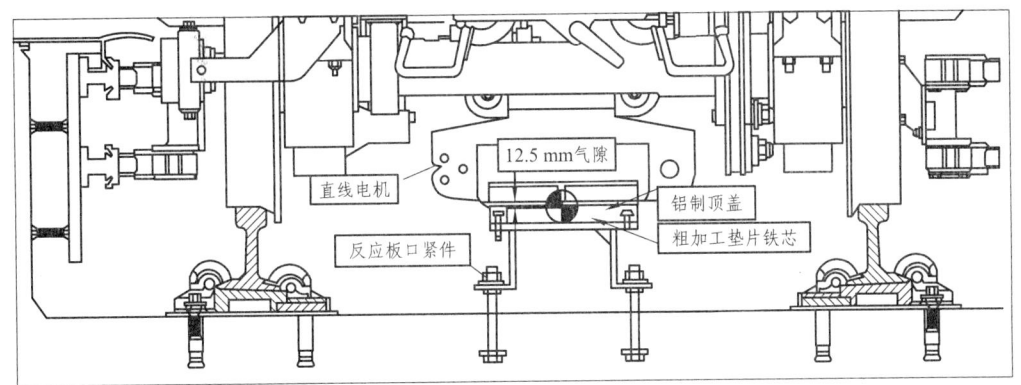

图 7.16　直线感应电机与反应板气隙关系图

车辆每个电机是由专用的脉宽调制(PWM)电压逆变器供电,自然冷却的逆变器额定电压为 0~460 V,电流 485 A,频率 0~60 Hz,并有一个连续输出 350 A 的额定电流。

## 三、直线感应电机的推力控制

直线感应电机的推力控制是由改变逆变器的频率、电流、转差频率和相序共同来实现。直线感应电机工作时能否发挥最大推力(牵引力)呢?如果直线感应电机在最大牵引点工作,则与之对应的定子与感应板之间的垂直吸引力也会很大,考虑到垂向力对气隙、电机支撑装置强度、感应板及轨道等的影响,直线感应电机工作点设在牵引力不是最大而垂向力相对较小的位置,如图7.17所示。

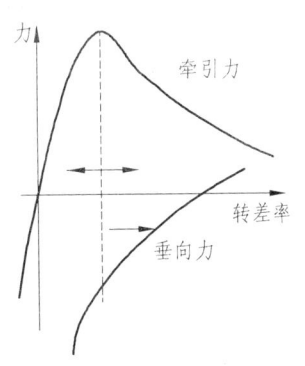

图 7.17　直线感应电机的推力(牵引力)和垂向力的关系

基于上述直线感应电机的特点与特性,在城市轨道交通行业,将直线感应电机作为驱动装置的直线感应电动车组已得到越来越多国家的重视和研究。表7.2所列为部分城市地铁列车直线感应电机的参数。

表 7.2　部分直线感应电电动车组辆使用的直线感应电机的主要技术参数

| 参　　数 | 型　　号 | | | | |
|---|---|---|---|---|---|
| | MKⅡ型车辆 | 东京 12号线车辆 | 福冈 3 号线车辆 | 大阪 7 号线 | 广州地铁4 号线车辆 |
| 相数 | 3 相 | 3 相 | 3 相 | 3 相 | 3 相 |
| 极数 | 6 极 | 8 极 | 8 极 | 8 极 | 8 极 |
| 额定电压/V | 570 | 1 100 | 1 100 | 1 100 | 1 100 |
| 持续电流/A | 400 | 170 | — | 151 | 162 |
| 额定功率/kW | 187 | 120 | 120 | 120 | 120 |
| 最大推力/kN | 18.6 | 13.2 | — | 13.2 | — |
| 垂直力/kN | 25 | 26 | — | 23.5 | — |
| 重量/kg | 700 | 1 400 | 1 350 | 1 230 | 1 550 |
| 冷却方式 | 强迫冷却 | 自然冷却 | 自然冷却 | 自然冷却 | 自然冷却 |

## 第四节　轨道交通直线感应电机吊挂技术

直线感应电电动车组辆运行时，初级和感应板之间的间隙会不断发生变化，而初级与感应板之间的驱动力/制动力、垂向吸力和电机功率都与电机气隙密切相关，电机气隙变化会改变电磁力，从而与悬挂系统相互影响。因此，直线感应电机的悬挂系统是很重要的。

### 一、直线感应电机悬挂方式

直线感应电机地铁车辆中，直线感应电机悬挂方式有架悬式、轴悬式和副构架式三种。

#### 1. 架悬式

架悬式是指直线电机通过吊杆悬挂在转向架 H 型构架上，如图 7.18 所示。

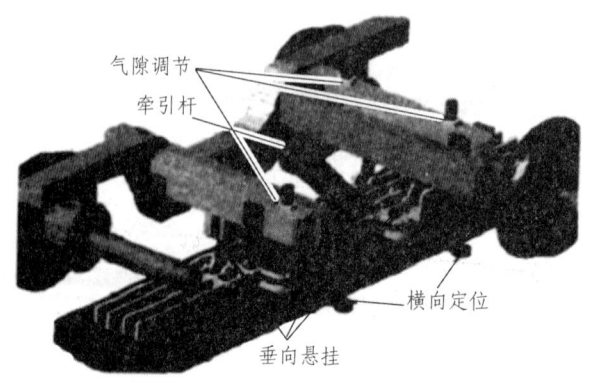

图 7.18　直线感应电机架悬方式

这种结构的转向架接近传统的地铁转向架，无需对轴箱和轮对进行改变。由于直线电机悬挂在构架上，其垂向振动受构架的影响。为了保证直线电机和感应板之间的间隙，需控制转向架构架振动幅度，为此，要求轴箱悬挂的垂向刚度较大。轴箱悬挂的垂向刚度较大带来的最大问题是转向架构架均衡能力差，构架受力大，当转向架通过线路不平顺时容易引起车轮的减载，带来了安全隐患。为解决转向架均载的问题，需将转向架构架对角断开，使转向架构架变为以对角为中心线的铰接结构，如图 7.19 所示。

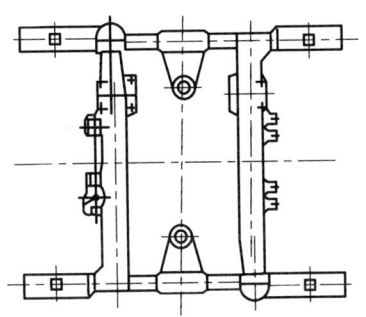

图 7.19　架悬式转向架构架弹性铰接

架悬式的优点是转向架接近传统地铁转向架，便于维护和使用。缺点是转向架构架是铰接结构，增加了构架的复杂性，电机和感应板间的间隙较大。

日本于 20 世纪 80 年代引进了加拿大的直线电机轨道交通系统技术，并根据自身条件开发了外置构架直线电机转向架。在 H 型构架的横梁上安装了特制的杠杆机构，来微调电机的气隙。从电机传来的垂向静态力和动态力通过构架和一系悬挂装置传递到轮对，因此改善了对轨道的动作用力。这种转向架的缺点是转向架构架承受了额外的由直线电机带来的垂向载荷，同时一系悬挂的垂向刚度必须设计得很大才能减缓因车内载荷的剧烈变化而引起的直线电机气隙的大幅改变，因此影响了车辆乘坐的舒适度。另外，来自直线电机的振动无法与转向架和车体隔离，对转向架主要部件和车体的结构强度有一定的影响。日本直线电机转向架磁极间隙的调整方式与 MK 系列转向架类似，也是在悬挂座处加调整垫，并且通过横梁上的微动机构进行微调。

### 2. 轴悬式

轴悬式是将直线电机通过轴承悬挂在车轴上。这种方式直线电机与感应板间的间隙只受轮对的垂向运动、线路不平顺和感应板的影响，与转向架的悬挂无关。这种电机悬挂的优点是直线电机与感应板间的间隙容易保证，并且间隙变化范围不大。缺点是直线电机属簧下质量，轮轨垂向作用力大，电机与车轴需通过轴承连接，增加了系统的复杂性。由于电机和轮对连在一起导致电机的垂向振动加速度很大，对电机的抗振性要求较高。因此，这种直线电机转向架的技术风险仅集中在电机悬挂和轮轴设计上，可以在传统转向架的基础上，无需对悬挂系统进行更改，只需对轮对做改装设计并增加电机悬挂装置即可。如图 7.20 所示为日本早期研制的电机直接悬挂于轮对上的一种转向架。在直线电机悬挂座中部安装有抱轴轴承，电机定子通过橡胶轴衬支承在轴承上。从直线电机定子传来的垂向静态力和动态力直接通过轴箱轴承由轮对承受。纵向牵引力的传递与旋转电机转向架类似，即牵引力先通过轮对传递给轴箱,再由轴箱传递给构架。然而,试验结果表明,这种结构由于直线电机完全属于簧下重量,轮轨动作用力较大,而且牵引为通过轴箱传递,对曲线通过时的轮对径向摇头影响很大,这种结构后来被放弃。如果对其进行改进,将纵向力的传递直接由电机传递给车体中心销,可解决上述问题。

图 7.20　日本早期的直线电机轴悬式悬挂

3. 副构架式

副构架式具体结构形式为转向架前后轮对通过两副构架连接起来,副构架呈 V 字形,一端与轮对固结,一端与另一副构架铰接,在铰接点处用垂向吊杆将两副构架的一端悬挂于摇枕上,铰接点两侧通过水平拉杆将副构架与摇枕相连,以传递纵向力。直线电机位于副构架之下,两端通过三点铰接机构悬挂在副构架上如图 7.21 所示。由于直线电机悬挂在副构架上,而副构架的垂向运动又受轴箱和转向架构架垂向振动的影响,因此为了保证电机和感应板的间隙要求,一系悬挂采用刚度较大的悬挂。这种悬挂方式介于架悬和轴悬之间。优点是电机振动比轴悬式小,也无需对转向架构架进行切断处理。缺点是电机悬挂系统复杂,需专门的副构架,增加了转向架的重量。

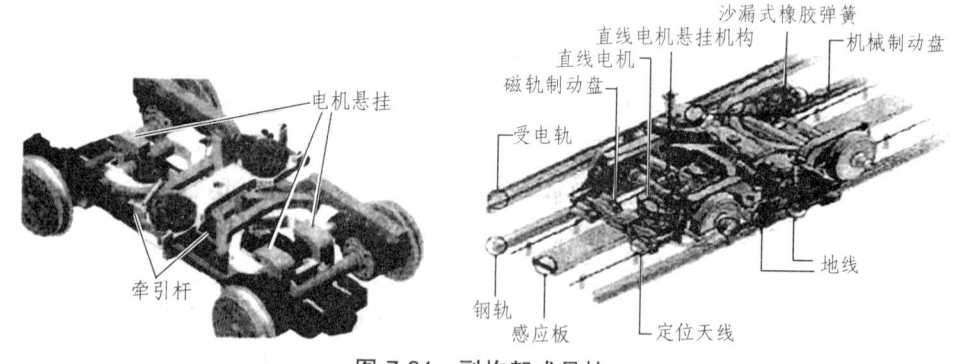

图 7.21　副构架式悬挂

4. 三种形式的直线电机悬挂方式特点比较

轴悬式的特点是直线电机悬挂在轮对上,簧下质量大,轮耐对钢轨的动作用力大。

架悬式和副构架式的共同点是要求轴箱悬挂垂向刚度较大,不利于轴箱悬挂的减振特性的发挥,构架振动较大。转向架构架为铰接式,增加了转向架构架的复杂性。架悬式在结构上与传统的城市轨道车辆相接近,直线电机悬挂在转向架构架上,结构简单。

副构架式的缺点是需专门的副构架，机构复杂，制造、使用和维修不便。优点是便于实现自导向和迫导向，车辆曲线通过性能良好，这对曲线半径小（小于80 m）且曲线较多的线路是个最佳的选择。

## 二、典型地铁直线感应电机悬挂

目前世界上直线感应电机地铁车辆悬挂系统中，最为先进的是加拿大的MK-Ⅰ型和MK-Ⅱ型转向架直线感应电机悬挂，以及日本的LIM转向架电机架悬式。

MK-Ⅰ型转向架轴距1 900 mm，电机采用强迫风冷，额定气隙10 mm；自导向径向转向架，一系悬挂是人字形橡胶弹簧，轴箱顶部和构架之间多加了一块橡胶，二系悬挂采用空气弹簧。牵引力由直线感应电机产生，通过连在悬挂链环上的牵引杆直接传递到摇枕，再通过摇枕传递到车体。

MK-Ⅱ型转向架采用如图7.21所示的副构架，轴距1 900 mm，全磨耗的车轮轮径584 mm，电机额定功率160 kW，采用强迫风冷，额定气隙10 mm；采用迫导向径向转向架；牵引力由副构架两侧的牵引杆传递到主构架，然后在摇枕中心传递到摇枕，再通过摇枕两端的牵引杆传递到车体。

如图7.22所示广州地铁4号线直线电机转向架，该转向架的属新一代轴悬式转向架结构，与以往副构架式不同，直线电机通过5根垂向吊杆，悬吊在两条轮对上方的两根横向梁上，横向梁与轮对之间有弹性连接，副构架连接在左右轴箱之间，电机吊挂在副构架上，消除了一系弹簧对电机气隙的影响。一系可以采用较小的值，但不宜太小。要尽量减少电机吊杆力对轴箱扭矩作用，轴箱悬挂的径向游隙对气隙也有影响，一般采用构架内置的形式。气隙一般控制在8 mm左右，气隙变动范围为±4 mm。电机安全摆设在旋转车轴上方，但由于存在轴箱装置并将直线电机悬挂在轴箱上，增加了簧下质量。由于蛇行运动存在，电机受到转向架蛇行运动的激挠，容易引起吊杆的在横断面内的偏摆，因此设有两根横向拉杆与构架相连。电机牵引力则通过纵向拉杆与构架相连。采用庞巴迪BM3000型构架内置式转向架，新轮轮径730 mm，一系悬挂为金属橡胶弹簧，二系悬挂为空气弹簧带摇枕结构并设有抗侧滚扭杆。基础制动为盘形制动。电机采用自然冷却、额定功率155 kW，悬挂于两轴箱的支撑横梁上，共5个吊臂形成5点悬挂，使电机气隙相对稳定，可控制到9 mm，同时设3个牵引杆传递纵向力。

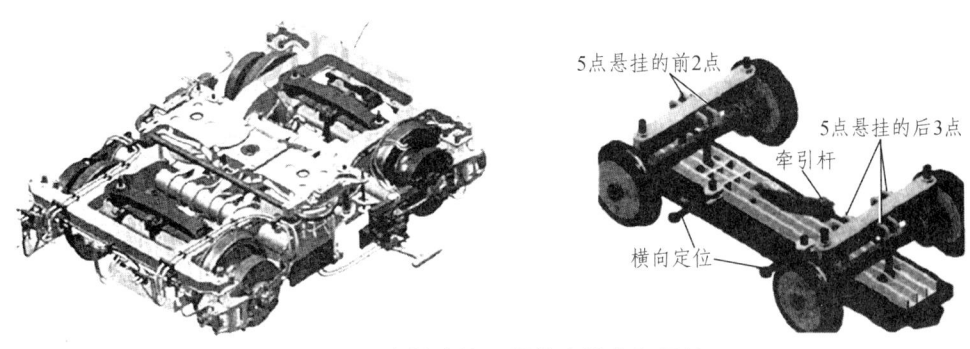

图7.22 广州地铁4号线直线电机悬挂

## 第五节　直线感应电动机在轨道交通中的应用现状

### 一、两大技术体系

采用短定子直线感应电机驱动的轨道车辆，秉承两大技术体系，即加拿大技术和日本技术。这两大技术在世界直线牵引列车上得到了广泛的运用。总运营里程超过两百多公里，二十多年运营经验。

加拿大技术体系。加拿大是世界上最早采用直线电机轮轨技术的国家。技术体系以高架线路为主，为保证选线的灵活性以及高架车站总体规模、客流因素等需要采用小编组、高密度、小运量系统。该技术体系主要应用在加拿大多伦多、温哥华、马来西亚吉隆坡、美国JFK机场线。

日本技术体系。日本是世界上拥有直线电机轮轨线路最多的国家，技术体系适合于地下线路运营使用，主要是在地下空间高度开发，由于地下空间资源有限，为便于线路通过，采用车辆小型化系统，以降低土建造价；采用大编组、中等密度小型化系统，应用在日本东京、大阪、神户等城市轨道交通线。

### 二、日本直线电机地铁技术

#### 1. 系统总体

（1）采用直线电机地铁可节约建设成本。

日本曾对大城市和地方城市模型线做过经济效果分析，结果表明和既有线地铁方式相比，直线电机地铁的建设成本能降低 20%～30%。不过，国家、地区和城市不同，直线电机地铁在节约建设成本方面的结果会出现差异，应具体情况具体分析。

（2）直线电机地铁和既有地铁方式相比，电能消耗量高。

日本的试验结果表明，和既有地铁方式相比，LIM气隙为 12 mm 时的直线电机地铁车辆运行所需电能消耗要多 30%左右。如果把车辆空调、车站设备（照明等）消耗的电能也计算在内，则直线电机地铁多消耗 15%～20%的电能。

（3）直线电机地铁的运营成本低。

按照日本定性的说法，直线电机地铁虽然运行电能消耗比既有地铁方式多，但直线电机地铁车辆无需齿轮传动装置，非黏着驱动的特点使得车轮和钢轨磨耗少、维修量小。所以，总体来看，直线电机的运营费要比既有地铁方式低。

#### 2. 线　路

（1）最大坡度有 80‰。

日本大阪南港试验线的试验结果表明，直线电机地铁车辆有 80‰ 爬坡的能力。但设计线路坡道，还需兼顾考虑 LIM 发生故障时，列车下坡时是否有足够的制动能力等因素。目前，日本直线电机地铁线路的坡度都在 60‰以下。

（2）最小曲线半径可设计为 50 m。

日本的试验结果表明，直线电机地铁车辆可以在 35 km/h 以下的速度顺利通过半径 50 m 的曲线区段。不过，日本的试验车辆的长度只有 12 m，转向架也采用了半迫导径向转向架和左右车轮独立旋转的转向架。由于车体长度和转向架方式都会直接影响车辆的小半径曲线通过能力，所以最小曲线半径要根据具体情况合理设计。日本已开通线路的最小曲线半径都在 100 m 以上。

（3）隧道内径相对小。

既有方式地铁隧道的内径约为 5.8 m，车长 12 m 和 16 m 的直线电机地铁车辆对应的隧道内径分别为 4.0 m 和 4.3 m。

（4）隧道断面积可减小。

减小隧道断面积是降低地铁建设成本的关键。从日本的实际情况来看，和既有地铁方式相比，隧道断面积可减少 40%~50%。断面积减小的程度，主要取决于车轮轮径和车辆尺寸。

（5）轨道铺设精度的要求高。

由于直线电机工作时垂向吸引力的影响，对轨道铺设精度的要求相对要高。

3. 车 辆

（1）日本直线电机地铁都采用小型车辆。日本直线电机地铁是针对中等运输量的大城市支线或地方中心城市而研发的小型地铁。目前，营业线路有 15 m 车（大阪、神户）和 16 m 车（东京、福冈）两种车型，而既有地铁车辆多为 20 m 车，车辆定员只有既有地铁车辆的 60%~70%。由于日本已建成及拟建的直线电机地铁基本上都在地下，选用小型车辆有利于降低地铁建设费用。

（2）车辆采用铝合金材料。

（3）直线电机地铁车辆的造价和既有地铁车辆基本相当。

（4）直线电机地铁车辆的运行性能。日本已开通的直线电机地铁车辆的加速度都在 0.9 m/s$^2$ 以下，其中大阪 7 号线车辆的加速度最小，只有 0.69 m/s$^2$。常用制动减速度，除福冈 3 号线为 1.1 m/s$^2$ 外，其余 3 条线都为 0.97 m/s$^2$。列车的最高运行速度为 70 km/h。

4. 直线电机和感应板

（1）LIM 的功率因数和效率较低。电磁气隙较大及边端效应的影响所致，LIM 的功率因数一般为 50%~60%、效率为 60%~80%；而旋转电机的功率因数一般在 80%左右，效率在 90%以上。

（2）日本同加拿大以及美国的 LIM 相比，在设计思想上的主要不同点是 LIM 冷却方式不同。日本的 LIM 采用自然风冷，省去电机冷却风扇安装及维护的麻烦；加拿大和美国的 LIM 采用强迫风冷，尽量降低电机的重量。

（3）日本的标准气隙值为 12 mm，而加拿大 SkyTrain 的气隙值比日本的小，为 10 mm。气隙值越小，则电能消耗越少。大阪 7 号线的具体测定结果是：气隙从 12 mm 减小为 10 mm 时，电能消耗量从 47.3（W·h/t）/km 减少到 45.4（W·h/t）/km，约降低 4%；气隙从 12 mm 增加为 16 mm 时，电能消耗量从 47.3（W·h/t）/km 增大到 50.4（W·h/t）/km，约增加 6.5%。

（4）感应板（Reaction Plate）一般使用（铜+铁）或者（铝+铁）的复合感应板。在复合感应板中，铜和铝主要用于导电，而铁主要起导磁作用。日本的营业线路一般在列车加减速区间或大坡道区间，铺设导电性能好、效率高的（铜＋铁）感应板，而其他区间铺设（铝＋铁）感应板。以福冈 3 号线为例，铜、铝两种感应板的铺设长度比为 7∶3。日本地铁感应板结构主要采用帽子式（Cap）、侧棒式（End bar）、平板式（Flat plate）三种，如图 7.23 所示。感应板的宽度为 360 mm，厚度一般为 27～30 mm。例如，福冈 3 号线的感应板宽度为 360 mm，厚度为 30 mm（铜或铝 5 mm，铁 25 mm）；神户海岸线的感应板宽度为 360 mm，厚度为 27 mm（铝 5 mm，铁 22 mm）。

（a）帽子式　　　　　　（b）侧棒式　　　　　　（c）平板式

图 7.23　感应板结构形式

### 5. 转向架

（1）日本直线电机地铁车辆采用半迫导径向转向架（左右独立转动车轮）和用自导向径向转向架（self-steering）两种形式。加拿大的 SkyTrain 采用结构相对复杂、但过曲线性能好的迫导径向转向架。

（2）LIM 悬挂技术。大阪南港试验线车辆采用把 LIM 悬挂在车轴上的车轴悬挂方式。大阪 7 号线在开通之前的试验阶段，研发了把直线电机悬挂在转向架上的构架悬挂方式。由于构架悬挂方式结构简单、簧下重量小，能缓和对 LIM 振动的影响，所以现在日本的直线电机地铁都采用构架悬挂方式。

### 6. 牵引和制动

（1）LIM 采用矢量控制方式。LIM 由 VVVF 逆变器来控制。大阪 7 号线和东京 12 号线的逆变器使用 GTO 开关器件，其后开通的神户海岸线和福冈 3 号线的逆变器使用 IGBT 开关器件。大阪南港试验线、大阪 7 号线和东京 12 号线的 LIM 采用转差频率控制方式。神户海岸线和福冈 3 号线采用矢量控制。据东京都营地铁的技术人员介绍，东京 12 号线部分车辆的 LIM 控制软件更新后，也已改为加拿大 SkyTrain 和美国 JFK 机场线采用的是矢量控制方式。

定子开断带来边端效应的影响，列车运行过程中气隙、感应板材料的变化，过道岔处、感应板的断缺导致的 LIM 电气特性参数变化等原因，使得 LIM 的控制很难像旋转电机那样建立精确的数学控制模型。

日本的直线电机地铁车辆采用 1C2M 方式，即用 1 台逆变器控制 2 台 LIM。

在坡道上对列车实施救援时的牵引运行条件是正常列车在最大坡道 60‰ 上，能够对满员（200%）故障列车进行施救。

日本的直线电机地铁都用接触网供电、受电弓受流方式。所有营业线路的供电电压都是直流 1 500 V。日本的相关法规规定，如果电压高于 750 V 不能用第三轨供电，所以日本直线电机地铁都采用接触网供电、受电弓受流的方式。此外，接触网供电方式可以有效地利用隧道断面空间。

（2）日本直线电机地铁常用制动采用了反接制动。东京和福冈直线电机地铁的常用制动采用"再生 + 反接 + 盘形制动"方式，紧急制动采用"再生 + 盘形制动"方式。大阪和神户直线电机地铁没有采用反接制动。

反接制动是通过控制定子行波磁场的前进方向与车辆实际运行方向相反来实现的。当改变电源的相序时，定子行波磁场的前进方向反向，电机转差率 $s>1$，电机即进入反接制动状态。如图 7.24 所示，反接制动在直线电机驱动系统中的运用一般在 10 km/h 左右时加入，在 1 km/h 左右时切除。

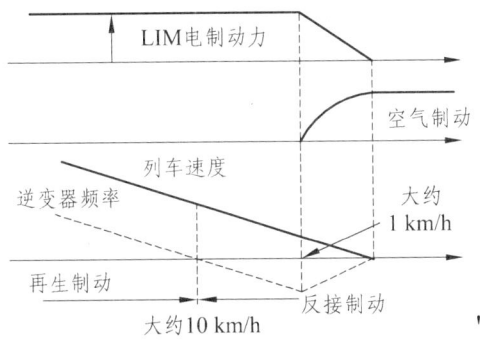

图 7.24　日本直线电机地铁常用制动原理示意图

（3）大阪、东京和神户的直线电机地铁采用 ATO Oneman 运行方式。福冈 3 号线为无人驾驶（Driver less）运行方式，它也是日本第一条无人驾驶地铁。

福冈 3 号线列车的定点停止精度设计值为 ±35 cm，实际的定点停止精度为 ±10 cm。

## 三、国内现状

在 20 世纪 80 年代已开始研究直线电机轮轨技术，2000 年以后广州地铁四号线及北京地铁机场线进行技术方案论证，2005 年 12 月建成了国内第一条城市轨道交通直线电机轮轨系统线路广州大学城专线，2008 年、2009 年北京地铁机场线和广州地铁 5 号线相继开通运营，如图 7.25 所示。

图 7.25　广州地铁四号线

## （一）车辆及其主要技术规格

广州市轨道交通4号线直线电电动车组辆是由南车四方、川崎重工、伊藤忠联合体设计、制造的，每一列车由四节全动车组成。列车编组为A—B—B—A，其中A车为带司机室的车辆，B车为不带司机室的车辆。车辆由第三轨DC1 500 V供电，采用铝合金车体、径向柔性转向架、微机控制的电空架控的制动系统、空调机组系统、电动塞拉门系统、乘客广播和信息显示系统等世界先进技术。车辆采用直线电机牵引的交流传动系统，采用IGBT元件和脉宽调制技术的牵引VVVF逆变器，实现牵引和再生、电阻、高转差率、反接制动控制，正常状态可不使用机械制动；采用IGBT元件的辅助逆变电源系统，实现对列车交流负载、直流负载供电及对蓄电池充电；采用微机网络通信控制的列车控制管理系统，实现列车的控制、故障诊断、子系统监控；设有ATC装置，实现列车的自动保护、自动操作和自动监视；设有ATO自动控制功能，其中单辆车的载客量为同类型车的世界之首，直线电机功率亦为同类车型之最。采用无线通信装置，实现与地面的通讯联络等，具有爬坡能力强、通过小曲线半径能力好、低噪声等优点。

## （二）车辆主要系统

### 1. 车 体

车体结构采用轻量化设计，整体承载结构，底架无中梁。车体采用大断面挤压铝型材全焊接结构，地板、车顶、侧墙、端墙采用隔热和隔音材料。每节车每侧设置3套电动塞拉门，列车中间车辆连接设有贯通通道。A车司机室端采用全自动车钩，另一端为半永久车钩；B车一端采用半永久车钩，另一端为半自动车钩。车钩后端部设有可复原的能量吸收功能的缓冲机构，A车底架前端设防爬器。

### 2. 转向架

采用庞巴迪BM3000型直线电机径向转向架。转向架采用高锰合金焊接构架内置布置方式，以降低重心和重量。一系悬挂装置为金属橡胶弹簧支承的弹性定位装置，并具有利于曲线通过的轮对自导向功能；二系悬挂装置为空气弹簧带摇枕结构，并设有抗侧滚扭杆装置。

基础制动为外置式盘式制动，每根轴装备2个摩擦制动盘，每个制动盘配备1个盘式制动单元。盘式单元制动器安装于转向架端梁两侧。

直线电机采用三相直线感应电机（LIM），冷却方式为自然冷却式，额定功率155 kW。每节车配置2台两轴径向转向架，每台转向架安装1台直线感应电机。直线电机悬挂于两轴箱的支撑横梁上，其悬挂高度不受一系簧空、重车高度变化、动挠度变化和橡胶弹簧蠕变的影响，能够保持直线电机与感应板的间隙保持相对稳定，其间隙可控制到9 mm。直线电机悬挂在支撑横梁的吊臂上，吊臂安装在支撑梁上，共有5个吊臂，形成直线电机5点悬挂。直线电机的运动通过吊臂传递给直线电机连接节点，这种设计的3个牵引连杆及5个吊臂杆可以承担纵向牵引力、制动力和垂向吸引力。

直线电机悬挂系统设有4个调整机构及弹性装置，与一系簧互为独立的结构。感应板结构采用爆炸焊方式将铝板焊在钢板上，宽度为360 mm，铝质材料厚为7 mm。

### 3. 牵引、电制动

主电路通过 HB 和线路接触器连至输入电网，从电网获得电能。VVVF 逆变器将 1 500 V 直流电压转换为驱动三相直线感应电机所需的三相交流电压，采用 1 台 VVVF 逆变器向 2 台直线感应电动机供电的交流传动系统，直线电机控制方式为间接矢量控制方式。VVVF 逆变器采用 IGBT 元件和脉宽调制技术；VVVF 逆变器系统采用微机控制技术，并有诊断和故障信息储存功能。逆变器由 IGBT 模块组成，能够实现变压变频控制，控制牵引电机的磁通量和转矩，使得列车速度能在一个很宽的范围内调节。它还能够实现牵引/再生、电阻、高转差率、反接制动操作和向前/向后操作，不需切换主电路，而是通过对滑差频率及输出相序的控制来实现。

### 4. 辅助电源

辅助电源（SIV）将直流电压（DC1 500 V）逆变成三相交流电压（AC380 V），为空调、空压机、照明灯及控制电路等提供稳定的三相交流电压；直流输出电路将交流电压（AC380 V）整流成蓄电池与低压直流负载使用的 DC110 V 电压。

每列车装有 2 台（组）辅助逆变器（DC/AC）；每列车配备 2 台蓄电池充电机（AC/DC），产生 DC110 V 直流电源，作为蓄电池充电和直流负载的电源；每列车装有 2 组蓄电池，其容量应能满足在无 DC1 500 V 电源时提供列车紧急负载（包括紧急照明、紧急通风、开关门等）运行 45 min 的要求。

列车客室内部照明灯应平行布置在车辆顶部两侧，灯具具有耐振动、耐冲击和防潮的性能，并符合有关噪声标准。

### 5. 空气制动系统

每列列车上装备 2 台交流驱动的空气压缩机，以及与其配套的空气供给系统；空气制动采用微机控制的电空制动系统，具有根据载荷调整制动力的功能。

### 6. ATC 装置

列车具有配备司机的全自动驾驶功能，配备自动控制系统（ATC），包括列车自动驾驶（ATO）、列车自动监控（ATS）、列车自动保护（ATP），可自动折返。列车降级运行控制采用人工驾驶。

### 7. 列车控制技术

列车控制留有接口，以便将车辆状态与故障自诊断信息通过车载的无线设备，传输给位于车辆段的 DCC。列车管理系统（TMS）集中提供了控制和监视车载系统和设备的功能，列车的操作及车载系统的故障诊断、故障数据记录、事件分析和报告等功能都集成在一个分布式智能系统中。列车采用了硬连线控制为主、TMS 系统控制为辅的控制方式。列车控制系统的核心是 CCU，包括两个中央处理单元（CPU1 和 CPU2），具有一个额外的接口用于显示单元。

### 8. 通信设备

列车设置车载通信、广播设备，可实现客室与司机室之间的双向通话，并留有可实现 OCC 直接向客室及司机室通话的功能。每节车厢内设置 4 个 LCD 可视频显示单元，可播放高质量的视频图像和对图解图像进行显示，可实现光盘信息播放的功能，并留有通过车载无线设备实现即时插入文本的播放接口。每节客车车厢内的每对车门上方设置车站地图闪灯式报站装置，用于显示车辆运行方向、换乘信息及到站显示。

## 第六节 直线同步电动机 LSM 轨道系统

德国、日本的高速磁悬浮列车都采用长定子直线同步电机方案，如表 7.3 所示。

表 7.3 长定子直线同步电机驱动磁悬浮列车

| 速度 | 悬浮方式 | 驱动方式 | 代表车型 | 最高速度 |
|---|---|---|---|---|
| 高速磁悬浮列车（400 km/h 以上） | 低温超导排斥型（EDS） | 长定子直线同步电机 | 日本 MLX 系列 | 581 km/h（实验） |
| | 常导吸引型（EMS） | 长定子直线同步电机 | 德国 TR 系列 | 450 km/h（实验）430 km/h（商业） |

### 一、德国常导型高速磁浮交通（TR）

#### 1. 系统简介

列车系统的悬浮和导向是按照电磁悬浮原理，利用车体底部的可控悬浮电磁铁和安装在轨道底面的铁磁感应板（长定子部件）之间的吸引力来完成工作。悬浮磁铁从轨道下面利用吸引力使列车浮起，导向磁铁从侧面使车辆保持一定的轨迹运行，如图 7.26 所示。

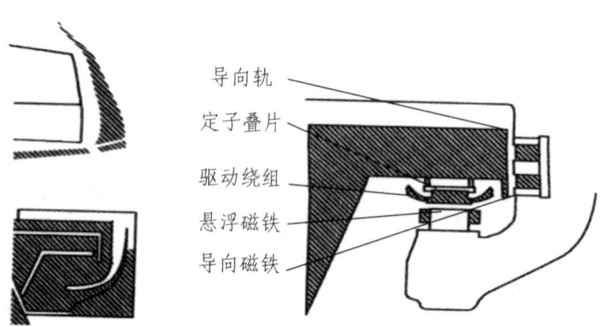

图 7.26 TR 系统悬浮和导向磁铁位置

通过可靠的电子控制系统，使列车与轨道之间气隙始终保持 10 mm。悬浮和导向系统以及车上的装置，由悬浮磁铁中的直线发电机无接触供电，如图 7.27 所示。因此悬浮高速列车系统不需要滑接线盒集电器，当供电中断时由车上蓄电池供电。

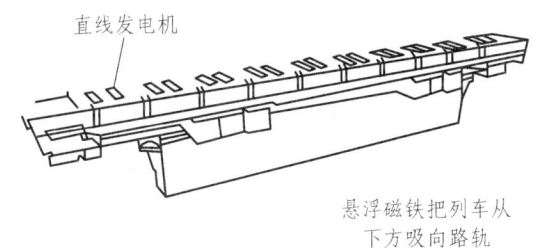

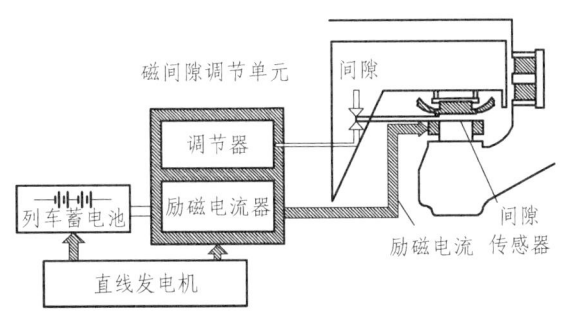

图 7.27 悬浮磁铁和间隙控制

磁浮高速列车系统的驱动和制动，靠同步长定子直线电动机实现。把具有三相行波磁场的铁磁定子部件安装在轨道上，如图 7.28 所示。

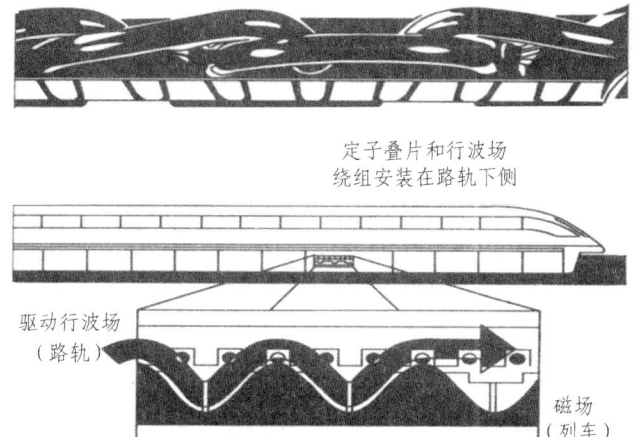

图 7.28 TR 铁磁定子部件和电磁行波磁场

轨道绕组中的电流产生一个电磁行波磁场，作用于车上的悬浮磁铁从而带动列车运行，用逆变器改变交变电流的强度和频率，可以在静止和运营速度之间无级调速，如果改变行波磁场的方向，将使电动机变为发电机，列车可以实现无接触制动，制动产生的能量可反馈回电网。

轨道上的长定子直线感应电机由许多区段组成，每个区段的供电只是当列车经过时才被接通，这样可避免能量损失，两个相互独立的配电站分别将电网的电流从工作区段轨道电机两端输入，配电站的距离和功率根据需求而定。

## 2. 直线发电机

Transrapid 系列悬浮电磁铁，同时具备悬浮、推进和发电三种功能，是悬浮列车的核心部件。悬浮电磁铁由叠片叠成，不是整块结构，而是镶嵌式，便于制造和安装，如图 7.29 所示。在 6 个悬浮磁极上有发电机线圈 12 组。悬浮电磁铁是同步直线感应电机系统直接受到推进力作用的部分（相当于旋转电机的转子），它与长定子叠片轨道之间的关系如图 7.30 所示，在悬浮电磁铁的磁极上安装有发电机绕组。每一个励磁绕组的极靴上有 4 个安放发电机绕组的槽。

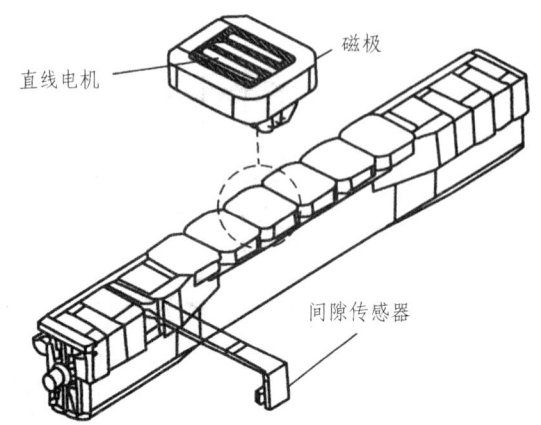

图 7.29 悬浮电磁铁结构

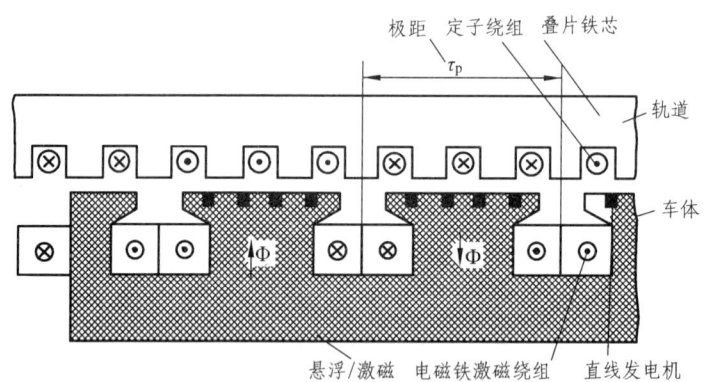

图 7.30 悬浮电磁铁与轨道之间的关系示意图

当列车运行时，沿车载悬浮的电磁铁铁芯及轨道定子铁芯存在着闭合磁通，由于轨道定子铁芯存在齿槽，该磁通相对于路基，除了具有与列车运行速度一致的基波平移速度分量外，还存在着为基波速度 6 倍及 6 倍以上（与齿槽尺寸有关）的平移速度分量。与列车运行速度一致的基波平移速度分量，由于与车上发电机定子线圈运行速度一样，两者相对静止，故此该磁通分量将不会在发电机定子线圈中感应电势，而 6 倍于列车运行速度的磁通分量与发电机定子线圈存在相对运动，它将在发电机定子线圈中感应电势，并且随着车体运行速度的提高，该感应电势频率及幅值成比例上升。当列车达到一定速度时，该感应电势可提供足够的电能，供车体使用。

对 TR 系列车载发电机的原理，也可以作如下的理解。TR 浮列车的推进是同步直线感应电机，也就是列车上的电磁铁与地面长定子的磁场在同步运行，如果不考虑定子齿槽，那么定子磁场与车载电磁铁之间的关系是相对静止的。但是车载电磁铁相对叠片轨道的齿槽在运动，也就是电磁铁上的发电机线圈相对轨道的齿槽做相对运动，其相对运动的速度就是列车的运行速度。可以认为，地面长定子的磁动势（可以理解为永久磁铁的 N、S 极）和列车（电磁铁）是静止不动的，而拉动齿槽移动。由于极靴和齿槽形成磁路的磁阻不同，也就是通过齿和槽的磁通量不同，所以和这个变化着的磁通相耦合的发电机绕组就会产生感应电势。并且这个感应电势的大小和频率随着列车运行速度成比例地增加。

当列车速度低于 100 km/h，直线发电机的输出由升压斩波器进行调整。当速度高于 100 km/h 时，发电机的输出经电源变换器变换成了使列车悬浮、导向及其他车载设备所需的电能，并同时向车载电瓶充电。变换辅助电路具有保护功能，使蓄电瓶不致过量充电和保证当发电机电压升高时各种设备能可靠地工作。

## 二、日本超导型高速磁浮交通（MLX）

超导磁浮又名电动磁浮 EDS（Electro Dynamics Suspension）。在超导磁浮系统中，超导线圈装在车上，而与其相互作用产生推进、悬浮、导向功能的各种线圈都装在地面轨道内。借助这些线圈的作用，使车上超导线圈产生推进、悬浮、导向力。悬浮线圈设在地面上，推进与导向两用线圈设在轨道内侧，超导线圈装在车辆框架的外侧。超导线圈及其冷却压缩机的组成如图 7.31 所示，图中超导线圈顺着超导磁铁布置，在磁铁的上方有液氦冷却罐供给液氦来冷却超导线圈。

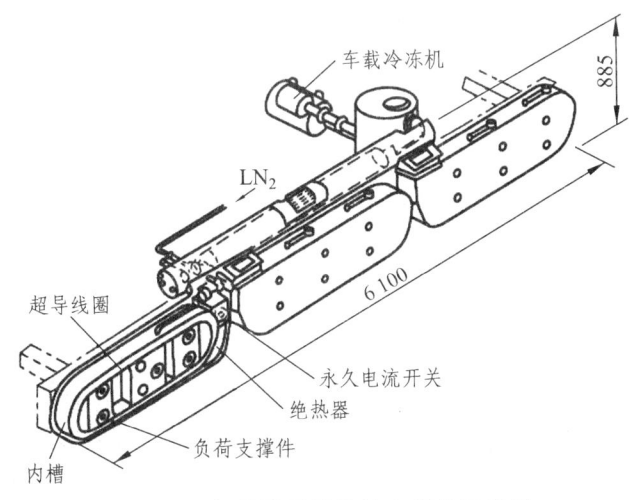

图 7.31　超导线圈及其整个部件示意图

**1. 推进原理**

采用直线同步电动机（LSM）作为车辆的推进动力装置。安装在车上的超导线圈起励磁线圈作用，轨道内侧安装推进线圈起电枢作用，由装在变电所的变频装置向在轨道内侧的推进线圈供电。

具体来看看超导磁悬浮列车是如何被推进的吧。直线感应电机的定子也就是 $U$、$V$、$W$ 三相的驱动线圈安装在导轨两侧的侧壁上，而直线感应电机的转子就是装在车体侧面的超导磁铁。让三相交流电流通过驱动线圈，这样推进线圈就产生 N 极、S 极相互交替出现的沿直线移动的磁场。如图 7.32 所示，导轨上推进线圈形成的移动磁场的 N 极、S 极和车体上超导磁铁的 N 极、S 极根据同性相斥、异极相吸的原理相互作用，驱动车辆向前运动，车辆的运动速度和移动磁场的速度一致。

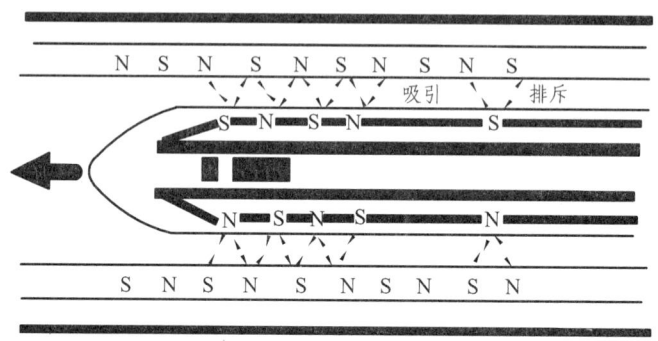

图 7.32　推进原理示意图

随着车辆运行使在推进线圈内产生的电流有所变化，如图 7.33 所示，从而对车辆的推进力加以控制，因为车辆的走行速度与供给推进线圈的电流频率成正比，其推力的大小又与该电流的幅值成正比，所以推进线圈电压的相位控制应与推进线圈的电流相位相同，检测地面轨道线圈与车上超导线圈的相对位置进行控制。推进线圈电流的大小和频率完全由地面控制中心控制。如改变流通电流的方向，则会产生再生制动力，还可使车辆的动能送回电网，也可采用电阻制动消耗制动能量。

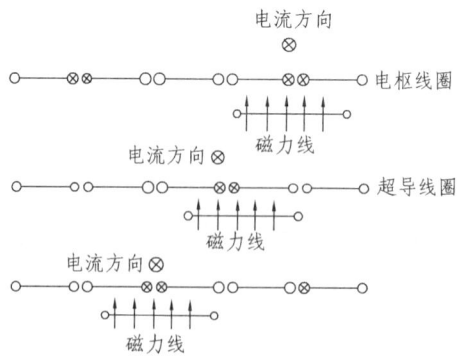

图 7.33　推进线圈中的电流

**2. 悬浮原理**

超导悬浮也叫电动悬浮。在车辆超导线圈旁边放置了地面短路线圈（也称悬浮线圈），车辆由直线同步电动机推进。当车辆产生速度时，与悬浮线圈相交链的磁通必然有所变化，如同发电机原理一样,磁通变化在悬浮线圈内产生电流与超导线圈间发生作用,从而产生了排斥力,即产生悬浮力,如图 7.34 所示。同时,悬浮线圈也由于流过感应电流而产生焦耳热,从而消耗能量。对车辆来说,这种能量消耗将以运行阻力(磁阻力)的形式表现出来。

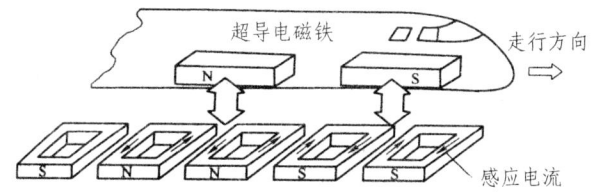

图 7.34 悬浮原理

线圈的铰链磁通、电流、电压的波形如图 7.35 所示。

超导线圈与悬浮线圈的作用力如图 7.36 所示。悬浮力随速度的增大而增大,达到一定的速度几乎成为定值,作为运行阻力的磁阻力却在某一速度下达到最大值,然后随速度的增加成反比下降,一定时间后相应的阻力及电能消耗成为定值。

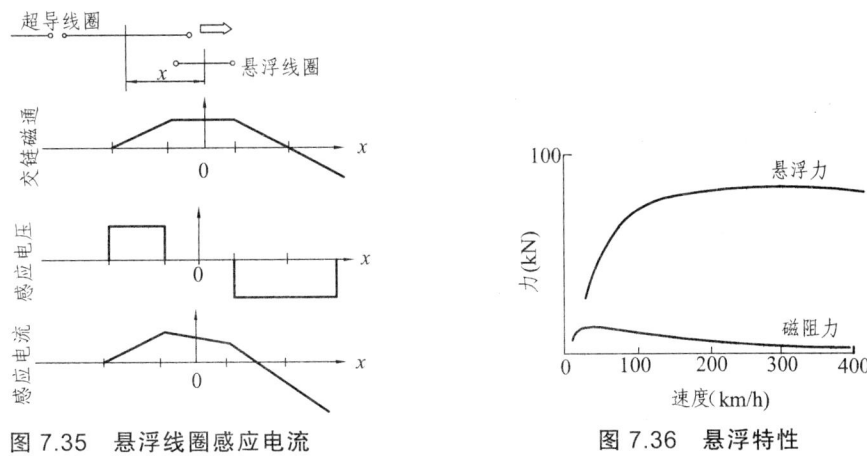

图 7.35 悬浮线圈感应电流　　　　　　图 7.36 悬浮特性

悬浮力与磁阻力之比称为浮阻比。对一定的悬浮系统来说,浮阻比较大些为好。减小线圈电阻可使磁阻力减小。另外,为保持一定的悬浮力,采用所谓零磁通法,便可在不减少浮力的条件下,减小线圈电流的磁阻力。零磁通的原理及线圈的布置如图 7.37 所示。

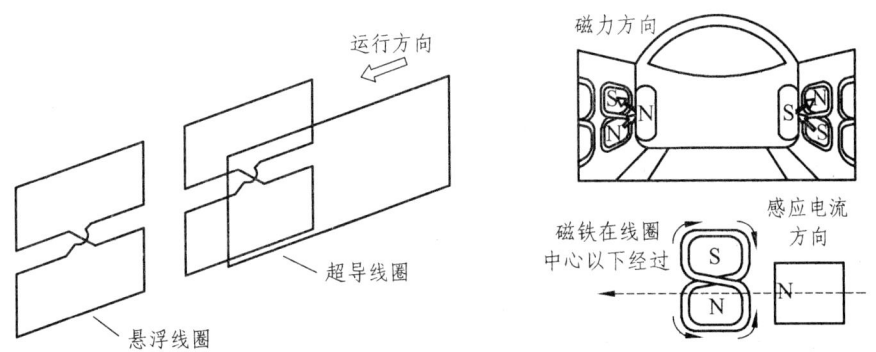

图 7.37 零磁通悬浮原理及线圈的布置

超导线圈垂直布置，且相对在悬浮线圈的中心线上下是对称的，故称这种方式为侧壁式悬浮方式。在"8"字形线圈中，上下半部线圈的交链磁通将互相抵消，因而在线圈中无感应电流和悬浮力产生。向下移动超导线圈时，上下线圈间的交链磁通产生不均衡，交链磁通的差值与位移成正比。电流及浮力也与下降位移成正比。但另一方面，我们知道，悬浮线圈内部损耗与电流二次方（即与位移的二次方）成正比。因此在"8"字形线圈中产生的悬浮力与磁阻力之比值仍与位移成正比，当位移很小时，则有良好的浮阻比。

### 3. 导向原理

导向原理与悬浮原理相同，只是使左右线圈产生力的方向相差180°，因而相对车辆中心线的任何左右位移时，将产生回复力，像产生悬浮力一样，在没有左右位移时不产生回复力，导向线圈布置如图 7.38 所示。当车辆偏离中心位置时，左右两个线圈的交链磁通将不一样，因左侧、右侧电路相串接，于是产生了左右回复力，即导向力。

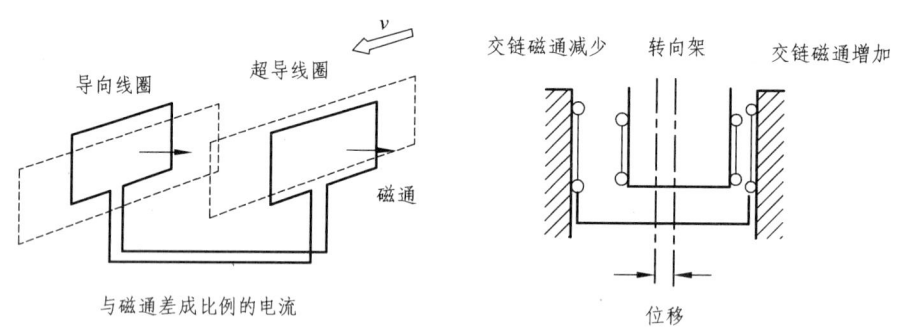

图 7.38　导向线圈布置图

如将左右侧的悬浮线圈相互连接起来，便构成导向线圈与推进线圈共用的复式悬浮导向系统。

# 练习题

## 一、填空题

1. 用于直线感应电机轮轨交通一般采用短定子技术，定子线圈_____安装在车辆上，而转子部分_____则安装在导轨上。

2. 通过改变_____电源相序，可以改变_____行进方向，从而改变次级导条移动的方向。

3. 车辆平稳运行时，定子与反应板之间的间隙一般保持在_____mm 左右。此间隙由悬挂链环来调节。

## 二、简答题

1. 用于直线感应电机轮轨交通一般采用何种技术？定子与转子分别安装在什么位置？
2. 直线感应电机系统有何特点？
3. 简述直线感应电机与反应板的基本结构。
4. 简述日本低温超导磁悬浮列车的悬浮原理、推进原理及导向原理。

# 第八章 变压器的基本结构与原理

在地铁动车车辆辅助电源系统中，存在各种用电设备，不同的用电设备常常需要接在各种不同等级电压的电源上。如北京复-八线地铁、北京城轨 13 号线、天津滨海快速、武汉轻轨等交流传动的地铁车辆采用 SIV 静止逆变器电源辅助系统，如图 8.1 所示。从图中可以看出，输出变压器将交流滤波器输出的三相交流电源变换为 AC380 V 或 AC220 V，提供给车辆交流负载，同时作为与输出回路的隔离供自己用；还将输出的 AC380 V 电源通过变压器变换为 AC85 V 和 AC20 V，提供给整流装置，整流装置经过三相整流模块，输出 DC110 V 和 DC24 V 提供给车辆的直流负载。

图 8.1 静止逆变电源系统框图

## 第一节 变压器的基本结构及工作原理

变压器的基本结构部件是铁芯和绕组，由它们组成变压器的器身。为了改善散热条件，大、中容量变压器的器身浸入盛满变压器油的封闭油箱中，各绕组与外电路的连接则经绝缘套管引出。为了使变压器安全可靠地运行，还设有储油柜、气体继电器和安全气道等附件，如图 8.2 所示。

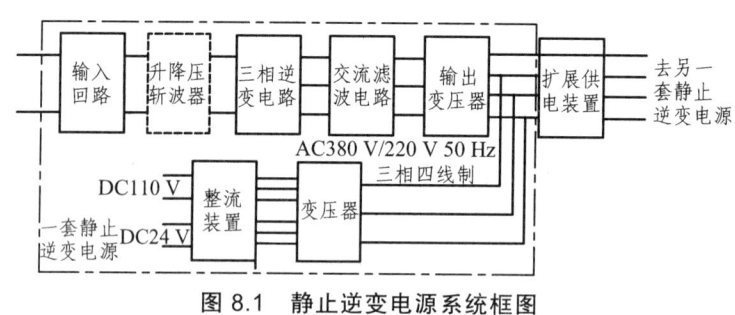

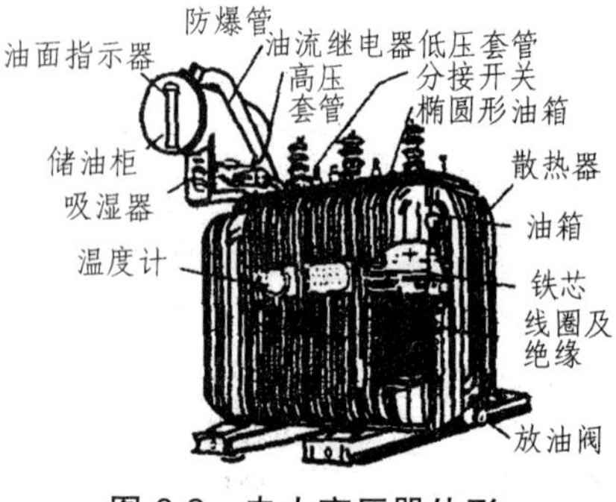

图 8.2 电力变压器外形

### 一、变压器的基本结构

变压器由铁芯、绕组、油箱及附件等三大部分组成。
下面以油浸式电力变压器为例来分别予以介绍。

#### 1. 铁 芯

铁芯既作为变压器的磁路；又作为变压器的机械骨架。为了提高导磁性能、减少交变磁通在铁芯中引起的损耗，变压器的铁芯都采用厚度为 0.35 ~ 0.5 mm 的电工钢片叠装而成。电工钢片的两面涂有绝缘层，起绝缘作用。大容量变压器多采用高磁导率、低损耗的冷轧电工钢片。电力变压器的铁芯一般都采用心式结构，其铁芯可分为铁芯柱（有绕组的部分）和铁轭（连接两个铁芯柱的部分）两部分。绕组套装在铁芯柱上，铁轭使铁芯柱之间的磁路闭合，如图 8.3 所示。

在铁芯柱与铁轭组合成整个铁芯时，多采用交叠式装配，使各层的接缝不在同一地点，这样能减少励磁电流，但缺点是装配复杂，费工费时。在一般变压器中，铁芯柱截面采用外接圆的阶梯形。只有当变压器容量很小时才采用方形。

交流磁通在铁芯中会引起涡流损耗和磁滞损耗，使铁芯发热。在大容量变压器的铁芯中往往设置油道。铁芯浸在变压器油中，当油从油道中流过时，可将铁芯中的热量带走。

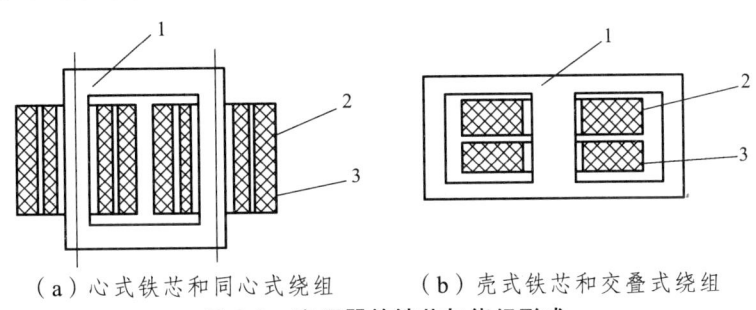

（a）心式铁芯和同心式绕组　　（b）壳式铁芯和交叠式绕组

图 8.3　变压器的铁芯与绕组形式

1—铁芯；2—低压绕组；3—高压绕组

## 2. 绕　组

绕组是变压器的电路部分，用来传输电能，一般分为高压绕组和低压绕组。接在较高电压上的绕组称为高压绕组；接在较低电压上的绕组称为低压绕组。从能量的变换传递来说，接在电源上，从电源吸收电能的绕组称为原边绕组（又称一次绕组或初级绕组）；与负载连接，给负载输送电能的绕组称副边绕组（又称二次绕组或次级绕组）。

绕组一般是用绝缘的铜线绕制而成。高压绕组的匝数多、导线横截面小；低压绕组的匝数少、导线横截面大。为了保证变压器能够安全可靠地运行以及有足够的使用寿命，对绕组的电气性能、耐热性能和机械强度都有一定的要求。

绕组是按照一定规律连接起来的若干个线圈的组合。根据高压绕组和低压绕组相互位置的不同，绕组结构形式可分为同心式和交叠式两种。

同心式绕组是将高压绕组和低压绕组同心地套装在铁芯柱上，如图 8.3（a）所示。为了绝缘方便，低压绕组紧靠着铁芯，高压绕组则套装在低压绕组的外面，两个绕组之间留有油道。油道一是作为绕组间的绝缘间隙；二是作为散热通道，使油从油道中流过冷却绕组。在单相变压器中，高、低压绕组均分为两部分，分别套装在两铁芯柱上，这两部分可以串联或并联；在三相变压器中属于同一相的高、低压绕组全部套装在同一铁芯柱上。同心式绕组的结构简单、制造方便，心式变压器一般都采用这种结构。

交叠式绕组是将高压绕组和低压绕组分成若干线饼，沿着铁芯柱交替排列而构成，如图 8.3（b）所示。为了便于绝缘和散热，高压绕组与低压绕组之间留有油道并且在最上层和最下层靠近铁轭处安放低压绕组。交叠式绕组的机械强度高，引线方便，壳式变压器一般采用这种结构。

### 3. 油箱及附件

油箱就是油浸式变压器的外壳。变压器在运行中绕组和铁芯会产生热量，为了迅速将热量散发到周围空气中去，可采用增加散热面积的方法。变压器油箱的结构形式主要有平板式、管式等。对容量较大的变压器，采用在油箱壁的外侧装有散热管的管式油箱来增加散热面积，当油受热膨胀时，箱内的热油上升到油箱的上部，经散热管冷却后的油下降到油箱的底部，形成自然循环，把热量散发到周围空气中。对大容量变压器，还可采用强迫冷却的方法，如用风扇吹冷变压器等以提高散热效果。

高、低压绕组套装在铁芯上总称为器身，器身放在油箱中，油箱中充以变压器油。充油的目的主要有两个：一是提高绕组的绝缘强度。因为油的绝缘性能比空气好。二是便于散热。因为通过油受热后的对流作用，可以将绕组及铁芯的热量带到油箱壁，再由油箱壁散发到空气中去。对变压器油的要求是介质强度高、着火点高、黏度小、水分和杂质含量尽可能少。

变压器油受热后要膨胀，因此油箱不能密封。为了减小油与空气的接触面积，变压器安装有储油柜。储油柜固定在油箱顶上并用管子与油箱直接连通，储油柜的上部有加油栓，可以向变压器内补油，油箱的下部有放油活门，可以排放变压器油。储油柜使油箱内部与外界空气隔绝，能有效避免油的氧化及吸收外界水分。储油柜内的油面高度被控制在一定范围内，当油受热膨胀时，一部分油被挤入储油柜中使油面升高，而油遇冷收缩时，这部分油再流回油箱使油面降低。储油柜的大小应能满足变压器在各种可能的运行温度下，油面的升降总是能保持在储油柜的范围内的条件要求。

储油柜的一侧有油位计，可查看油面高度的变化。另外，储油柜上还装有吸湿器，它是一种空气过滤装置，外部空气经过吸湿器干燥后才能进入储油柜，从而使油箱中的油不易变质损坏。

在油箱与储油柜之间还装有气体继电器。当变压器发生故障时，油箱内部会产生气体，气体继电器动作而发出故障信号以提示工作人员及时处理或使相应的开关自动跳闸，切除变压器的电源。

大容量变压器的油箱盖上还装有安全气道，它是一个长的钢筒，下端与油箱相通，上端装有防爆膜。当变压器内部发生严重故障产生大量气体时，油箱内部压力迅速升高而冲破安全气道上的防爆膜，喷出气体，消除压力，以免发生重大事故。

变压器绕组的接线端子由绝缘套管从油箱内引到油箱外。绝缘套管由外部的瓷套和中心的导电杆组成，它穿过变压器上部的油箱壁，其导电杆在油箱内部的一端与绕组的出线端子连接，在外部的一端与外电路连接。绝缘套管的结构因电压的高低而不同，引出的电压越高，套管的结构越复杂。当电压不高时，可采用简单的瓷制实心式套管。电压很高时，要采用高压瓷套管，高压瓷套管在套管和导电杆之间充油，在外部做成多级伞形，电压越高，级数越多。

## 二、变压器的分类

由于变压器的应用范围十分广泛，因此它的种类很多，在地铁车辆供电系统与地铁车辆电气系统中主要有以下几种。

**1. 按用途分类**

（1）电力变压器。用来传输和分配电能，是所有变压器中用途最广、生产量最大的一种变压器，如在绪论图 0.1 所示的电力牵引供电系统图中的电力变压器。

远距离输送一定的电功率，电压越低则电流越大，消耗在输电线路上的电阻损耗越大；若要减小输电线电阻以输送大电流，就要用大截面的输电线而消耗较多的导体材料。所以，为了减小输电线路上的电阻损耗和节约导体材料，目前电力系统的输电线路都采用高压输电。由于受到绝缘水平的限制，发电厂的同步发电机一般输出的额定电压为 10.5 kV（发电机额定电压越高对发电机各部分的绝缘要求就越高），而一般高压输电线路的额定电压为 110 kV、220 kV、330 kV、500 kV，这就需要用升压变压器将电压升高后再送入输电线路；当电能经过高压输电线路传输到用电区后，必须用降压变压器把输电线路上的高电压降下来，才能供给动车所使用的动力用电。由此可见，电力系统中存在许多变压器，通过这些变压器的作用产生了不同等级的电压从而能够满足不同的需要。

（2）仪用变压器。包括电流互感器和电压互感器，在测量系统中使用。它们能够把大电流变换成小电流，或把高电压变换成低电压，从而隔离大电流或高电压以便于安全地进行测量工作。

（3）自耦变压器。容量较大的异步电动机降压启动时常用自耦变压器实现降压。在实验室中，经常要使用自耦变压器，可以很方便地调节输出电压。

**2. 按相数分类**

按相数分主要有两类：一是单相变压器，用于单相交流电系统；二是三相变压器，用于三相交流电系统。

**3. 按结构分类**

按结构分类主要有心式变压器和壳式变压器两类，如图 8.3 所示。

心式变压器：其结构特点是绕组包围铁芯，电力变压器都采用心式结构。

壳式变压器：其结构特点是铁芯包围绕组，电子设备中的小变压器一般采用这种结构。该结构的变压器机械强度高，铁芯散热比较容易。

此外还有其他的分类方法。例如，按照绕组数目来区分，则有双绕组变压器、三绕组变压器等；按冷却方式来区分，则有干式变压器和油浸式变压器，油浸式变压器还可进一步分为油浸自冷、油浸风冷、油浸水冷、强迫油循环风冷或水冷等形式。

虽然变压器的种类很多，但各种变压器运行时的基本物理过程及分析变压器运行性能的基本方法，大体上都是一样的。

# 三、变压器的铭牌和额定值

每台变压器都有一块铭牌，上面标注着变压器的型号和额定值等。铭牌用不受气候影响的材料制成，并安装在变压器外壳上的明显位置。变压器的额定值主要有：

**1. 额定电压**

在额定运行时规定加在原边绕组的端电压，称为原边绕组额定电压，以 $U_{1N}$ 表示；当变压器空载时,原边绕组加以额定电压后,在副边绕组上测量到的电压,称为副边绕组额定电压,以 $U_{2N}$ 表示。因此副边绕组的额定电压是指它的空载电压。在三相变压器中,额定电压都是指线电压,电压的单位符号是 V 或 kV。

### 2. 额定电流

在额定运行时,原边绕组、副边绕组所能承受的电流,分别称为原边绕组、副边绕组的额定电流,并分别用 $I_{1N}$ 和 $I_{2N}$ 表示。在三相变压器中,额定电流都是指线电流,电流的单位是 A。

### 3. 额定容量

原边绕组或副边绕组额定电流与额定电压的乘积,称为额定容量,以 $S_N$ 表示,它是在铭牌上所标注的额定运行状态下,变压器输出的视在功率。它的单位以 kV·A 表示。对于三相变压器来说,额定容量是指三相的总容量,即

单相变压器: $S_N = I_{1N}U_{1N} = I_{2N}U_{2N}$ （8.1）

三相变压器: $S_N = \sqrt{3}I_{1N}U_{1N} = \sqrt{3}I_{2N}U_{2N}$ （8.2）

### 4. 额定频率

额定频率用 $f_N$ 表示。在我国,交流电的额定频率为 $f_N = 50\ \text{Hz}$。

### 5. 阻抗电压

阻抗电压又称为短路电压。它表示在额定电流时变压器短路阻抗压降的大小。通常用它的额定电压 $U_{1N}$ 的百分比来表示。

此外,额定值还包括额定状态下变压器的效率、温升等数据。在铭牌上除额定值外,还标注着变压器的制造厂名、出厂序号、制造年月、标准代号、相数、连接组标号、接线图、冷却方式等。为便于运输,有时还标注变压器的质量和外形尺寸等数据。

## 四、变压器的工作原理

变压器的工作原理示意图如图 8.4 所示。在绕组 $N_1$ 上外施加交流电压 $U_1$,便有交流电流 $\dot{I}_1$ 流入,因而在铁芯中激励出交变磁通 $\dot{\Phi}$。根据电磁感应定律可知,磁通 $\dot{\Phi}$ 中的交变会在绕组 $N_2$ 中感应出电势 $\dot{E}_2$,此时若绕组 $N_2$ 接上负载,就会有电能输出。由于绕组的感应电势正比于它的匝数,因此只要改变绕组 $N_2$ 的匝数,就能改变感应电势 $\dot{E}_2$ 的大小,这就是变压器的工作原理。

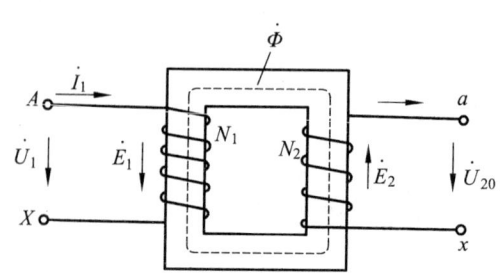

图 8.4 变压器的工作原理

绕组 $N_1$ 从电源吸收电能，称为原边绕组，有关原边绕组的各量均以下标"1"来表示，例如，原边绕组的功率、电流、电阻分别为 $P_1$、$I_1$、$R_1$；绕组 $N_2$ 向负载输出电能，称为副边绕组，有关副边绕组的各量均以下标"2"来表示，如副边绕组的功率、电流、电阻分别为 $P_2$、$I_2$、$R_2$。若原边绕组为高压绕组，副边绕组为低压绕组则该变压器就是降压变压器；若原边绕组为低压绕组，副边绕组为高压绕组则该变压器就是升压变压器。

# 练习题

## 一、填空题

1. 变压器由_____、_____、_____等三大部分组成。
2. 变压器铁芯既作为变压器的_____，又作为变压器的_____。
3. 变压器的铁芯都采用_____。
4. 变压器绕组是变压器的_____部分，用来传输电能。
5. 变压器的绕组一般分为_____和_____。接在较高电压上的绕组称为_____，接在较低电压上的绕组称为_____。
6. 从能量的变换传递来说，接在电源上，从电源吸收电能的绕组称为_____绕组，与负载连接，给负载输送电能的绕组称_____绕组。
7. 变压器高压绕组的匝数_____、导线横截面_____；低压绕组的匝数、导线横截面_____。
8. 变压器安装储油柜是为了_____。
9. 变压器按相数分主要有两类：一是_____变压器，二是_____变压器。

## 二、判断题

1. 变压器的铁芯都采用电工钢片叠装而成，以减少交变磁通在铁芯中引起的损耗。（      ）
2. 交流磁通在铁芯中会引起涡流损耗和磁滞损耗，使铁芯发热。（      ）
3. 变压器的铁芯浸在变压器油中，将阻碍铁芯的散热。（      ）
4. 变压器从电源吸收电能的绕组称为副边绕组。（      ）
5. 变压器与负载连接，给负载输送电能的绕组称原边绕组。（      ）
6. 变压器安装储油柜是为了增加变压器油箱的储油量。（      ）
7. 若原边绕组为高压绕组，副边绕组为低压绕组，则该变压器就是降压变压器。（      ）
8. 若原边绕组为低压绕组，副边绕组为高压绕组则该变压器就是升压变压器。（      ）

## 三、简答题

1. 为什么铁芯要用电工钢片叠装而成？电工钢片表面为什么要涂绝缘漆？
2. 为什么电力变压器的铁芯与绕组通常浸在变压器油中？
3. 为什么对变压器要规定有额定值？确定变压器额定值的依据是什么？

## 四、综合题

变压器有哪些部件？各部件的作用是什么？

## 第二节 地铁动车车辆上的几种变压器

### 一、自耦变压器

双绕组变压器的原、副边绕组是分开绕制的,原边绕组和副边绕组虽然装在同一个铁芯上,但它们之间只有磁的联系,没有电的联系。自耦变压器是原、副边共用一部分绕组的变压器,它只有一个绕组,低压绕组是高压绕组的一部分,如图 8.5 所示,为一台降压自耦变压器,原边绕组匝数 $N_1$ 大于副边绕组匝数 $N_2$。图中标出了各电磁量的正方向,采用与双绕组变压器相同的惯例。

自耦变压器与双绕组变压器一样,有主磁通和漏磁通,主磁通在原绕组 $N_1$ 和副绕组 $N_2$ 中分别产生感应电势 $E_1$ 和 $E_2$。当原边接在额定电压 $U_{1N}$ 上,副边空载电压为 $U_{2N}$,忽略漏阻抗压降,则它们的关系可表示为:

$$\frac{U_{1N}}{U_{2N}} = \frac{E_1}{E_2} = \frac{N_1}{N_2} = K_A > 1 \tag{8.3}$$

式中,$K_A$ 为自耦变压器的变比。

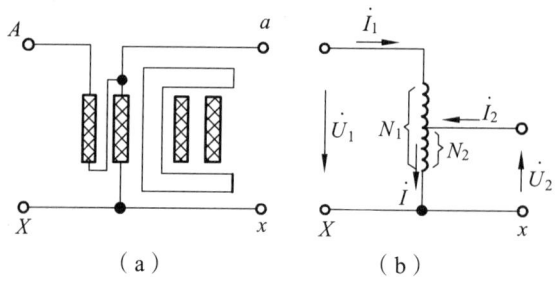

图 8.5 自耦变压器原理

自耦变压器的变比一般在 1.2 ~ 2.0。

自耦变压器的原、副边绕组电路直接连在一起,高压侧的电气故障会对低压侧造成一定的影响,很不安全,因此,它对内部绝缘与过电压保护的要求较高,使用时必须正确接线,且外壳必须接地。

自耦变压器有单相的也有三相的。

### 二、互感器

直接测量大电流或高电压是比较困难的。在交流电路中,常用特殊的变压器把高电压转换成低电压、大电流转换成小电流后再测量。这种特殊的变压器就是互感器。使用互感器可以使测量仪表与高电压隔离从而保证人身和仪表安全;可以扩大仪表量限,便于仪表的标准化。

## 1. 电压互感器

电压互感器实质上就是一台降压变压器，它将高电压转换成低电压以供测量，也可作为控制信号使用。电压互感器副边的额定电压一般为 100 V。

电压互感器接线图如图 8.6 所示。原边绕组并联接入主线路，被测电压为 $U_1$，副边电压为 $U_2$，副边绕组接的电压表或功率表的电压线圈的阻抗很大，实际副边绕组近似为开路。为了安全，铁芯及副边绕组一端必须接地。

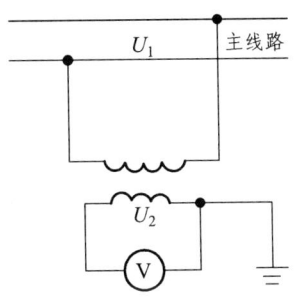

图 8.6　电压互感器接线图

若不计漏阻抗压降，电压互感器原边被测电压 $U_1$ 与副边实际测量得到的电压 $U_2$ 之间的关系为

$$U_1 = KU_2 \tag{8.4}$$

式中，$K$ 是电压互感器的变压比，是个常数，即 $K = U_1/U_2$。$N_1$ 为原边绕组匝数，$N_2$ 为副边绕组匝数。可见，电压互感器副边电压数值乘以常数 $K$ 就是原边被测电压的数值。测量的电压表按 $KU_2$ 来刻度，就可直接从表上读出被测电压的数值。

实际上的电压互感器，原、副边都有漏阻抗压降，因此原、副边电压数值之比只是近似为常数 $K$，误差必然存在。电压互感器的误差有电压误差（数值大小的误差）和相位误差。根据误差的大小电压互感器可分为 0.2、0.5、1.0、3.0 几个等级，每个等级的允许误差可查阅有关技术标准。

电压互感器使用时必须注意以下三个问题：

（1）副边不许短路。电压互感器正常运行时接近空载，如副边短路，则电流变得很大，使绕组过热而烧毁。

（2）铁芯及副边绕组一端接地。

（3）副边接的阻抗值不能太小，否则原、副边电流都将增大，使原、副边漏阻抗压降增加，误差加大，降低电压互感器的精度等级。

## 2. 电流互感器

电流互感器实质上是一台升压变压器，它将大电流转换成小电流，送到电流表或功率表的电流线圈以供测量，也可作为控制信号使用。电流互感器副边的额定电流一般为 5 A 或 1 A。

电流互感器接线图如图 8.7 所示。原边绕组串联接入主线路，被测电流为 $I_1$，副边电流为 $I_2$，副边绕组接内阻很小的电流表或功率表的电流线圈，实际副边近似为短路。因此，电流互感器是一个近似短路运行的单相升压变压器。为了安全，铁芯及副边绕组一端必须接地。

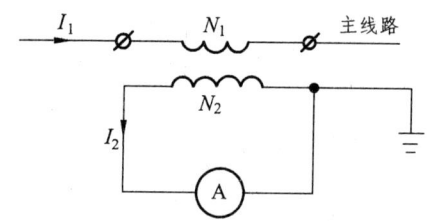

图 8.7　电流互感器接线图

采用单相变压器的分析方法来分析电流互感器可知，忽略励磁电流，电流互感器原边被测电流 $I_1$ 与副边实际测量得到的电流 $I_2$ 之间的关系为

$$I_1 = \frac{1}{K} I_2 \tag{8.5}$$

式中，$K$ 是电流互感器的变压比，是一个常数，$K = N_1/N_2$，$N_1$ 为原边绕组匝数，$N_2$ 为副边绕组匝数。可见，电流互感器副边电流数值乘以常数 $1/K$ 就是原边被测电流的数值。用来测量的电流表按 $I_2/K$ 来刻度，就可直接从表上读出被测电流的数值。

实际上的电流互感器中，励磁电流不可能为零，因此，原、副边电流数值之比只是近似为常数，公误差必然存在。电流互感器的误差有电流误差（数值大小的误差）和相位误差。根据误差的大小，电流互感器可分为 0.2、0.5、1.0、3.0、10.0 几个等级，每个等级的允许误差可查阅有关技术标准。

电流互感器使用时必须注意以下三个问题：

（1）副边不许开路。电流互感器正常运行时接近短路，如副边开路，则原边被测的主线路电流就成为励磁电流，它比正常工作时的励磁电流大几百倍，这样大的励磁电流会造成电流互感器的铁磁损耗急剧上升，使它过热甚至烧毁绝缘，会造成电流互感器的副边出现很高的电压，不但击穿绝缘，而且危及操作人员和其他设备安全。

（2）铁芯及副边绕组一端接地。

（3）副边回路串入的阻抗值不能超过有关技术标准的规定。这是因为如果副边回路串入的阻抗值过大，则副边电流变小，而原边电流（主线路电流）不变，造成励磁电流增大，使误差加大，降低电流互感器的精度等级。

### 三、变压器在地铁动车车辆中的应用

为了安全，在地铁动车车辆上，低压系统及控制电源必须实现与高网压 DC1 500 V 在电气电位上的隔离，最佳且最实用的隔离方式是采用变压器隔离，一般有 50 Hz 变压器隔离和高频变压器两种方式。由变压器基本原理可知，50 Hz 变压器其体积与质量较大，而高频变压器的体积与质量将成倍地减小。但高频变压器必须采用性能好的高频磁芯，目前广州地铁大多采用进口的铁氧体磁芯或国产铁基微晶合金的磁芯。

武汉轻轨 1 号线车辆辅助电源系统主电路如图 8.8 所示。

直流 750 V 电源通过主隔离开关（SIVS）和主熔断器（SIVF）由第三轨道接入逆变器设备。CHS 为使用 IGBT 的高速断路器。该逆变器是一个 IGBT 变流器，它可将直流 750 V 的电转换为 PWM 波形的三相交流电。此交流电通过逆变设备内的主变压器 IVTR 变为 380 V 电压。从任何一条三相的输出线与主变压器 IVTR 的中性点之间均可得到交流单相 220 V 电压。

变压器 IVTR 的作用：① 提供 300 V/380 V 电压；② 绝缘、隔离。

# 第八章 变压器的基本结构与原理

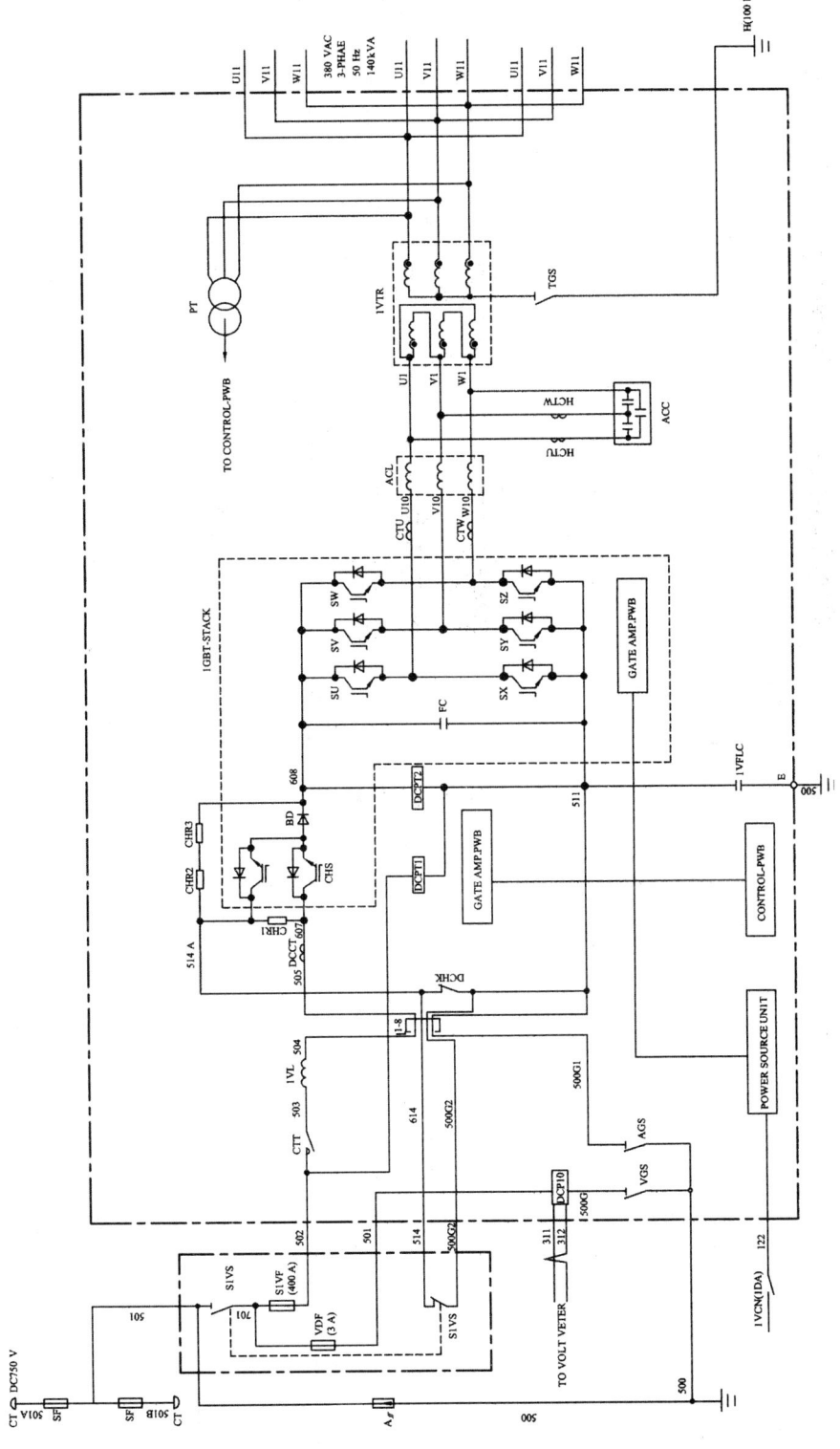

图 8.8 武汉轻轨 1 号线车辆辅助电源系统主电路

## 练习题

**一、填空题**

1. 电压互感器实质上就是一台_____变压器。
2. 电流互感器是一个近似_____的单相_____变压器。
3. 电流互感器在使用时副边不许_____。
4. 电压互感器在使用时副边不许_____。
5. 地铁车辆辅助电源主电路变压器 IVTR 的作用_____；_____。

**二、判断题**

1. 自耦变压器只有一个绕组，低压绕组是高压绕组的一部分。（  ）
2. 电流互感器是一个近似短路运行的单相降压变压器。（  ）
3. 从任何一条三相的输出线与主变压器 IVTR 的中性点之间均可得到交流单相 220 V 电压。（  ）

**三、简答题**

1. 电流互感器在使用时应注意哪些事项？
2. 电压互感器在使用时应注意哪些事项？

# 参考文献

[1] 刘宗富. 电机学[M]. 北京：冶金工业出版社，1980.

[2] 西南交通大学电机系. 牵引电机[M]. 北京：中国铁道出版社，1981.

[3] 黄济荣. 电力牵引交流传动与控制[M]. 北京：机械工业出版社，1998.

[4] 张龙. 电力电动车组电机[M]. 北京：中国铁道出版社，2004.

[5] 徐安. 城市轨道交通电力牵引[M]. 北京：中国铁道出版社，2005.

[6] 周庆瑞，金锋. 新型城市轨道交通[M]. 北京：中国铁道出版社，2005.

[7] 中国北方电动车组车辆工业集团公司科学技术协会，长春客车厂老年科学技术协会. 城轨车辆技术与应用[M]. 北京：中国铁道出版社，2005.

[8] 叶水音. 电机[M]. 北京：中国电力出版社，2006.

[9] 何宗华，汪松磁，何其光. 城市轨道交通车辆运行与维修[M]. 北京：中国建筑工业出版社，2007.

[10] 人力资源和社会保障部教材办公室，广州地下铁道总公司组织. 城市轨道交通概论[M]. 北京：中国劳动社会保障出版社，2009.

[11] 王艳荣. 城市轨道交通车辆电器检修[M]. 上海：上海科学技术出版社，2010.